BEST SELLER

[!]

Jorge Fernández Menéndez es un periodista con amplia experiencia en medios de comunicación nacionales y extranjeros, especializado en temas políticos y de seguridad nacional. Conduce la tercera emisión del programa radiofónico *Imagen informativa* y el programa de televisión *Séptimo día*. Publica diariamente la columna «Razones» en *Excélsior*. Fue columnista de *Milenio Diario* y director de *Milenio Semanal*. Ha dirigido y conducido los programas de televisión *Punto de partida* (que le valió en 1998 el premio de periodismo José Pagés Llergo) y *México confidencial*. En junio de 2000 recibió el Premio Nacional de Periodismo en la categoría de Artículo de Fondo. Ha publicado *Desestabilización* (1996), *Narcotráfico y poder* (1999), *El otro poder: las redes del narcotráfico, la política y la violencia en México* (2001). En coautoría con Joaquín López Dóriga publicó *Domiro* (1997). Su último libro es *Calderón presidente. La lucha por el poder* (Grijalbo 2007).

Víctor Ronquillo ejerce el periodismo en diferentes medios desde hace dos décadas. Ha publicado más de una docena de libros de testimonio y reportaje. Lo suyo es contar historias, historias que vienen de lo que llama violencia social. En su trabajo conjunta los instrumentos de la investigación periodística con los recursos de la literatura. Es autor de *Las muertas de Juárez*, el primer libro sobre este controvertido tema, editado en España y Estados Unidos, y recientemente publicó *Ruda de corazón. El blues de La Mataviejitas*.

JORGE FERNÁNDEZ MENÉNDEZ
VÍCTOR RONQUILLO

De los maras a los zetas
Los secretos del narcotráfico, de Colombia a Chicago

[☐] DeBOLS!LLO

De los maras a los zetas
Los secretos del narcotráfico, de Colombia a Chicago

Primera edición, 2006
Primera edición en Debolsillo, 2007

© 2006, Jorge Fernández, Víctor Ronquillo

D. R. 2007, Random House Mondadori, S. A. de C. V.
        Av. Homero No. 544, Col. Chapultepec Morales,
        Del. Miguel Hidalgo, C. P. 11570, México, D. F.

www.randomhousemondadori.com.mx

Comentarios sobre la edición y contenido de este libro a:
literaria@randomhousemondadori.com.mx

ISBN: 978-970-780-697-9
ISBN: 970-780-697-4

Impreso en México / *Printed in Mexico*

…lo que me gusta es escribir y cuando termino es como cuando uno se va dejando resbalar de lado después del goce, viene el sueño y al otro día ya hay otras cosas que te golpean en la ventana, escribir es eso, abrirles los postigos y que entren…

JULIO CORTÁZAR

Índice

Índice

Presentación

La política, decía Groucho Marx, «es el arte de buscar problemas, encontrarlos, hacer un diagnóstico falso y aplicar después los remedios equivocados». Pocas veces se puede ser tan preciso cuando se quiere explicar lo que está sucediendo en buena parte del hemisferio americano en estos años. Durante 2005 unas mil quinientas personas murieron ejecutadas por el narcotráfico en México; miles viven en zonas de combate permanente en Colombia; los jóvenes centroamericanos que han apostado a convertirse en maras son innumerables y buscan no sólo dominar su entorno sino llegar adonde nacieron esas organizaciones: a un Estados Unidos en el cual, mientras sus autoridades están obsesionadas con la guerra antiterrorista, no comprenden, no ven que al sur de su frontera (y dentro de su propio país) se está escenificando una guerra tan violenta, tan cruel como aquélla, pero que se ejecuta y se vive casi en sordina: son las guerras secretas de las que habla este libro. Las del narcotráfico, las del tráfico de gente, las de los grupos del crimen organizado que desde Colombia hasta Chicago tienen una capacidad de control cada vez mayor que va de las calles y selvas hasta las prisiones de alta seguridad; de los grupos de poder, de la economía, los cuales generan la violencia y la inseguridad que terminará, si no es detectada y detenida a tiempo, acabando con el estilo de vida que vanamente se intenta proteger, con mucha mayor certidumbre que los terroristas de Al Qaeda.

El mal está en las entrañas y de allí surgen estas guerras secretas que no queremos ver.

Estas guerras secretas son el fruto, también, de un trabajo de años, que nos ha permitido abordar estas historias desde todos los ángulos posibles, porque no tiene otra pretensión más que ésa: contar esa historia que no se quiere oír, que no se quiere ver, que se quiere dejar en la trivialización de la información como espectáculo.

El narcotráfico impone la ley de la violencia y la corrupción. Los cárteles se disputan el control de plazas y territorios ante una sociedad perpleja que se ve vulnerada. En lugares como Nuevo Laredo todo el mundo tiene una historia que contar sobre las ráfagas de tiros que se escuchan en la noche, sobre las amenazas y los secuestros, sobre la extorsión sufrida para que el propio negocio no resulte dañado. Una historia donde la muerte acecha no sólo a los sicarios o a los policías coludidos con ellos, sino también a los periodistas, a los funcionarios públicos, a los comerciantes y a la sociedad en su conjunto.

Las guerras del narcotráfico tienen muchos frentes; los más visibles son el de la lucha por restablecer el estado de derecho y el dañado tejido social que se da en la extensa geografía de la violencia y el de los enfrentamientos de las poderosas bandas y cárteles, pero hay otros donde urge contar a los caídos. La realidad de las adicciones y la delincuencia ligada al narcomenudeo genera un serio deterioro a la seguridad pública. En ese ámbito los caídos son los adictos y sus familias.

Las nuevas realidades del narcotráfico exigen ser documentadas: la proliferación del consumo del cristal y las drogas sintéticas en el norte del país, donde una dosis de esta droga puede conseguirse por diez pesos. Realidades como las de las familias que han encontrado en el narcomenudeo un medio para la subsistencia al instalarse dentro del millonario negocio que controlan ya fuertes organizaciones criminales.

Preguntar sobre quiénes son los sicarios caídos, cuál es su perfil, de dónde vienen y cómo llegaron al lugar donde fueron ejecutados, es una forma de adentrarse en la guerra del narcotráfico, de pisar sus trincheras y asombrarse con las respuestas a estas preguntas.

Hay otras historias ocultas por el ruido de las ráfagas de cuernos de chivo. Historias como la de las pandillas de los suburbios de Los Ángeles, capaces de desatar violentos enfrentamientos callejeros por el control del territorio para la venta de drogas. Historias como la de la Mara Salvatrucha y su violenta expansión en el continente.

Para documentar esta realidad había que ir a los lugares donde se gesta, recorrer una docena de ciudades para contar lo que ocurre en las batallas ocultas del narcotráfico.

Un agradecimiento a Cristina Begné por su colaboración en la edición de estos materiales, lo mismo que a los directivos y compañeros de *Milenio Diario* y de *Imagen Informativa*, que nos dieron el espacio físico e intelectual para desarrollar estas historias. Vale agradecer también a quienes han hecho posibles estos reportajes, Ignacio Anaya y Ernesto Rivera, Chucho Rangel y Carlos Ferreira. A las muchas fuentes de información y consulta. A los colegas y amigos de distintas ciudades como Manuel Isunza, de Culiacán; Marco Pérez y Raymundo Ramos, de Nuevo Laredo; Moisés Uribe, de Mexicali, y Víctor Clark Alfaro, de Tijuana. A los amigos Tom Kelly y Nadia Peimbert.

Colombia y Estados Unidos: la guerra antiterrorista y contra el narcotráfico vista desde el Norte

Colombia: la lucha por el dinero de la droga

Uno tras otro, seis helicópteros artillados con dos ametralladoras calibre 7.60 que disparan unas 3 500 balas por minuto despegan custodiando cuatro aviones de fumigación, todos protegidos por un pesado blindaje. Las diez naves aterrizaron hace apenas unos minutos de una misión de fumigación y luego de repostar combustible vuelven a partir: los pilotos son en su enorme mayoría estadounidenses, en sus uniformes portan identificación del Departamento de Estado y la operación la controla un contratista de ese país que uno apostaría a que participó en la guerra de la Tormenta del Desierto, a principios de los años 90. Allí mismo están aterrizando dos aviones militares de carga C130 de la Secretaría de Estado de Estados Unidos, y otro, igual, pero que se identifica de la fuerza aérea colombiana. Llegan otras dos aeronaves civiles adaptadas para el transporte de tropas: unos arriban, otros se van, todos con uniforme de combate y armamento pesado. Mientras, la pista está atiborrada de soldados y oficiales colombianos, de armas, asesores y operadores estadounidenses que participan en todo menos en la utilización de las armas de combate. Es la imagen más cercana que se puede tener a la guerra en el sur de Colombia y la mejor medida para comprender la magnitud de la lucha que se libra cotidianamente en esta nación y el tipo de desafío al que se enfrentan su gente y sus autoridades.

Todo ello ocurre en un viejo aeropuerto que alguna vez fue civil, llamado La Florida, en el pueblo de Tumaco, en la costa del Pacífico, en la frontera caliente con Ecuador, en el departamento de Nandino. Unas pocas horas antes de que llegáramos al lugar, cuando las autoridades locales realizaban un ensayo de salvaguarda en caso de tsunami, un ataque de las Fuerzas Armadas Revolucionarias de Colombia (FARC) dejaba cinco heridos en el pueblo de junto: las instalaciones preparadas para ese ensayo fueron usadas para atender a los heridos. Pero para entender lo que aquí sucede se debe comprender que en Nandino, el departamento más pequeño de Colombia, uno de los menos poblados y peor conectados, hay sembradíos de coca que cubren unas 50 000 hectáreas y que están bajo control de las FARC; que existe un número no determinado de hectáreas sembradas de amapola; que en el departamento de junto, en Putumayo, las fuentes estadounidenses aseguran que, vía fumigación, redujeron las 60 000 hectáreas de sembradíos de coca a unas 17 000, pero también por eso allí y en el Cauca se están librando los combates más intensos, al tiempo que cada operación de fumigación termina siendo una operación militar compleja: entre cuatro y seis aviones fumigan cada sembradío mientras los protegen cinco helicópteros (dos tripulados por estadounidenses, dos por colombianos y un quinto que está listo para un potencial rescate). No es una batalla absurda: la droga es la sangre que alimenta el corazón y la mente de los grupos armados; acabar o reducir las zonas de cultivo es el eje de esta guerra y lo que determinará los recursos que unos u otros puedan tener para afrontarla. No en vano las FARC están consideradas la guerrilla más rica del mundo y eso depende de la droga. En torno a ella gira esta guerra tan peculiar.

Junto a Nandino, Putumayo y Cauca, en el sur del país, está Huila, otro departamento azotado, aunque en menor medida que sus vecinos, por la violencia de los grupos armados y por la producción de drogas. En Huila se produce coca, pero el principal cultivo ilícito es la amapola para elaborar goma de opio y luego heroína. Pitalito es un pueblo encantador enclavado en medio de la sierra de Huila, pero para llegar a las nuevas fincas cafetaleras (en promedio tres hectáreas de tierra para el cultivo por familia), que hace apenas algunos meses dejaron de sembrar amapola para regresar al café (con apoyos oficiales y de las propias agencias estadounidenses), se deben recorrer las brechas y veredas protegidos por una veintena de policías militares fuertemente armados. En esa zona de Huila todavía hay unas 2 000 hectáreas de terrenos sembrados de amapola y obviamente allí permanecen los grupos armados, aunque ahora, por lo menos en Pitalito, dice la gente que han sido desplazados hacia zonas más profundas de la montaña. De las 2 000 hectáreas se han erradicado 200 que estas 60 familias están dedicando al café, aparentemente con éxito: no necesitaron mucho después de la decisión individual de no seguir viviendo en medio de una brutal violencia que les dejaba algunos recursos, pero que se llevaba sus vidas y las de sus hijos. Tuvieron apoyos: una combinación de ONG, del sistema de ayuda US-AID del gobierno estadounidense y del colombiano, que sirvieron para que cada familia pudiera erradicar manualmente la amapola para no dañar el terreno; recibiera granos; también unos 1 000 dólares cada una para construir secaderos para el grano de café (sólo con ello, vendiendo el café seco en lugar húmedo como lo hacían antes, sus ingresos aumentaron 70 por ciento) y, sobre todo, se les garantizó apoyo y alimentación hasta que las plantas de café fueran productivas. Apenas en diciembre de 2004 la mayoría de ellos vendieron al mercado su primera cosecha realmente rentable. En términos económicos ese apoyo, para EU o para el gobierno colombiano, ha sido mínimo, pero con él han logrado que 5 000 familias abandonen el negocio de la siembra de coca o amapola para regresar a otros cultivos tradicionales o nuevos. Claro, es una gota en un mar: son 5 000 familias en cinco años, que surgen a contracorriente de miles y miles más que de una u otra forma viven del negocio de la droga.

La batalla por la erradicación es, decíamos, el eje de esta guerra. Muchos consideran que la misma está perdida por dos razones: existe por lo menos la misma cantidad de drogas en Estados Unidos que en el pasado y buena parte del territorio erradicado con la fumigación, tres o cuatro meses después vuelve a ser sembrado. Es verdad, pero también que existen depósitos de toneladas de coca pura que han hecho los grandes traficantes, incluyendo en primer lugar los grupos armados, que pueden abastecer el mercado durante muchos meses, incluso años. También, que pese a que la superficie sembrada pueda terminar siendo la misma, la diferencia sería la cantidad de cocaína que ese plantío produce, porque entre una planta madura, con años, y una nueva, recién plantada, la reducción es notable en cantidad y en calidad, además de que las primeras pueden dar hasta cuatro cosechas al año y las nuevas una o dos. Es un proceso lento y difícil: de 2001 a 2004 la reducción de producción de cocaína, dicen fuentes del Departamento de Estado, fue de apenas 10 por ciento, pero aseguran que lo importante es la tendencia que se marca hacia el futuro.

El hecho es que la guerra sigue allí, inseparable de la droga, que las tendencias de producción pueden ser a la baja, pero se requerirán años de una estrategia constante para observar resultados reales que puedan ser tangibles. Hasta ahora ha mejorado la seguridad en las ciudades y autopistas (aunque las realidades de Tumaco, Pitalito o la Sierra Nevada estén tan lejos de esa realidad) y ello le da al presidente Álvaro Uribe la oportunidad de apostar por la reelección con apoyo del 70 por ciento de la población. Y a ello parece también apostarle Estados Unidos porque le permite consolidar un capítulo clave de su estrategia de seguridad continental.

Coca en la costa norte y la Sierra Nevada

Sobre la ensenada de Narguanyé, en la hermosísima playa de Siete Olas, en la costa norte de Colombia, el sol caía a plomo ese mediodía de finales de abril. Ésa es una más de las extensas bahías y ensenadas de la zona de Santa Marta, en la reserva natural de Tayrona: playas blancas y desiertas, rodeadas de montañas imponentes y áridas, cruzadas por riachuelos y pequeños caminos de terracería. Por los ríos bajan lanchas sencillas, pequeñas; por los caminos, viejos camiones, prácticamente destartalados. Todo hubiera sido entre idílico y hasta bucólico si no fuera por un pequeño detalle: las pequeñas lanchas y los camiones suelen venir cargados de droga, de cocaína.

El operativo para hacerla llegar al mar y de allí a Centroamérica y al Caribe, buscando sobre todo a México, por donde pasa el 70 por ciento de la droga colombiana que termina en Estados Unidos (y mucha de ella se queda en nuestras calles), es sencillo, suele durar apenas unos minutos y permite despachar, sólo desde esta zona, un promedio de una tonelada de cocaína diaria, más de 300 toneladas al año. De los destartalados camiones o de los botes, una decena de hombres cargan los costales en una lancha rápida que puede transportar hasta una tonelada y media por viaje: una tonelada en Miami puede costar 1 millón de dólares. Cada uno de los cargadores recibe unos 20 dólares por noche, por un trabajo que en el mejor de los casos dura 15 minutos y en el peor, cuando son detenidos, les puede costar hasta 15 años de cárcel. En los cerros que caen hasta la playa otros hombres vigilan los caminos y el aire para, ante la más mínima sospecha de peligro, interrumpir la operación. Las lanchas rápidas, con una tripulación de cinco personas, incluyendo un responsable del embarque, el único que va armado, y un mecánico, parten entre las 8 y las 12 de la noche de estas playas idílicas y tienen una autonomía de navegación de 14 horas. Buscan cruzar el Caribe para llegar a las cercanas costas de Nicaragua, Panamá, Honduras, incluso hasta Guatemala o Belice, para pasarla a camiones que cruzan México buscando el mercado estadounidense. Ése es el camino que recorre el 70 por ciento de la cocaína que sale de la costa norte de Colombia: el resto va a Jamaica, Dominicana, Haití o Puerto Rico, ocultándose muchas veces, para no ser interceptados por la *task force* (fuerza de tarea) que opera desde Cayo Hueso, en la Florida. Últimamente realizan, además, un viaje más corto: por la costa llegan a Venezuela, de donde la droga parte hacia Europa o baja hacia Brasil, el segundo mayor mercado para la cocaína a nivel mundial.

Combatir este eficaz mecanismo es sumamente difícil: de las por lo menos 300 toneladas anuales que parten de la costa norte, un espectacular operativo conjunto de fuerzas armadas colombianas, con apoyo de todas las agencias de seguridad estadounidenses (y de otros países, entre ellos México), lograron decomisar apenas 68 toneladas en 2004. Allí en la playa de Siete Olas vimos cómo funciona un operativo de estas características, a partir de un ejercicio realizado por la fuerza conjunta para ver si se pueden detener estas lanchas. La clave es la inteligencia y la información, y ellas provienen, sobre todo, de las agencias estadounidenses que aquí trabajan en forma algo más que conjunta con las fuerzas armadas de Colombia. Ya en alta mar y de noche, detener estas lanchas, que alcanzan con facilidad los 14 nudos, es casi imposible. Pero cuando se cuenta con la información o los aviones radar que sobrevuelan constantemente la costa norte detectan un movimiento sospechoso, se despliega un operativo que resulta abrumador: en minutos pudimos ver cómo alcanza el lugar un comando de tropas de élite en tres helicópteros artillados que sobrevuelan la lancha rápida, al tiempo que dos lanchas de intercepción le cierran el paso, todo ello protegido por una fragata y un avión de reconocimiento, que es el que va indicando a cada grupo de combate lo que van haciendo las otras fuerzas que participan en la acción. La maniobra es impresionante y esos comandos conjúntos son altamente eficaces y especializados, en una labor donde la participación estadounidense parece ser decisiva. Pero ese operativo sirve para interceptar un cargamento y evidentemente no se puede tener éxito todas las noches ni mucho menos desplegar con tanta exactitud siempre tal potencia de fuego. Estamos hablando de una zona de la que parte, por lo menos, como decíamos, una tonelada diaria de droga, pero es una costa de 1 600 kilómetros de largo, con amplias extensiones prácticamente desiertas que dan al mar Caribe, el que tiene el mayor tráfico marítimo de lanchas y yates del mundo.

Sobre esas playas, la Sierra Nevada se ve imponente, pero sus cerros altísimos y sus estribaciones, que bajan hacia el mar, están literalmente llenas de coca: por una parte por los depósitos que allí, con toneladas de droga escondida, tienen los narcotraficantes, y también por el incalculable número de plantíos que se observan desde un helicóptero. Allí se ven, se pueden mirar a simple vista, las plantaciones, los rústicos laboratorios y los campamentos de quienes ahí trabajan y protegen esas zonas, en la mayoría de los casos pertenecientes a los distintos grupos armados que asolan este país. Tratar de entrar a la zona es peligroso; por eso en general el gobierno colombiano ha optado (en una operación en la que participa directamente con equipo, asesores y contratistas el gobierno estadounidense) por fumigar los plantíos de coca. Pero en la Sierra Nevada, como en otros puntos del país, ello está prohibido porque se trata de parques naturales y se quieren evitar daños ecológicos: lo que sucede es que mientras no se permite dañar las reservas con la fumigación, son los propios narcos los que las están destruyendo en forma criminal, utilizando la tala, roza y quema que tan bien conocemos en los bosques mexicanos, para hacer espacios a los plantíos. Por cada hectárea de sembradío se produce un kilo de cocaína pura y para ello necesitan hacer espacio destruyendo unas tres hectáreas de bosque y derribando unos 150 árboles de la reserva natural, además de los caminos, observables a simple vista, que cruzan los cerros y que también han sido construidos por ellos para mover la droga. El deterioro ecológico, sumado a los productos químicos que se usan en la elaboración de cocaína pura, que esa producción ilícita provoca es brutal. Se podrá argumentar por qué entonces no recurrir, como en México, a la erradicación manual. El problema es que en Colombia la situación es completamente diferente por un componente: quienes producen en la mayoría de los casos esa droga y la protegen son los grupos armados, que cuentan con un gran poder de fuego, y dejar a los soldados (o civiles, como se usa en muchos casos) en la sierra sin una fuerte protección es casi una invitación a que sean emboscados o, como ha sucedido, secuestrados por estos grupos. Y la gente de la zona vive en muchas ocasiones, por elección o por coerción, de ello: de sembrar, cuidar, cargar la droga. Pero no nos engañemos, el principal centro de elaboración de cocaína no está en la Sierra Nevada, sino en el centro y sobre todo el sur del país: en Putumayo, Nandino y el Cauca. Allí las cantidades de producción son enormes. En la Sierra Nevada, la mayoría de los sembradíos son de las temibles Unidades de Autodefensa de Colombia (UAC), una organización paramilitar que surgió para combatir la guerrilla y que suele identificar sus envíos de droga con un sello que representa una cruz esvástica. La droga de la zona sur es, sobre todo, de las FARC y del Ejército de Liberación Nacional (ELN). Las tres organizaciones armadas viven del narcotráfico y han olvidado las ideologías reemplazándolas por este próspero negocio. Allí está el corazón del drama colombiano y de esta estrechísima asociación del gobierno de Uribe con EU. ¿Tendrán éxito? Puede ser, es difícil, pero la verdad es que no tienen nada que perder por la sencilla razón de que no hay otra opción. Antes bien, aunque no sea todo, pueden ganar mucho: recuperar buena parte del país, de las instituciones, de la seguridad en las ciudades y carreteras, tratando de aprovechar al máximo esa confluencia de intereses con Washington. No es poca cosa para una nación que vive en guerra.

México visto desde el Norte

Ver a México desde cierta distancia siempre ayuda, sobre todo en momentos de tanta polarización y confrontación interna y de un proselitismo político que parece demasiado vacío de contenidos. Sobre todo sorprende, visto desde Estados Unidos, donde estuvimos en los últimos días de abril de 2005, que no se analice ni se discuta el tipo de relación que como país debemos mantener con la Unión Americana, nos guste o no la administración Bush, especialmente en el tema de la seguridad y de la lucha antinarcóticos y antiterrorista, que está en el centro de la atención de dicha administración.

En Washington y en Miami estuvimos analizando con funcionarios de la oficina antidrogas de la Casa Blanca, del Departamento de Estado y del Pentágono la estrategia antiterrorista de la administración Bush y lo primero que llama la atención es que, para este gobierno estadounidense, la lucha antiterrorista y contra el narcotráfico son una sola cosa, indivisible una de la otra, con todas las implicaciones que ello conlleva. Si bien no existen recriminaciones a México por su colaboración en materia de seguridad, tampoco se percibe un entusiasmo excesivo, al contrario de lo que sucede con Colombia y con el presidente Álvaro Uribe, que parecen haberse convertido (el país y su primer mandatario) en la mejor carta y la más reconocida por Washington en la región. Todos los funcionarios con los que hablamos coinciden con esa visión de Colombia, tanto que para David Murray, el auxiliar del director de la oficina de Control de Drogas de la Casa Blanca, encargado de América Latina, «para entender lo que pasa y lo que quieren hacer en Afganistán, se debe comprender primero a Colombia».

¿Cómo están viendo en Washington su propio esquema de seguridad y la participación de México en él? Primero, como decíamos, unificando los conceptos de lucha antiterrorista con la lucha antinarcóticos, concibiendo a ambos como lo mismo. Ésa es la idea motriz. Si bien aseguran que el consumo de estupefacientes ha bajado hasta 17 por ciento en Estados Unidos y también la producción de cocaína en Colombia, lo cierto es que reconocen que no tienen una cifra estimada exacta de la elaboración de drogas sintéticas, dentro y fuera de la propia Unión Americana, y tampoco de la producción interna de marihuana (o de la que penetra vía Canadá). Con México reconocen una estrecha colaboración para la erradicación de marihuana y amapola, pero nuestro país, junto con Colombia, sigue siendo el principal aprovisionador de marihuana, cocaína y heroína, y también, junto con Canadá, de precursores para drogas sintéticas. Les preocupa la violencia en la frontera, pero, según decía el propio Murray, ésta se debe a «mecanismos misteriosos» ya que consideran que «no queda claro» a qué se debe y prefieren ubicarla, como lo hace el gobierno mexicano, como consecuencia de los golpes que han recibido los grandes cárteles y que han pulverizado a los distintos grupos, que se enfrentan con mayor virulencia para el control de territorios y mercados.

Pero también están interesados, como nos decía Linda Jewell, secretaria adjunta para Asuntos Hemisféricos del Departamento de Estado, en un esquema de «seguridad integral» que vaya más allá de los actuales mecanismos de cooperación y que alcance desde «la seguridad individual» de los ciudadanos en la calle en cualquiera de nuestros países hasta «la cooperación para ver como un todo el tráfico de drogas, de armas, de personas, la ciberseguridad y el terrorismo». La administración Bush no concibe ninguno de estos aspectos como capítulos separados. En el caso de México, Jewell insistió en que su gobierno no tiene pruebas ni indicios de que terroristas hayan pasado por nuestra frontera norte rumbo a Estados Unidos, pero también dijo que la consideran una ruta «natural» para el ingreso de terroristas, por lo que para combatir a éstos es necesario combatir el tráfico de drogas y de gente en una misma lógica.

El secretario adjunto para el Hemisferio Occidental del Pentágono, Roger Pardo Maurer, fue más allá. Para él, el secretario Donald Rumsfeld ha enviado a los países de la región dos mensajes que modifican toda la concepción sobre los mecanismos de cooperación. Primero, lo que llamó «la soberanía efectiva»: antes del 11 de septiembre la colaboración con países como México y Colombia se basaba en la lucha contra el narcotráfico. Para avanzar en cualquier otro tema de seguridad o inteligencia había que solicitar, dentro del propio Estados Unidos, permisos políticos, legislativos y en ocasiones judiciales. Ahora, al querer hacer más «efectiva» la soberanía, la idea es tener una política más «expansiva», en el sentido de poder colaborar en todos los temas de seguridad simultáneamente, sin barreras. Fue muy enfático en que en este sentido su gobierno tiene una marcada identidad con el de Álvaro Uribe, al que calificó de un presidente «fuerte» y dispuesto a recuperar el control de todo su territorio. El segundo punto, ligado estrechamente al anterior, es que la estrategia contempla «el potencial antisocial» de todos los fenómenos de terrorismo y crimen organizado como un solo elemento y, por lo tanto, como una amenaza que no se puede enfrentar nacionalmente, sino dentro de un esquema de colaboración internacional «efectiva». Antes, decía Pardo Maurer, la colaboración se daba sobre todo entre ejércitos, casi en forma bilateral; ahora enfatizan y buscan mecanismos de cooperación regionales, en los cuales a sólo una nación consideran alejada de esos principios e intenciones, la Venezuela de Hugo Chávez, sobre todo por tres puntos: falta de cooperación; compra de armas que consideran «excesivas» para las necesidades de defensa del país, y lo que Pardo Maurer calificó como una virtual «invasión» de cubanos en la nación sudamericana.

Eso lleva a otro tema, que no debería ser subestimado. Muchas veces nos hemos preguntado qué interés podría haber en buscar la secretaría general de la Organización de Estados Americanos (OEA) y por qué el apoyo explícito de Estados Unidos a Luis Ernesto Derbez. Lo cierto es que la Casa Blanca parece más interesada en la OEA que en otros momentos: valoran la importancia de que, a través de ella, se mantenga el respaldo al Tratado de Río, que les permitiría una colaboración regional contra el terrorismo (y por ende, contra el narcotráfico y el crimen organizado); también mecanismos de control para garantizar la ciberseguridad regional, y para buscar salidas conjuntas a desafíos como la Venezuela de Chávez o la caída de Lucio Gutiérrez en Ecuador. En esta lógica, no lo decían pero parecía evidente, deseaban contar con un liderazgo en la OEA que les garantizara que esos y otros capítulos de cooperación regional se mantuvieran. Es un secreto a voces en Washington que el rechazo a José María Insulza para ese cargo se debía al respaldo que Chávez otorgó a la candidatura del chileno.

Finalmente, en este contexto, otro punto parece muy importante, sobre todo para el Departamento de Estado: las modificaciones a los sistemas judiciales de los países de la región. Jewell fue muy enfática en este tema al insistir en que lo que hay son «recomendaciones» a partir de «solicitudes» de apoyo de las diferentes naciones, entre ellas México, que buscan modificar su sistema y aplicar mecanismos más eficientes, como los juicios orales.

En otras palabras: para Washington, México es importante y está colaborando en términos generales con sus intereses centrales, pero el ejemplo de lo que se puede y debe hacer está en Colombia.

Las estrategias de seguridad antiterrorista de Estados Unidos están basadas en un punto inamovible: la relación imposible de separar, desde su punto de vista, del terrorismo con una serie de fenómenos que ubican en el primer lugar al crimen organizado y al narcotráfico. Pero la idea es mucho más sofisticada y también más política; por eso va más allá. No es un secreto que en ese esquema de seguridad, la política y la política militar van de la mano. En el recorrido que realizamos por Estados Unidos y Colombia a fines de abril de 2005 para analizar cómo funciona esa estrategia de seguridad continental, vimos que es notable la forma en que los temas de antiterrorismo y narcotráfico se ven como uno solo, pero cuando se observan desde la óptica de la estrategia para la región se les suma un componente clave para tener una visión global: falta lo que la administración Bush llama «el populismo radical».

Estuvimos con el coronel David McWilliams, del Comando Sur de las fuerzas armadas estadounidenses. La Unión Americana tiene dividido el mundo, para estrategias de seguridad, en cinco grandes co-

mandos: en nuestro continente, el Comando Sur abarca toda América Latina y casi todo el Caribe, con la excepción de México y Cuba,
que están contemplados como parte del Comando Norte desde los
atentados del 11 de septiembre: estamos en ese comando porque éste
es el que debe garantizar la seguridad interna de Estados Unidos y las
dos naciones limítrofes, Canadá y México, que son considerados países con una «relación especial» y contemplados como parte de esa estrategia interior. Ese solo hecho tendría que hacernos comprender, independientemente de que el ejército mexicano ha insistido siempre en
que, sin menoscabo de la cooperación bilateral y regional, de ninguna
manera piensa trabajar en forma institucional como parte del Comando Norte, la forma en que se nos ve desde el otro lado de la frontera y,
paradójicamente, la manera en que se podría potenciar la relación en
lugar de matizarla o relativizarla casi constantemente. Somos uno de
los muy pocos países que podrían tener un trato altamente especial
con Estados Unidos, el cual no implicaría menoscabo de nuestra soberanía (como no se pierde la soberanía canadiense por esa relación), y
los únicos que no lo explotamos plenamente.

Pero ello se debe tomar en cuenta, también, en otro sentido y
por distintas amenazas que, desde Washington, ven sobre la región
y que, en todos los casos, se ciernen también sobre México. Según el
Comando Sur de Estados Unidos, las amenazas regionales para su
país son el terrorismo y en ese contexto ubican como coadyuvante
de éste al narcoterrorismo, con su mayor manifestación en Colombia, en la relación de los grupos armados, tanto las FARC como el
ELN y los paramilitares, con el narcotráfico. Como amenaza central
tienen al narcotráfico en sí; el tráfico de personas; las posibilidades
de migraciones masivas; el lavado de dinero; los secuestros trasnacionales; las crecientes bandas urbanas como la Mara Salvatrucha y al final, pero no en último lugar, «el populismo radical». ¿Qué entienden

por «populismo radical»? A «un gobierno que puede haber llegado al poder en forma democrática, pero que se convierte en un peligro para la democracia porque utiliza el apoyo de sectores populares para subvertir las instituciones de su propio país, generando la inestabilidad y la desestabilización del sistema». ¿Por qué consideran que esto tiene relación con el terrorismo y el narcotráfico? Porque en la medida en que las instituciones democráticas se «subvierten», se deterioran y se genera ese ambiente de desestabilización institucional, se crea un clima propicio para el crecimiento del terrorismo, del narcotráfico y de las bandas urbanas. Esta visión va acompañada por la convicción de que en una región sin amenazas militares tradicionales, el desafío que implican estos fenómenos requiere estructuras internacionales que no tienen límites geográficos precisos.

En estos momentos, esas amenazas tienen además para las áreas de seguridad estadounidenses nombre y apellido: son las organizaciones armadas en distintos países, pero particularmente en Colombia; los grupos del narcotráfico, incluyendo en forma muy destacada los que operan en México, y en términos del llamado «populismo radical», la amenaza se llama Hugo Chávez y un régimen que, según fuentes de alto nivel en Estados Unidos, es visto como un peligro potencial para la región por su relación especial con Cuba y con grupos armados colombianos, por su impulso a otros políticos que tienen una formación y forma de hacer y entender la política similar y por su creciente armamentismo. El temor, en realidad, no parece ser Chávez en sí, aunque preocupe la compra masiva de armas y la construcción de un ejército con 2 millones de reservistas, sino la posibilidad de una asociación de distintos regímenes de estas características en la región.

Evidentemente, cuando se habla de esto con los mandos militares estadounidenses, dicen que ese aspecto es político y que ellos no hacen política, que ésa la fija el Departamento de Estado o en todo caso el Pentágono. El detalle está en que cuando se habla con éstos el discurso es casi el mismo. ¿Qué es lo que desde el ámbito militar tratan de proponer a los otros ejércitos? Que apoyen las instituciones democráticas y que no se dejen llevar por la política, que su lealtad está con el país y sus instituciones y no con movimientos políticos.

No se trata sólo de ideologías: por ejemplo, aparentemente, un gobierno como el de Luis Inácio *Lula* da Silva en Brasil no causa resquemor alguno; es un gobierno democrático que respeta las instituciones y el juego democrático. El de Chávez (o el del sustituido Lucio Gutiérrez) es uno que desconoce ese juego y ha vulnerado las instituciones en su propio beneficio, acabando con los propios contrapesos democráticos. Allí es donde identifican el peligro.

Se podrá argumentar que México no tiene nada que ver con esto. No es así: todas las amenazas que se contemplan en la visión estratégica de seguridad para la región están presentes en nuestro país. Desde la extendida presencia del narcotráfico hasta la violencia en las fronteras y el tráfico de gente, que se considera un «camino» lógico para la presencia potencial de terroristas, pero también allí está el tema López Obrador y la necesidad de que el candidato perredista muestre con toda claridad sus cartas: ¿cuál es el verdadero López, el que denuncia al Poder Ejecutivo, el Legislativo y el Judicial y asegura que deben ser «transformados» o el que llama a un acuerdo político amplio? Uno sería visto, sin duda, como un peligro potencial ya no en la región, sino en lo que Estados Unidos considera su propio ámbito de seguridad interno. El otro podría ser aceptable y no generaría necesariamente conflictos, pero la diferencia es demasiada para que se considere un simple matiz semántico.

El componente del «populismo radical» le otorga una nueva perspectiva a la visión estadounidense de la lucha antiterrorista y antinarcóticos. No se lo debería ni se lo puede ignorar.

El Comando Sur de Estados Unidos tiene tres grandes fuerzas de tarea, en las cuales, por lo menos en una, participa México, aunque el territorio mexicano para el ejército de EU esté «atendido» desde el Comando Norte. Esas tres *task forces* son las que operan en Cayo Hueso, en el extremo sur del Caribe estadounidense; la de la base de Guantánamo y la llamada fuerza de tarea Bravo, que está establecida en Tegucigalpa. Esta última está dispuesta, aseguran en el ejército estadounidense, sobre todo para colaborar ante desastres naturales porque cuenta con amplias y bien cuidadas instalaciones de aviación que permiten tener una reacción inmediata ante cualquier necesidad. También se debe contar, con características especiales, la fuerza de tarea en Colombia, donde Estados Unidos está autorizado a tener hasta 800 elementos que colaboren con las autoridades en la lucha antiterrorista y por ende antinarcóticos.

La de Guantánamo, donde están detenidos los principales sospechosos de participar en actividades terroristas de Al Qaeda, es la más conocida, pero de la que menos se sabe. En ese punto los voceros del ejército estadounidense con los que hablamos durante nuestra visita a ese país son inflexibles: si bien asumen la operación de obtención de inteligencia en Guantánamo como su principal prioridad en la lucha antiterrorista, consideran a esa operación como un secreto de Estado y la información relacionada con ella confidencial: no se puede saber exactamente cuántos detenidos hay en ese lugar ni de qué nacionalidades son, ni siquiera si, entre ellos, está detenido algún personaje de origen latinoamericano. Tampoco cuáles países de la región colaboran con Estados Unidos en este sentido ni cómo lo hacen. Sólo se puede saber que en 2005, en Guantánamo, hubo detenidas unas 520 personas de 35 países y que en el momento de mayor presencia hubo 700 presos provenientes de 40 naciones. Los que además de ser considerados amenazas terroristas potenciales se comprueba que han participado plenamente en esas actividades, son juzgados por tribunales militares; los demás son retenidos. Para justificar Guantánamo se recuerdan los días de la Segunda Guerra Mundial, cuando Estados Unidos retuvo a alemanes y japoneses que consideró «amenazas potenciales» hasta concluido el conflicto, aunque no existieran pruebas tangibles de que hubieran cometido un delito. En el caso de Guantánamo las autoridades estadounidenses están convencidas de que todos los que están allí recluidos sí tienen relación directa con movimientos terroristas. Incluso argumentan que aproximadamente una docena de personas que fueron liberadas de Guantánamo terminaron siendo detenidas o muertas en acciones antiterroristas posteriores. Pero fuera de ello, a la base y a la labor de inteligencia que se realiza en torno a ella (y esa fuerza de tarea) las sigue rodeando el misterio.

Pero existe otra fuerza de tarea dependiente del Comando Sur, en la que estamos involucrados en forma directa. Es la que se basa en Cayo Hueso, en el extremo sur de los cayos de la Florida y que tiene como responsabilidad establecer mecanismos conjuntos de control de drogas en el mar, sobre todo en el Caribe, aunque también opera en el Pacífico: en ella participa la Marina de México junto con la de otros países con presencia en la región (van desde Gran Bretaña hasta Francia u Holanda, además de naciones aparentemente muy lejanas de ese escenario, como Argentina). Es interesante porque no se trata sólo de un mecanismo de coordinación (que lo es), sino también, como su propio nombre lo dice, de operaciones conjuntas para tareas de intercepción marítima y en ocasiones aérea. Esa fuerza de tarea está bajo el mando del comandante del propio Comando Sur de Estados Unidos y además de tener amplia capacidad operativa es un centro de inteligencia regional, particularmente antidrogas.

De alguna forma, en el ámbito militar, Estados Unidos parece estar cumpliendo con su objetivo explícito en este sentido: sabe que los países de la región, entre ellos México, tienen relaciones de todo tipo con naciones que van desde la Unión Europea hasta China, y que no puede, ni debe, evitar la influencia de todos ellos en la conformación de sus políticas nacionales. Lo que busca, me decía el coronel David McWilliams, es que se lo vea «como el socio de elección (no de imposición) en la región».

No es tan sencillo, pero cuando se ve cómo opera ese mecanismo de despliegue y cooperación militar en Colombia, se comprueba que funciona, aunque el tipo de desafío que enfrenta esta nación es diferente del nuestro por el fuerte componente de los grupos armados. Pero nada más, las similitudes son más que preocupantes. Porque, lamentablemente, no parece que exista plena conciencia en el gobierno federal de que el narcotráfico es nuestra principal amenaza a la seguridad nacional y debería ser uno de nuestros principales objetivos de política pública. Hoy parece estar relegado por muchos otros temas de la agenda coyuntural.

La historia de la Mara Salvatrucha… de pandilla de barrio a amenaza a la seguridad nacional

Todo comenzó en Los Ángeles, a fines de la década de los años 70. Fue una estrategia para defenderse y sobrevivir, la alianza entre los desposeídos, «los solos, solos». La amenaza de otras pandillas era constante y letal. La Barrio 18 fue la primera, la reunión de los batos, de los chavos, los de El Salvador (Salva), los que siempre andan a las vivas (truchas). La Mara Salvatrucha. Otra acepción del término remite a la marabunta, una plaga formada por pequeñas hormigas insaciables, insectos que solos no son nada, pero en multitud se expanden con voracidad.

La Mara Salvatrucha 13 provino de una ruptura en la pandilla fundadora. Desde entonces cada grupo cultiva sus propios códigos de identidad, su peculiar lenguaje de señas, los tatuajes en el cuerpo, la saga de su violencia.

El lenguaje de las señas y del cuerpo es escudo y puñal, una forma de comunicación en el interior del grupo, una amenaza hacia los otros. Un recurso para reconocerse con los suyos y marcar una distancia. Los tatuajes rememoran un singular misticismo, dan cuenta

35

de los avatares de vidas de trágicos perfiles. Cada lágrima tatuada en el rostro de un veterano de la Mara Salvatrucha remite a las vidas que ha segado. Representa las muertes que lleva a cuestas.

En sus inicios las huestes de la Mara Salvatrucha fueron forjadas en la guerra civil de El Salvador. Combatieron en el ejército y en la guerrilla, integraron grupos paramilitares. Tuvieron entrenamiento militar, por lo que conocieron el manejo de armas y explosivos. Son capaces de fabricar las famosas «chimbas», el arma de fuego elaborada con implementos como un adecuado trozo de tubo, un resorte y un engrane.

Hugo Ángeles, investigador de El Colegio de la Frontera Sur, conoce como pocos la historia y la fenomenología de la Mara Salvatrucha: «Las principales acciones de estas bandas se ubican en el ámbito delictivo, llegando incluso a causar la muerte de sus víctimas, dentro de las que se encuentran los inmigrantes de paso en esta región», dice Ángeles en el texto «Las bandas Maras Salvatruchas en la región del Soconusco, Chiapas», una ponencia presentada en el seno de El Colegio de la Frontera Sur.

Muchos de los veteranos de la Mara Salvatrucha, de los viejos líderes, fueron encarcelados en Estados Unidos. Se les deportó y debido a la turbulencia política que se vivía a finales de los años 80 en El Salvador no fueron a prisión. Por entonces se da también la deportación de inmigrantes de Estados Unidos a Centroamérica.

Hugo Ángeles afirma al respecto: «Estos dos fenómenos propician la constitución de pandillas en El Salvador y en Honduras, y en muy pocos años el fenómeno de las maras cobra importancia, no sólo por el número de pandillas que hay en los principales centros urbanos de estos países, sino porque se constituyen en fenómenos sociales que tienen incidencia en la vida social y cultural de cada país».

Cuando inician el regreso al norte lo hacen por la ruta de los inmigrantes pobres, quienes no pueden pagar a los polleros, las bandas de traficantes de indocumentados, la garantía de un viaje hasta la frontera norte de México o al otro lado. En el camino de la selva, de las brechas perdidas, de los vagones del tren Chiapas-Mayab, se encuentran con otros sobrevivientes de la guerra y la violencia de Nicaragua, de Honduras, de Guatemala.

«A principios de los años 90 se calcula que en Los Ángeles la pandilla Barrio 18 tenía alrededor de 10 000 miembros y la Mara Salvatrucha aproximadamente 5 000. Por su parte, en los países de origen la problemática de bandas se incrementó sustancialmente y se asoció al consumo y distribución de drogas, asesinatos, robos y algunos ritos satánicos», refiere Hugo Ángeles.

En el pasado de los mareros se registra la violencia de la posguerra, las tristes historias de los desastres naturales, el huracán Mitch en 1998 y los sismos en 2001, así como la violencia que tiene origen en la crisis económica. El Salvador, Honduras y Nicaragua nutrieron de desposeídos a la banda.

Los primeros mareros llegaron a la estación del ferrocarril Chiapas-Mayab en Tapachula a mediados de los años 90. La Mara Salvatrucha hizo de la vieja estación de trenes su coto de caza. Se convirtieron en depredadores de los migrantes más pobres.

En octubre de 1997 documentamos lo que ocurría en la estación, donde la Mara Salvatrucha desde entonces sembraba el terror.

«Estábamos ahí, a punto de agarrar el tren, cuando se acercó uno que es pelón, que tiene una marca MST; nos dijo que tenía su banda de 40, que nos iba a pasar a la báscula antes de subir al tren. Porque al subir al tren tenemos que tirar tres, hace tres días tiramos uno y ése no se murió y tenemos pacto con el diablo y ahora tenemos que tirar tres, nos dijo. Tiene que haber sangre y uno de ustedes tiene que morirse hoy.»

Un inmigrante denunciaba lo que había ocurrido: era de madrugada, el tren iniciaba su ruta rumbo al norte cuando cientos lo trataron de abordar y los mareros aparecieron armados de machetes, algunos con amenazantes chimbas y otros con enormes piedras.

Uno de ellos fue detenido por los propios indocumentados. Le pidieron que se levantara la camiseta.

—¿Esos tatuajes qué significan? —preguntamos al muchacho, de 16, de 18 años, moreno y con el aspecto de cualquiera de los inmigrantes, con visibles huellas de la pobreza y el largo viaje hacia el norte.

—Es un perdón.

La gente que lo tiene postrado, inmóvil, dice que es de la pandilla de los maras, que los ha atacado ya otras veces.

—¿Dónde te tatuaron?

—En California.

—¿Qué significa el tatuaje?

—Es un perdón, quiere decir que mi mamá me perdone por mi vida loca.

—¿De dónde vienes?

—De Nicaragua.

—¿Cuánto tiempo estuviste en California?

—Nueve años.

—¿A qué te dedicas?

—Voy para adelante, nada más…

En este testimonio se encuentran menciones a la ideología de la banda, el satanismo, la práctica de sacrificios humanos, que se justifica con un perverso misticismo, la acendrada violencia con la que actúan los mareros.

La presencia y la influencia de la Mara Salvatrucha se han incrementado, no sólo en la región de la frontera, sino en todo el país. Versiones oficiales hablan de 5 000 integrantes de la banda con presencia en estados como Oaxaca, Veracruz, Baja California, Nuevo León y el Distrito Federal.

«La presencia y las acciones de estas bandas se han incrementado en la frontera sur de México a raíz de las modificaciones a la ley en El Salvador y Honduras, pues ahora son sujetos de detención en esos países al legislarse que es delito pertenecer a esas bandas. De manera adicional, en ciudades como Tapachula, están aumentando masivamente las conductas de imitación de las bandas maras en jóvenes y adolescentes», apunta Hugo Ángeles.

Los enfrentamientos ocurridos en los barrios de Tapachula, como el del 20 de noviembre del 2004, en el centro de la ciudad, en medio del desfile con el que se conmemoraba la Revolución Mexicana, tienen origen en la disputa por el control del territorio del narcomenudeo. La MS 18 y la MS 13 pelean las ganancias del negocio del narcotráfico callejero.

La Mara Salvatrucha tiene una organización vertical: sus principales líderes se encuentran en Estados Unidos; en México existe un líder nacional, varios de categoría estatal; hay también líderes a nivel de poblados y los de las llamadas *clicas* en los barrios y las colonias.

El narcomenudeo y la protección a los cargamentos de la droga que se transporta por vía terrestre desde la frontera sur con rumbo al norte se han convertido en una fuente importante de recursos económicos para la Mara Salvatrucha

Hace sólo unos meses El Blacky, veterano de la Mara Salvatrucha, marcada por el 13, se convirtió en informante de las autoridades. Nacido en El Salvador, el ex líder de la pandilla confirmó que desde hace años los mareros reciben entrenamiento militar por parte de ex soldados y ex guerrilleros. El entrenamiento va del uso de armas de fuego a la elaboración de explosivos y cursos de supervivencia en situaciones extremas.

Según los informes de Blacky, a cuyo registro documental tuvimos acceso, organizaciones terroristas árabes, en concreto Al Qaeda, tienen presencia en El Salvador y Honduras, y se han vinculado con la Mara Salvatrucha, pandilla a la que han proporcionado financiamiento.

Blacky afirma que varios líderes de la Mara Salvatrucha, como El Snoopy, han estado en Afganistán, donde recibieron entrenamiento militar y terrorista.

Por su creciente participación en el narcotráfico, el narcomenudeo y el tráfico de indocumentados, la Mara Salvatrucha debe ser considerada una amenaza a la seguridad nacional.

Los mareros, sicarios del narco

La droga aceita la maquinaria de las maras. Juan Carlos Bonilla Fonseca, El Blacky, encontró en la Mara Salvatrucha su lugar a los 12 años de edad. Es un sobreviviente de la violencia que sacudió a El Salvador en la década de los 80, un veterano de la MS 13, quien conoce la organización y su historia. Ha declarado a las autoridades mexicanas que muchos de los primeros mareros fueron mercenarios o guerrilleros. Afirma que quien controla el tráfico de drogas, indocumentados y armas en la frontera de Guatemala con México es su banda, la MS 13. El Blacky se refugia en el poblado de El Carmen, en Guatemala.

En la frontera de México y Guatemala, del otro lado del río Suchiate, se encuentra la llamada «Tijuanita del sur», el poblado de Tecún Umán, vecino de Ciudad Hidalgo, Chiapas. En Tecún la impunidad y la violencia se dejan sentir: falsificación de documentos de identidad mexicanos al por mayor, tráfico de indocumentados, narcomenudeo, explotación sexual de menores... Tecún Umán se ha convertido en un lugar clave en la geografía del narcotráfico a gran escala, el de las toneladas de coca que viajan rumbo al norte.

Cualquier día, la guerra por el control del territorio cobra víctimas en la Tijuanita del sur. El 18 de octubre de 2004 fueron ejecutados Omar Robles, conocido como El Chorizo, y Julio Preciado, El Marimbas. Crímenes que permanecen impunes, perpetrados por un grupo de sicarios. De ellos sólo se sabe que eran jóvenes y algunos estaban tatuados.

En información a la que tuvimos acceso, resultado de la investigación previa al Operativo Costa, con el que las autoridades mexicanas golpearon a la Mara Salvatrucha en la frontera sur, se afirma: «En la zona de Tecún Umán existe una organización que mantiene el control del tráfico de estupefacientes, tanto en la zona fronteriza de ese país con vinculación con grupos que operan en la frontera de Chiapas». El documento, preparado por agencias mexicanas de investigación, aporta nombres y apodos de quienes controlan el tráfico de estupefacientes en la región de Tecún Umán: «Juan Ortiz López, Chamales, Alfonso Martínez, conocido como El Negro, Nery Caballero y Daniel Valente Mejía, El Charro».

A la sombra de la impunidad se crean verdaderos nudos delincuenciales donde operan grupos organizados. Daniel Valente Mejía y su mujer, Rosa María Ventura, se dedican también al tráfico de migrantes y a la venta de documentos falsificados, pasaportes, credenciales de elector, actas de nacimiento y cartillas militares. En el Hotel Rosemay, de Tecún Umán, se hospeda a los indocumentados y a los «pollos», y se venden los documentos falsos. Daniel Valente Mejía, El Charro, es propietario de una flotilla de cinco trailers en los que transporta cargamentos de droga venida de Colombia, en el tramo Costa Rica-frontera de Guatemala.

En el documento se informa cuál es el destino de los estupefacientes en territorio mexicano: «Una vez que la droga se encuentra en poder de Daniel Valente Mejía en Guatemala, se introduce la cocaína a territorio nacional vía ferrocarril, entregándola en una casa de seguridad que se localiza en el estado de Sonora con domicilio en calle Cid, No. 57, Colonia La Otra Banda, Altar, Sonora». Quienes resguardan los cargamentos de cocaína introducidos a México por Daniel Valente Mejía son mareros, más de 50 que viajan en el tren de sur a norte. La paga es en dólares y en especie, droga para la Mara Salvatrucha.

La Mara y sus personajes

La organización de la Mara Salvatrucha es absolutamente vertical. En lo más alto se encuentran los líderes de la pandilla en Estados Unidos y Canadá. Esos jefes, conocidos como Placa o Taca, son originarios de El Salvador, Nicaragua, Honduras y Los Ángeles. En el siguiente nivel están quienes tienen el mando en los países por donde la mara se extiende: El Salvador, Guatemala, Nicaragua, Honduras y México. Los *big* son los jefes de las «jenjas» o «clicas». Cada vez con más frecuencia menores de edad, llamados «morros» o *little,* se suman a las pandillas de la mara, como también mujeres, las «hynas».

En Tapachula y otras ciudades de la frontera chiapaneca, tanto la MS 13 como su rival, la MS Barrio 18, han ganado muchos adeptos. Lo mismo ha ocurrido en distintas ciudades del país. En bodegas abandonadas, en pequeñas casas en barrios de colonias populares, viven los mareros. Los recursos económicos de las pandillas proceden de los asaltos a inmigrantes, del control del narcomenudeo y de sus nexos con el crimen organizado, donde son usados por distintos grupos como sicarios para la protección de cargamentos de droga y para resguardar las rutas del tráfico de indocumentados.

Éstas son algunas historias de la Mara y sus personajes: Exal Gurrión Pérez, en 1992, asaltó la oficina de correos del municipio de Huixtla, Chiapas. Perseguido por las autoridades se fue al norte, donde vivió en Los Ángeles durante 10 años. En ese tiempo se integró a la Mara Salvatrucha y conoció la organización y su modo de operar. En Chiapas es uno de los líderes de la MS Barrio 18 en Huixtla. Por años se ha dedicado al tráfico de indocumentados. Es el líder de una clica de 25 mareros. Gurrión usa la casa de su hermana Marisol, que se encuentra a sólo 20 metros de las vías del ferrocarril, para el resguardo de indocumentados. A los «pollos» los lleva al norte en autobuses de precarias condiciones conocidos como «tijuaneros».

Federico Gurrión Pérez, otro hermano de Exal, viaja con frecuencia a Los Ángeles, donde dirige una clica del Barrio 18. Federico establece un nexo directo entre los mareros de Huixtla y los jefes de la Mara Salvatrucha del otro lado de la frontera mexicana, allá en el norte. A los pandilleros de la Barrio 18 de Huixtla se les relaciona con una pandilla del poblado de Escuintla conocida como Los Peroles. Así se establecen las redes de operación de los mareros.

El Boa, Juan Carlos Ramírez, mexicano, es el *big* de una clica del Barrio 18 en Huixtla. Lleva en el brazo el tatuaje de una enorme boa y en la espalada el nombre de la serpiente en estilizadas letras. A finales de 2004 fue liberado del Cereso 7 chiapaneco.

El Boa y sus mareros operan, como lo ha hecho la Mara Salvatrucha desde su aparición, en el ferrocarril Chiapas-Mayab. Acechan el paso del tren, lo abordan y atacan a los indocumentados que viajan donde pueden en los vagones de carga. Los amenazan con armas de fuego hechizas, las famosas chimbas, y con armas blancas.

El Boa y otros mareros viven con un grupo de hynas, las mujeres que se integran a la pandilla, muchas veces dedicadas también a la prostitución, en una pequeña casa de la colonia Torrecillas en Huixtla, ubicada en la manzana 16, lote 355.

El Plateado es uno de los llamados «bicicleteros», que trabajan en el transporte público en Ciudad Hidalgo. Ausencio Méndez, conocido con ese apodo, es parte de una clica de la Mara Salvatrucha Barrio 18. Se le vincula con el tráfico de personas y el narcotráfico. Hay predios y casas que resultan estratégicos para el resguardo de indocumentados y para almacenar la coca que viaja rumbo al norte, como la próxima a la vías del ferrocarril que la banda de El Plateado ha convertido en una casa de seguridad.

Los vínculos establecidos entre las bandas del crimen organizado y los integrantes de la Mara Salvatrucha son evidentes: Carlos Escobar, El Coralillo, es el segundo de a bordo en la pandilla que opera en las colonias Benito Juárez y San Antonio en el poblado de Suchiate. Freddy Cancino, el *big* de la clica, se encuentra recluido en el Cereso 3. El padre de El Coralillo, del mismo nombre y apellido, se dedica a la venta de cocaína en el narcomenudeo, al tráfico de armas y a la venta de documentos de identidad mexicanos falsos.

La clica de El Coralillo hijo protege los negocios de El Coralillo padre en la región de Suchiate.

Operativo contra la Mara Salvatrucha

El sol cae a plomo en las instalaciones de la Policía Federal Preventiva en Tapachula. Poco a poco se suman las fuerzas que intervendrán en el magno operativo Costa, los 1 221 hombres de distintas corporaciones policiacas, 600 vehículos, tres helicópteros. Un operativo que al poner en la mira a la Mara Salvatrucha busca enfrentar al crimen organizado en la frontera sur de México. Mientras el destacamento de la PFP forma filas y espera órdenes, en el centro de Tapachula se lleva a cabo una manifestación, la primera de las dos que se celebran en la misma semana. El reclamo es por la seguridad; la Mara Salvatrucha ha sembrado el terror en la ciudad; todos tienen una historia que contar de sus atrocidades y guardan en la memoria lo ocurrido el 20 de noviembre de 2004, cuando la banda tomó las calles de la ciudad y demostró su poderío.

En el centro de la disputa de las pandillas está el control del territorio. La MS 13 y la MS Barrio 18 pelean el negocio del narcomenudeo, fundamental para los recursos de las bandas, clave en sus operaciones desde sus orígenes en Los Ángeles y San Salvador.

Los destinatarios de las protestas en la plaza de Tapachula, a las que desde los diarios locales se suman empresarios y organizaciones

políticas, son el gobernador, Pablo Salazar, y quien preside el conce-
jo municipal de la ciudad, Blas Zamora.

A la primera marcha, de cerca de 300 personas, siguió una multi-
tudinaria manifestación en la que los medios locales calcularon la
presencia de más de 6 000 personas. La exigencia para el gobernador
de los profesores de las escuelas cercadas por las pandillas, de los comerciantes, de los taxistas… fue que no minimizara lo que ocurría en
Tapachula. Al presidente municipal en funciones, Blas Zamora, a
quien llaman «Blas La Mara», le pedían que se decidiera a terminar
con la corrupción, que ha permitido el crecimiento de los problemas
de la seguridad y la propagación del narcomenudeo.

Mientras los reclamos de la gente se escuchan en la plaza de Tapachula, la maquinaria de la que quizá sea la mayor acción policiaca
realizada en este gobierno empieza a andar. Tras los operativos hay
una investigación que procede de años. Se han localizado puntos de
reunión de la Mara Salvatrucha, personajes que controlan el narcomenudeo, organizaciones de tráfico de personas, los antros donde
mujeres indocumentadas y menores de edad son víctimas de la explotación.

Un par de preguntas: la primera es si los golpes serán certeros, si
se llegará a capturar a algunos de los líderes de las bandas, quienes
por acá se dice que «ya se echaron al río». La segunda es si podrá la
estrategia de las espectaculares movilizaciones cimbrar siquiera al crimen organizado en la región fronteriza de Chiapas.

En casa de Noemí

Una acción detona el operativo Costa: cerca de las vías del tren, a
unos metros, en el mismo centro de la ciudad, ha sido detectada una

casa de seguridad donde se alberga a los indocumentados, se guarda a los «pollos» antes de trasladarlos. Al lugar hay que llegar después de una vuelta de reconocimiento durante la cual se miran sus características: son dos casas, sin cristales en las ventanas y con viejas cortinas. Todo está preparado: una célula integrada por efectivos de la Agencia Estatal de Investigación y del Instituto Nacional de Migración llega al lugar. Las puertas son abiertas de un golpe; hombres armados entran al lugar, un sinuoso pasillo al centro rodeado de pequeños cuartos, donde se encuentra a un grupo de migrantes, entre ellos varias mujeres.

—¿De dónde vienes?

—De Honduras —responde la muchacha. Andará por los veintitantos; su historia es como la de muchos. Dejó atrás una vida de pobreza, trabajó por meses, ahorró y vendió lo que pudo para llegar hasta el norte. El maravilloso norte de la vida de película con boleto que se paga en dólares.

—¿Tienes algo que ver con la Mara Salvatrucha?

—No, señor, nosotros somos cristianos, servimos a Dios.

A las mujeres ligadas a la Mara las llaman hynas; algunas de ellas viven con pandilleros. Nadie sale vivo de la Mara Salvatrucha, dicen. La única puerta que se abre es la de los grupos religiosos evangélicos, quienes ofrecen el perdón de Dios y la protección de su creciente fuerza económica y política en Centroamérica y el sur de nuestro país. Muchos ex pandilleros han encontrado un lugar en las iglesias y los movimientos evangélicos. En la mitología de los mareros no se toca a quienes encuentran a Dios y su perdón. En otro ámbito no se atenta en contra de quien es protegido por las iglesias. Hay además un tácito compromiso: los ex pandilleros no cometen el pecado de la traición.

—¿Vives aquí?

—No. Voy de pasada.

Las dos fincas están unidas; tienen salida a las vías del tren. Entre la media docena de detenidos hay guatemaltecos y hondureños. En la sede del operativo dicen que no se trata de criminalizar la migración, de perseguir a quienes agobiados por la pobreza abandonan el lugar en que nacieron, incluso a su familia, y emprenden viaje rumbo al norte con la esperanza de encontrar una vida mejor.

En el lugar es detenida una mujer que a gritos reclama maltratos y golpes que no se llevan a cabo. Varios policías y un agente de Migración la rodean. Pesa más de 100 kilos y se ha plantado en uno de los cuartos de su casa.

—¿Por qué estaban aquí esas personas, las indocumentadas?

—Porque estaban comiendo… ¿es un delito que coman?

—Usted es mexicana.

—Sí.

—¿Cómo se llama?

—Me llamo Noemí.

—¿A qué se dedica?

—Soy comerciante.

—¿Por qué estaban aquí esas personas?

—Estaban comiendo, papito. Me vinieron a pedir que yo les prestara el baño… bueno, estaban durmiendo, sólo las muchachas.

—¿No las hospeda usted aquí?

—No.

Los antecedentes de Noemí son serios: esta mujer controla el territorio de las vías del tren en el centro de la ciudad. Al tráfico de indocumentados suma el negocio del narcomenudeo. Se tienen registros de su vinculación con la Mara Salvatrucha 13, bajo cuya protección opera.

Los Farfán

A bordo de una camioneta de la Agencia Estatal de Investigación esperan para ser trasladados. El sueño de migrar, de ir al norte, se hizo añicos. Él y ella son jóvenes, muy jóvenes. El pollero los tenía en una casa de seguridad en Ciudad Hidalgo, muy cerca de la frontera con Guatemala, en un inmundo cuarto, agobiados por el calor, tumbados en un camastro.

En mitad de las acciones del operativo Costa, de los cateos y las aprehensiones, aflora el drama representado por los policías y los detenidos:

—¿De dónde vienen? —pregunta el comandante, quien va enmascarado, con pasamontañas negro, tras del cual asoma un poblado bigote—. Dime la verdad.

—Somos de El Salvador —dice él, con una voz apenas perceptible. Más que temor por lo que pueda ocurrirles, en la pareja de indocumentados se percibe una atroz decepción. Van a tener que volver atrás, a iniciar de nuevo el interminable camino rumbo al norte.

—¿Quién te pasó, quién te trajo? Si no me dices te va a ir mal —insiste el comandante.

—De los que tienen ahí, ninguno, fue un chofer. Un tal José —el silencio garantiza la seguridad. Es imposible que ese hombre atemorizado señale a algunos de los que yacen esposados en la caja de volteo de una camioneta de la policía.

A la pareja de salvadoreños los detuvieron sin zapatos. Así permanecieron casi hasta el final del operativo, cuando alguien se compadeció de ellos. Nadie supo nada de sus escasas pertenencias.

En el rumbo del Barrio Nuevo, en Ciudad Hidalgo, fueron desmanteladas tres casas de seguridad donde se guarda a los llamados pollos. Los inmigrantes. Se atacó a quienes encabezan una de las organizaciones más poderosas en el tráfico de indocumentados y el narcomenudeo, los Farfán, a quienes se liga con la Mara Salvatrucha 13. Hubo varios detenidos.

Los policías llegaron armados y listos para entrar en acción. Los ministerios públicos llevaban órdenes de cateo y de aprehensión. Las acciones se llevaron a cabo ya entrada la noche. Un operativo en el que participaron 30 hombres armados y para el que no hubo resistencia.

Llaman a la puerta con violencia, el policía pregunta por Francisco Farfán, insiste en que traen orden de cateo.

—¿A mí de qué me van a acusar? —pregunta el hombre, desesperado. Vive en un pequeño cuarto con su esposa y un bebé que no deja de llorar.

—¿Tienes una identificación?

—Ahorita se la saco…

Todo ocurre a oscuras en el patio trasero de una casa donde los Farfán se refugian… Las investigaciones concluyen en el mismo lugar de los hechos, donde se atan cabos y se descubren nexos.

—¿Estuviste detenido? A mí dime la verdad —insiste el comandante encapuchado. El interrogatorio se realiza con el detenido esposado, tumbado en la parte trasera de una camioneta de volteo en la que será conducido hasta Tapachula.

—No —dice el hombre en un murmullo.

—¿No estuviste detenido en el estado de México?

—Sí… —se resigna a aceptarlo.

—¿Por qué estuviste?

—Se me estaba levantando un falso, pero no lograron comprobarme nada.

—¿De qué te acusaron?

—De pollero.

La pareja de salvadoreños, como cientos de inmigrantes, esa noche fue llevada a la base de operaciones de la PFP en Tapachula. Al día siguiente serían deportados. A los detenidos con orden de aprehensión en el llamado Barrio Nuevo se les fincaron suficientes responsabilidades para iniciar en contra de ellos un proceso por el delito de tráfico de indocumentados.

El Charro y El Porky

Jorge Gutiérrez Espinosa es señalado como uno de los líderes de la Mara Salvatrucha Barrio 18 en el municipio de Suchiate. Fue detenido con 16 pequeñas bolsas de cocaína y 10 000 pesos. Se presume que estaba a punto de darse a la fuga, ya que se le encontró también diversa documentación, como una credencial del Seguro Social expedida por el gobierno de Estados Unidos. Esa credencial era falsa.

La célula dirigida por Jorge Gutiérrez Espinosa, El Porky, constaba de 30 mareros. Además de dedicarse al narcomenudeo, El Porky participaba en el tráfico de indocumentados en Suchiate.

En cuanto a los vínculos de la Mara Salvatrucha con el narcotráfico, la historia de Daniel Valente Mejía, conocido como El Charro en Tecún Umán, resulta por demás ilustrativa. El Charro opera en este poblado guatemalteco con cargamentos de cocaína provenientes de Colombia. La droga es transportada desde Costa Rica por vía terrestre en la flotilla de trailers de la empresa Los Charritos.

Desde Tecún Umán la droga viaja en ferrocarril hasta Sonora. Los vagones del ferrocarril con la mercancía son vigilados por 60 miembros de la Mara Salvatrucha. La droga viaja doblemente segura: esos vagones han sido sellados fiscalmente y en su trayecto hay suficiente corrupción para que no se investigue la carga.

Hay versiones de que a los mareros les interesa erradicar de las rutas del tren a los inmigrantes, por eso la violencia en contra de ellos. De lo que se trata es de «enfriar» el tren, de apartar la vigilancia que por años ha tenido debido al intenso flujo migratorio.

La historia de los ministerios públicos desaparecidos

Es la noche en la que el operativo Costa ha puesto en la mira al lenocinio y la explotación sexual infantil. Más de 1 000 hombres y 165 vehículos entre patrullas, camionetas y camiones de la Policía Federal Preventiva esperan el momento de salir a los diferentes municipios de esta región fronteriza.

En las instalaciones de la Policía Federal Preventiva de Tapachula se han organizado 10 células integradas por las distintas corporaciones. A los ministerios públicos de las células que tendrán como objetivo El Moderno y El Dragón Rojo, en la ciudad de Suchiate, se les entregaron ya órdenes de cateo y aprehensión. Todo está listo, cada unidad se dirige a su destino. El viaje a Suchiate, con una movilización de 10 vehículos, será de dos horas de carretera en medio de la noche.

Pero antes de llegar al poblado el convoy se detiene para afinar detalles sobre la acción en los dos antros. Parece imposible, pero los ministerios públicos adscritos a la Procuraduría General de Justicia del estado de Chiapas, Rigoberto Carlos Jiménez y Rigoberto Viveros, han desaparecido. Estos ministerios públicos eran los encargados de la acción en El Dragón Rojo. Nadie sabe qué hacer, todo el mundo espera instrucciones, el tiempo corre. A estas alturas los dueños de los antros de Suchiate ya deben estar avisados. Por fin se encuentra una posible solución: el equipo del par de ministerios públicos que intervendrían en El Moderno se divide, uno de ellos cumplirá con la revisión en El Dragón Rojo. La orden de cateo reaparece providencialmente después de que se habló de que estaba perdida. Tras la confusión y con un retraso de más de una hora, el operativo siguió su curso. Pero ya era tarde, los antros estaban cerrados. Imposible cualquier cateo, cualquier detención.

Ambos negocios trabajaron con toda impunidad hasta las ocho de la noche, justo a la hora en que se reunieron en Tapachula las fuerzas policiales para iniciar el operativo. De acuerdo con información de fuentes fidedignas, en El Dragón Rojo mujeres indocumentadas de origen centroamericano (hondureñas, salvadoreñas y guatemaltecas), la mayoría menores de edad, son explotadas. El negocio se encuentra cerca de las vías del tren, en la ruta de los inmigrantes. Un lugar estratégico donde es fácil reclutar a las mujeres que viajan indocumentadas rumbo al norte y desde el que resulta fácil «moverlas» a otros antros, como los de Tapachula. El Dragón Rojo es conocido por la oportunidad con la que renueva su personal; por desgracia no cesa la afluencia de mujeres desesperadas por cruzar al otro lado.

Martha Luz Rojas Weisner y Hugo Ángeles, investigadores de El Colegio de la Frontera Sur, apuntan en el trabajo «Migración femenina internacional…», publicado en la revista *Papeles de Población*, la presencia de nuevos inmigrantes, quienes carecen de la experiencia y las redes sociales que pueden soportar su viaje. «Esta situación inédita y emergente ha incorporado la presencia de mujeres y menores inmigrantes […]. De esta manera cada uno de ellos vive una experiencia migratoria en la que se incrementa el riesgo y la vulnerabilidad.»

La presencia de las mujeres inmigrantes en la prostitución, según los investigadores, ha generado «una red comercial regional que otorga características particulares a los centros urbanos de la frontera México-Guatemala, dentro de las que se destaca la combinación de prácticas sexuales de alto riesgo con la alta movilidad de la población que participa en las actividades del sexo comercial».

Existe información de que tras el fracaso de los operativos en Suchiate, donde El Dragón Rojo y El Moderno cerraron a tiempo, está la mano de Óscar Salinas Morga, el presidente municipal electo de ese poblado, de filiación priista. Este hombre es señalado como el propietario de El Dragón Rojo.

Un «clavo» en la Barra de San José

Sábado por la mañana, la información fue confirmada. La madrugada del día anterior llegó la mercancía. Quinientos kilos de coca. Unidades de distintas corporaciones policiales estaban listas. La movilización sería enorme: 18 unidades, patrullas, camionetas, camiones de la Policía Federal Preventiva repletos de efectivos. Un helicóptero sobrevoló el lugar. Un viaje de dos horas, en el que había que recorrer un largo trecho de terracería hasta el poblado de Barra de San José, en la costa chiapaneca, lugar estratégico para el trasiego de droga, un pueblo de pescadores, en la desembocadura del río al ancho mar. Se trataba de golpear un «clavo», un lugar donde se guarda la droga que viaja del sur al norte. Mercancía del cártel del Golfo, según información fidedigna.

Fueron cateadas tres casas. El trasiego de la droga en esta región lo controla la familia Ortega Villarreal. Son dueños de la mayoría de las casas que lindan con el río. Los tres domicilios tienen una ubicación clave para ocultar la droga que llega del mar, en avión, desde el que puede ser lanzada, o en barco, del que es fácil transportarla en lanchas. Esas casas resultan un inmejorable almacén, rodeadas de una extensa área de manglares, donde la droga puede permanecer oculta.

En una de las casas cateadas se encontró un sofisticado equipo de radiocomunicación, que difícilmente es usado por simples pescadores. Además de la antena y la pequeña planta eléctrica para su funcionamiento, también se halló una unidad de transmisión y recepción.

Las tres casas revisadas en el operativo de Barra de San José estaban vacías. En una de ellas los frijoles todavía estaban sobre la mesa y había ropa recién lavada en los tendederos. Las gallinas vagaban por ahí. Otra estaba completamente vacía, y la tercera, habitada por personas que dijeron no saber nada de los negocios de la familia Ortega Villarreal.

Después de que los perros buscaron por todas partes, de que se registró todo y se cavaron sendos hoyos en los patios de tierra de las casas y en los gallineros, la droga no se encontró. Alguien había dado el *pitazo*.

La Mara Salvatrucha: tras una ruta
para el tráfico de drogas y de indocumentados

La Mara Salvatrucha extiende sus dominios por el norte del país. En Mexicali, diversos testimonios recabados en los barrios de la ciudad hablan de los intentos de algunos mareros por reclutar entre los jóvenes a nuevos integrantes de esta pandilla, ya convertida en organización criminal.

En Ciudad Juárez integrantes de la Policía Nacional Hondureña, a principios del mes de marzo de 2005, impartieron un curso antimaras dirigido a miembros de Seguridad Pública estatal.

De acuerdo con información oficial la Mara Salvatrucha tiene presencia en 22 estados del país. Los focos rojos de alarma según las autoridades mexicanas se encienden en Chiapas, Oaxaca, estado de México, Distrito Federal, Veracruz y Tamaulipas.

Dedicados al narcomenudeo, al tráfico de indocumentados, convertidos en eficaces sicarios del crimen organizado, la estrategia de la Mara Salvatrucha va más allá. Según distintos observadores, lo que buscan es abrir un corredor desde Colombia hasta Los Ángeles con el propósito de traficar droga ellos mismos.

«La Mara Salvatrucha ha impactado porque tiene la pretensión de crear un corredor desde Colombia, pasando por El Salvador y otros países de Centroamérica, usando territorio mexicano. Un corredor para incursionar en el tráfico de drogas por cuenta propia», dice David Solís, presidente del Comité Ciudadano de Seguridad Pública de Tijuana.

«Los de la Mara Salvatrucha son mercenarios, mercenarios que se alquilan a cualquier cártel con tal de ir beneficiando su pretensión, que es crear ese corredor de la droga, desde Colombia, pasando por todos los países hasta llegar a Los Ángeles», agrega Solís. «Aquí en Tijuana no han logrado asentarse porque las pandillas locales no lo han permitido, es una protección momentánea, pero es evidente que el corredor que pretenden imponer va avanzando.»

En Mexicali, el procurador de Justicia del estado de Baja California, Antonio Martínez Luna, niega la presencia de maras en la entidad: «No hay, de plano», dice convencido. Sin embargo, según diversos testimonios los mareros han tratado de reclutar a jóvenes en distintas colonias de la ciudad. Para hacerlo ofrecen primero amistad, luego protección y después drogas.

«Venían por aquí en bici, primero saludaron, luego nos invitaron unas chelas. Al otro día regresaron, nos platicaron que venían de lejos, que eran de la Mara Salvatrucha. Dijeron que nos podían hacer paros, que nos iban a ayudar. Luego sacaron droga, cristal, y nos ofrecieron», dice el testimonio de un muchacho cerca del centro de Mexicali.

II

Fue en la región de Los Ángeles, en Rampart, donde a mediados de los años 80 surgió la Mara Salvatrucha. De acuerdo con información de la policía de esa ciudad, lo que fuera una pandilla se ha convertido en una peligrosa banda criminal con presencia internacional. Distintas agencias de investigación estadounidenses estiman que en California residen cerca de 10 000 integrantes de la Mara Salvatrucha. La mayoría de ellos se encuentra en el sur, en lugares como Hollywood, Rampart y Van Nuys. Miembros del grupo han sido vistos también en Fresno, Madera, San Bernardino y San Francisco.

Agencias del gobierno de Estados Unidos estiman que a nivel internacional existen entre 30 000 y 50 000 miembros de la Mara Salvatrucha. La pandilla que devino en una poderosa organización criminal, después de su fundación muy pronto incorporó a hondureños, guatemaltecos y nicaragüenses a sus filas, con quienes ha incrementado de un modo considerable el número de sus miembros. La Mara realiza continuamente una intensa labor de reclutamiento en escuelas, grupos hispanos y migrantes recién llegados, los «paisas» que buscan la supervivencia después de haber viajado al norte. Cada vez con más frecuencia son reclutadas mujeres. Los más jóvenes de los maras pueden tener 12 años.

Quienes se integran a la banda deben soportar 13 segundos de una brutal golpiza propinada por los veteranos. El 13 alude a la letra M, lo que en sus inicios pudo estar relacionado con la Mafia Mexicana, una organización de pandilleros surgida en las cárceles de California.

La Mara Salvatrucha posee toda una parafernalia. Los tatuajes reproducen la MS y el 13, y el orgullo salvadoreño SP (*Salvadorian Pride*). La música de los maras es el *heavy metal,* y han desarrollado una singular imaginería ligada con cultos satánicos. Poseen un lenguaje de singulares señas y sus grafitos son fácilmente reconocibles cuando aparecen en algunas de las áreas donde tienen presencia en distintas regiones del sur de California.

Los delitos más comunes cometidos por los mareros en el área de Los Ángeles son los asaltos, la venta de droga al menudeo y el cobro de «renta», el derecho de piso para permitir operar a otras pandillas y grupos criminales en su territorio.

Hay evidencias de los contactos que los grupos de la Mara Salvatrucha del área de Los Ángeles mantienen con los de El Salvador y otros países por vía telefónica. Hay además otros nexos: los mareros conocen la ruta que desde hace un par de décadas los lleva desde el sur hasta el norte y han establecido verdaderos puntos de apoyo para operar en el tráfico de drogas y de indocumentados en nuestro país. De acuerdo con información de las autoridades mexicanas, algunos de los líderes de la Mara en nuestra frontera sur viajan con frecuencia a la zona de Los Ángeles.

La policía de esa ciudad estima que 90 por ciento de los mareros que se encuentran en California ingresaron al país de forma ilegal.

III

A fines del mes de febrero de 2005, en el marco de una cumbre regional sobre la amenaza de las pandillas juveniles, el presidente de El Salvador, Elías Antonio Saca, alertó sobre el posible vínculo entre grupos terroristas y la Mara Salvatrucha.

«Las pandillas están relacionadas con el crimen organizado […] y no me extrañaría, no puedo descartar que estén vinculadas con el terrorismo internacional», advirtió Saca al inaugurar la Primera Conferencia Internacional sobre el Combate a las Pandillas.

Para las autoridades estadounidenses la información de una alianza entre la Mara Salvatrucha y Al Qaeda con el propósito de introducir terroristas vía la frontera mexicana no está confirmada. Sin embargo, precisa un documento del área de inteligencia de la policía de Los Ángeles, para algunas autoridades estadounidenses esta alianza es posible ya que la Mara Salvatrucha está involucrada en el tráfico de inmigrantes ilegales, además de que algunos de sus miembros se consideran a sí mismos como parte de un grupo terrorista organizado, más que de una pandilla.

Negras coincidencias: a Álvaro Osiris Acosta lo llamaban El Snoopy. El Snoopy se encuentra prófugo luego de ser señalado como uno de los participantes en la masacre del 23 de diciembre del 2004, cuando un grupo de integrantes de la Mara Salvatrucha subió a un autobús y disparó con metralletas a los pasajeros. Los hechos ocurrieron en Chamelecón, cerca de la costa norte de Honduras. El saldo de la masacre fue de 28 personas asesinadas.

A Eber Aníbal Rivera, conocido como El Culiche, otro de los autores materiales de la matanza, lo detuvieron cerca del poblado Falfurrias, en Texas, cuando viajaba con un grupo de indocumentados en la cajuela de un vehículo. Rivera había ingresado por la frontera de Reynosa. El Culiche aceptó haber participado en la masacre de Chamelecón, la que dijo fue perpetrada en venganza por la persecución que sufre la Mara Salvatrucha. Un acto terrorista.

Es un hecho que distintas autoridades estadounidenses vigilan y monitorean de manera constante una posible conexión entre la Mara Salvatrucha y Al Qaeda.

Desde hace 20 años, la pandilla extiende su presencia en Estados Unidos. Las autoridades tienen identificadas clicas, células de la Mara Salvatrucha, en Georgia, Illinois, Maryland, Carolina del Norte, Nevada, Nueva York, Nueva Jersey, Oregon, Carolina del Sur, Tennessee, Texas, Virginia, Miami y Washington.

El maíz bola de La Montaña

En Tlapa, Guerrero, la tierra de los esclavos del narco, a la amapola la llaman maíz bola. En La Montaña el cultivo de la adormidera se extiende por la geografía de la pobreza. Se dice que en esta región del estado de Guerrero, donde existe una enorme población indígena, lo único que se produce son peones. Peones para ir a buscar la vida al norte o peones para el narco.

Viajar por los caminos de la zona conocida como La Montaña, recorrer las interminables brechas en época de lluvias es una aventura, los ríos crecidos, montañas de lodo por todas partes. La marginación es una cruda realidad que se revela cuando los poblados de la sierra quedan incomunicados por semanas.

La entrevista tiene que ser de noche, cualquier indiscreción se paga con la vida. El silencio se extiende con la complicidad, muy pocos hablan del cultivo prohibido, del maíz bola.

El hombre entrevistado formó parte del consejo de vigilancia del comisariado ejidal de este pueblo, uno de los muchos pueblos de la sierra en el norte de La Montaña. Conoce los secretos de la siembra de la amapola, sabe lo que representa para su pueblo: una forma de supervivencia, la violación de la ley, el acecho constante de la violencia y muchos muertos.

Afuera de la casa de adobe llueve y llueve. Lloverá toda la noche. En este pueblo el narco no ha dejado casas bien construidas y lujosas, tampoco flamantes camionetas y automóviles, sólo armas. Año con año el número de asesinatos aumenta. Las traiciones, la corrupción, las disputas por el negocio, las viejas rencillas que afloran con la borrachera. La pobreza, la violencia arraigada ante la ausencia de las autoridades y el narcotráfico son los tres ejes por los que transcurre la vida para muchos en la región de La Montaña, «de drama en drama», como dice Abel Barrera, del Centro de Derechos Humanos de Tlachinollan.

Una triste comparación: si un kilo de maíz puede venderse en tres pesos (menos de cuarenta centavos de dólar), por estos rumbos hay quien paga 10 000 pesos (casi mil dólares) por un kilo de goma, el producto de la amapola. En alguna ciudad de Estados Unidos, en el callejón preciso, el *dealer* (traficante) ofrece al comprador una dosis de la heroína morena venida de México, tan popular por su pureza. Quince dólares la dosis.

«La semilla la trajeron personas que viven acá, al norte de la región. La empezaron a vender secretamente. Después se hizo tan popular que cualquiera le regalaba semilla al vecino o quien fuera. Sólo al principio la semilla era negocio. En aquel tiempo estaba como en 50 pesos la onza. La misma gente que venía del norte, de otro pueblo que se llama Cuautlichán, nos enseñó a sembrarla.»

La amapola llegó a este pueblo a mediados de los años 90, en esa época una célula del grupo Ejército Popular Revolucionario (EPR) estuvo presente en esta zona.

Según datos oficiales, desde 1996 en la región de La Montaña se produce la mayor parte de la amapola mexicana

«Por aquí se siembra en Laguna Seca, La Sabana, en El Duraznal, en San Vicente y otros pueblos.»

Para Abel Barrera, de Tlachinollan, dos factores propiciaron que el cultivo de la amapola se extendiera a fines de la década de los 70 por el estado de Guerrero y en la región de La Montaña:

«A río revuelto, ganancia de narcotraficantes. La cuestión de la droga en la Costa Grande ya se daba, pero de manera aislada, la entrada del narcotráfico a la región coincide con la entrada del ejército, estamos hablando de la guerra sucia de los años 70. El ejército creó una estructura antiguerrillera, abrió brechas y se construyeron carreteras. En el tren de la lucha contrainsurgente venía también el vagón de este negocio turbio. Por otra parte, en los años 80, después de la captura de Rafael Caro Quintero, los narcotraficantes diversificaron sus cultivos y los lugares donde sembraban, se buscaron zonas donde los indígenas pudieran sembrar amapola. Antes la marihuana era un negocio local, pero lo que podemos llamar trasnacionalización del narco se dio con la amapola.»

Menos maíz, más amapola

La organización ecologista Worldwatch Institute presentó en Washington los resultados de una investigación sobre las causas de la proliferación de narcocultivos en los países pobres del mundo. En las páginas del documento titulado *Signos vitales 2003* se lee: «En México, en Colombia, los agricultores cada vez más se dedican al cultivo de drogas debido a que los países enfrentan una combinación de altos subsidios en las naciones ricas, que les hacen imposible competir, y barreras comerciales con altos aranceles, que les hacen imposible exportar.»

«En México —continúa el informe de Worldwatch— muchos agricultores están empezando a plantar opio o marihuana porque sus cultivos de maíz y otros productos no pueden competir con los alimentos importados.»

Allá en la región de La Montaña conocen bien esta realidad.

«El cultivo del maíz está por los suelos, con lo que el campesino siembra no es posible que se mantenga. El cultivo de la amapola se ha extendido por la miseria», dice Abel Barrera.

La miseria, la pobreza en La Montaña es una realidad arraigada en la historia de las comunidades indígenas que sobreviven en lo alto de los montes en el estado de Guerrero. Los nahuas, los mixtecos y los tlapanecos viven con lo mínimo. El maíz dejó de rendir. Las tierras se agotaron por el uso de fertilizantes con altos contenidos de productos agroquímicos.

«La región ha estado en una situación crítica desde hace décadas», afirma Abel Barrera, entrevistado en la pequeña ciudad de Tlapa, en la oficina de Tlachinollan. «La gente que se dedica a sembrar maíz en los cerros ni siquiera puede usar la yunta. La misma naturaleza impide una producción adecuada de básicos.»

En este pueblo, como en muchos otros de esta región, el cultivo de la amapola resultó una alternativa para la supervivencia. Después de que gente del norte trajo las semillas y enseñó a los de la comunidad a cultivarlas, muchos se involucraron en su siembra.

El maíz bola, el de la rosada flor de la amapola, requiere de muchos cuidados. El trabajo del barbecho, la siembra y el riego tienen que ser de noche.

En lugares apartados, en ocasiones bajo camuflaje formado por techos de árboles y ramas, se prepara el terreno, siempre exiguo, imposibles las grandes extensiones. El cultivo de la amapola en las montañas de México es cosa de pequeños agricultores.

«Hay que barbechar, aflojar la tierra para sembrar, como son lugares donde no puede entrar el tractor, ni la yunta, hay que hacerlo a mano o con zapapico. Es laborioso. Sembrar es fácil porque nada más se tira la semilla, pero después de que nace hay que cuidarla, separar las plantas para que no estén muy cerca la una de la otra. Hay que estar pendientes de las plagas, cuando crece cuidar que no se la coman los chivos del monte ni otros animales. Son plantas muy delicadas, hay que abonarlas y más que nada regarlas. Si se siembra en lugares que son muy húmedos no se necesita mucho riego, pero en lugares secos les hace mucha falta el agua.»

Hay que cuidar el cultivo, mantenerlo oculto, estar cerca, siempre cerca. Cuando la flor del maíz bola está lista en febrero, marzo o abril, cuando llena de colores rosas, rojos y púrpuras el campo, hay que rayarla.

«Nada más se raya la cascarita y le sale agua; después hay que esperar a que cuaje como cuatro o cinco horas y quede ahí pegada; luego hay que recogerla en un traste.»

Una larga secuela de violencia

El cultivo clandestino corre el riesgo de ser detectado, en cualquier momento puede ser fumigado. Según datos de la Fiscalía Especializada para la Atención de Delitos contra la Salud de la Procuraduría General de la República, es en Guerrero donde los helicópteros de la policía sufren el mayor número de ataques y es en la región de La Montaña, en la zona de Tlapa, donde estos ataques se dan con mayor frecuencia. A los helicópteros llegan a dispararles o les colocan tendidos de alambre en las barrancas sobre los sembradíos de amapola y marihuana.

El narcotráfico ha dejado una secuela de violencia; en este pueblo corren historias de venganza, de ataques perpetrados al final de la larga jornada de la siembra y el cuidado del cultivo, cuando no faltan quienes a punta de pistola y metralleta traten de adueñarse de la goma cosechada.

«La verdad, algunos le dan buen uso al dinero que deja la siembra de la amapola. Hicieron sus casas, se compraron ganado, animales, ahorraron para irse a trabajar al otro lado, para el norte. Otros se emborrachan, gastan dinero, se dan sus lujos, en la parranda, hacen fiestas, todo eso. Compran armas para su defensa según ellos, sobre todo pistolas.»

En este pueblo de La Montaña el narcotráfico impone su cultura, se escuchan los narcocorridos y se ven las películas que en versión de los hermanos Almada narran la saga del narco mexicano.

«La gente se ha vuelto más violenta, se quiere comportar de esa manera. Pienso que a raíz de eso llegó a haber muchos asesinatos. Los emboscaban, los mataban.»

Desde los poblados de La Montaña la goma de opio llega a Tlapa, donde existen rudimentarios laboratorios parta poder procesarla. En el pequeño poblado corre el rumor de que la mercancía viaja en los camiones refresqueros y cerveceros, cuyos choferes conocen la región, saben pulsar los riesgos y los evitan.

Hasta donde se sabe no existen acaparadores en el negocio de la amapola, pero muy pocos deben de tener la infraestructura necesaria para bajarla de la sierra y procesarla de inmediato para que viaje convertida en polvo rumbo al norte.

Existen dos rutas para la salida de la goma ya procesada, la heroína morena que se compra en Estados Unidos. La primera sale de La Montaña rumbo a Michoacán y de ahí sigue su camino hasta llegar a la frontera. La segunda ruta de salida para el fruto del maíz bola es por Olinalá, de ahí al estado de Puebla, luego a Morelos y de éste para el norte.

Colombia y México han desplazado a los países de Asia como proveedores de heroína para el mercado clandestino de Estados Unidos. Al abaratar el costo de la droga, que puede inyectarse, pero también inhalarse y fumarse, han propiciado un aumento en el consumo. Un negocio que permite a un *dealer* ofrecer en 15 dólares una dosis de heroína en las calles de las ciudades de Estados Unidos.

¿Cuántas dosis de heroína morena, de la mexicana, se pueden extraer de un kilo de goma, cuyo costo es de 10 000 pesos?

Sin embrago, allá en La Montaña la cosecha del maíz bola es magra. El dinero del narco, junto con los dólares de los migrantes que fueron al norte, genera una precaria economía. Los esclavos del narco apenas sobreviven. Las fabulosas ganancias de las trasnacionales del narcotráfico terminan en otra parte.

La lucha por el control territorial

El 26 de enero de 2004 el secretario de la Defensa, general Ricardo Clemente Vega, llamó a los medios para anunciar la detención de Javier Torres Félix, alias El TJ, calificado como uno de los principales operadores del cártel que encabeza Ismael El Mayo Zambada. Se dudó mucho de que el general Vega hubiera decidido ofrecer aquella conferencia de prensa solamente para anunciar la detención de un narcotraficante, sin duda importante pero que no es más que lo que se dijo en esa ocasión: un sicario, un operador destacado, pero no uno de los jefes del narcotráfico en México. Un hombre que está lejos del nivel de El Chapo Guzmán o el propio Mayo Zambada.

La aparición del general Vega probablemente tenía otro propósito: por una parte, realizar un inédito reclamo público (en buena medida justo) para algunos jueces que son demasiado benevolentes con los narcotraficantes detenidos, como si aquella consigna de «plata o plomo» siguiera, para ellos, demasiado vigente. En realidad, para evitar esos problemas se debe avanzar en algo que el ex procurador Rafael Macedo de la Concha y el subprocurador para la delincuencia organizada, José Luis Santiago Vasconcelos, ya han planteado con anterioridad: sin caer en el esquema de los «jueces sin rostro» que utilizó Colombia, hay que establecer un cuerpo de jueces especializados exclusivamente en estos casos de delincuencia organizada con mecanismos de protección suficientes para garantizar, mínimamente, su seguridad. Pero también el general Vega debe haber aparecido para contrarrestar la impresión, que muchos tenemos, de que existen áreas, regiones del territorio nacional, que están sin control, o mejor dicho bajo el control de la delincuencia organizada.

Lo sucedido desde principios de 2004 es francamente preocupante en este sentido. Desde entonces, en prácticamente todo el país se han dado enfrentamientos y ajustes de cuentas entre distintos grupos de la delincuencia organizada que dejaron, sólo durante enero de ese año, más de cien muertos, que nos permitieron ver cómo un comando de un centenar de personas armadas y uniformadas, identificados con el grupo de los Zetas, no sólo ha ajusticiado adversarios en distintos lugares de la república, sino que en una ciudad media como Apatzingán, Michoacán, tomaron el penal local, liberaron a un grupo de presos, se llevaron secuestrados a otros y nadie pudo, supo o quiso detenerlos. Cómo se han multiplicado los secuestros y ajustes de cuentas en Tamaulipas, en Sinaloa, en Nuevo León, en Michoacán, en Baja California, en Veracruz, en el Distrito Federal y el estado de México. Cómo aparecen narcofosas con más de una decena de cadáveres en Chihuahua. Cómo pueden ser ajusticiados a plena luz del día dos agentes de la antigua Policía Judicial Federal y un capitán del ejército en una de las principales carreteras del país y cómo, en el penal de máxima seguridad de La Palma, algunos de los más peligrosos delincuentes del país han estado en huelga de hambre desafiando a las autoridades. En la frontera sur las cosas no parecen ser tan espectaculares, pero están en una situación delicadísima, simplemente porque el interés de las autoridades y de la opinión pública se ha concentrado en el centro y el norte del país, mientras que la frontera sur sigue permitiendo la entrada de casi todo, ya no exclusivamente con mafias nacionales, sino también centroamericanas.

El escenario es francamente preocupante porque el hecho es que no hay control. No quiere esto decir que la Defensa, la Secretaría de Marina, la PGR o Seguridad Pública no estén tratando de cumplir con sus responsabilidades. Lo que sucede es que están rebasadas por la situación y por un marco político y legal donde ninguno de los actores principales del escenario político nacional parece estar dándole a esta situación la importancia que merece.

El diagnóstico es sencillo: el Estado mexicano no está capacitado ni legal ni materialmente para hacer frente a este desafío que le plantea el crimen organizado. Es verdad que hay diferentes propuestas en la PGR y en la SSP, en Gobernación y en el propio Poder Judicial, pero no hay una decisión del Estado de hacer reformas hasta sus últimas consecuencias y operar en ese sentido. ¿Qué mejor demostración de ello podemos tener que la reducción presupuestal que tuvieron en 2004 las principales instituciones encargadas de la seguridad pública y nacional?

Por otra parte, queda cada día más claro que los gobernadores en parte no pueden y en buena medida no quieren hacerle frente a un problema que los rebasa, mientras que las fuerzas federales no se dan abasto para atender tantos frentes simultáneamente. Por eso el problema sigue creciendo y pareciera que nadie puede ponerle un tope.

Es verdad que ha habido avances, que importantes narcotraficantes están tras las rejas, que lo realizado ha merecido el siempre escaso elogio de las autoridades estadounidenses, pero el contagio que genera el crimen organizado, en lugar de acotarse, parece expandirse constantemente. No es verdad, tampoco, que ante los golpes de las autoridades lo que tenemos es una guerra de microcárteles. Lo que sucede es que desde hace años los grandes cárteles con mandos verticales han desaparecido y se han transformado en organizaciones más modernas, horizontales, con diferentes células que se coordinan a veces indirectamente con sus mandos naturales y que tienen gran autonomía de operación. Entonces sí es verdad que existen muchos enfrentamientos entre estos grupos por el control de rutas, territorios y, cada vez más, zonas de distribución interna de drogas.

Pero es ilusorio pensar que las grandes organizaciones han desaparecido o están en trance de hacerlo: en realidad, esos grupos más pequeños pertenecen o están asociados con alguna de estas grandes organizaciones y de allí se derivan los enfrentamientos. Es más: en buena medida la mayoría de los ajustes de cuentas ocurridos se han dado directamente entre los grandes grupos. Los Zetas, de Tamaulipas, están tratando de mantener el control en su zona de influencia y enfrentándose directamente, en primer lugar con el cártel de los Valencia y luego con los grupos del *holding* (ya es más que un cártel) de Juárez, que ha penetrado en esa zona desde antes de la caída de Osiel Cárdenas, incluyendo bandas locales como los Texas. La mayoría de los muertos en Sinaloa y Baja California tuvieron relación con el enfrentamiento directo entre los sucesores de los Arellano Félix y el cártel de El Mayo Zambada y El Chapo Guzmán. Los famosos muertos del BMW blindado en la carretera México-Toluca el 20 de enero de 2004 tendrían relación con ajustes de cuentas de los Zetas, y lo mismo los muertos en Nuevo León.

Lo más preocupante es que esta situación tiene antecedentes. Algo muy similar, en un contexto de mayor control que el actual, se dio en 1993-1994, con consecuencias funestas para el país, no sólo por los evidentes enfrentamientos entre narcos en un marco, también, de sucesión presidencial y de cambio de poderes en muchas entidades de la república, varias de ellas clave para la operación del narcotráfico en el país. Si las autoridades, si el gobierno, si los partidos, todos, no comienzan a comprender la magnitud de este desafío, no sólo la guerra contra las drogas se perderá, ni siquiera se terminarán ganando demasiadas batallas y desde allí se desestabilizará el sistema político.

Por esta razón resulta incomprensible desde el punto de vista de la seguridad nacional que los principales actores políticos estén embarcados en las estériles luchas de poder, desorientados en la absurda tesis del golpe de Estado. Estamos perdiendo de vista uno de los mayores fenómenos de los últimos años: la guerra que se está produciendo en el mundo del narcotráfico, con cientos de muertos por ajustes de cuentas en todo el país y un realineamiento de fuerzas que ha trascendido ya las tradicionales regiones de influencia de cada uno de los principales grupos del crimen organizado con influencia en el mundo de la política.

Lo ocurrido el fin de semana del 11 de septiembre de 2004 en Culiacán es uno más de estos ejemplos. Un comando mató a uno de los hermanos de Amado Carrillo Fuentes, Rodolfo, que estaba reorganizando las fuerzas de ese cártel (que encabeza en Chihuahua su otro hermano, Vicente) en una de sus principales áreas de operación, Sinaloa. Iba acompañado de Pedro Pérez López, un importante ex comandante de la policía ministerial del estado. Pérez López quedó gravemente herido (su presencia confirma el grado de protección policial en ese estado a ese grupo de narcotraficantes, que en Sinaloa encabeza El Mayo Zambada) y Rodolfo Carrillo murió. En el primer enfrentamiento fallecieron otras dos personas y cinco más murieron en tiroteos en distintos puntos de Culiacán a lo largo de ese sábado. Apenas el martes anterior había sido asesinado otro importante integrante de la organización de El Mayo Zambada, quien controla el narcotráfico en Sinaloa y está asociado a los grupos de Juárez, a los que pertenecía el asesinado Rodolfo Carrillo. Se trataba de Óscar Gamboa Mariscal, que ya había sufrido con anterioridad dos atentados de los que había salido bien librado. La tercera fue la vencida.

Parece evidente que los autores de ambos atentados fueron grupos relacionados con los Arellano Félix, pero sería lógico preguntarse cómo estos grupos de Tijuana pueden haber recuperado tanto poderío cuando después de la muerte de Ramón Arellano Félix y la detención del jefe del grupo, Benjamín, parecía que su destino sería ser liquidado por sus grupos rivales, en particular por los de El Mayo Zambada que, con fuerte control en Sinaloa y Sonora, siempre han deseado quedarse con la operación del narcotráfico en la península.

Los distintos grupos organizados en el llamado cártel de Juárez, aunque han adoptado un modelo horizontal, casi corporativo, con jefes que operan como una suerte de gerentes regionales en distintas áreas del país, parecían haberse quedado con todo el pastel luego de las caídas de los Arellano Félix y de Cárdenas. Pero un elemento cambió la ecuación: en la cárcel, en La Palma que demostró que estaba lejos de ser realmente el reclusorio de máxima seguridad que tanto se ha presumido, Osiel Cárdenas logró una alianza con Benjamín Arellano y su principal soporte, el grupo de los Zetas, comenzó a hacer lo que sabe a partir de su entrenamiento militar y policial: ajustar cuentas con sus adversarios en prácticamente todo el país. Han realizado ejecuciones en Tamaulipas y Nuevo León, pero también en Michoacán, Jalisco, Sonora, Sinaloa, Veracruz, estado de México y Querétaro, además del DF, con mortífera eficiencia: han dirigido sus golpes sobre todo a los distintos grupos o personajes ligados a Juárez, pero en particular a los relacionados con El Mayo Zambada. También contra el cártel de los Valencia, que desde Michoacán, con fuerte presencia en el DF y Jalisco, trataron de entrar tanto en Tijuana como en Tamaulipas ante la aparente debilidad de los Arellano Félix y la gente de Osiel Cárdenas. Los Zetas también se hicieron notar por haber tomado un penal de Matamoros, a fines del 2002, y uno en Baja California en 2003 para rescatar a uno de sus principales hombres cuando era trasladado a un hospital en Mexicali y, semanas después, en una acción espectacular tomaron el penal de Apatzingán, en Michoacán, donde rescataron a varios de sus principales operadores y, de paso, se llevaron secuestrados a algunos de sus adversarios del grupo de los Valencia. Nunca más se volvió a saber de ellos.

Se llegó incluso a especular que los Zetas intentarían tomar el control de La Palma, basados en una trama de complicidades que construyeron desde dentro del penal precisamente Cárdenas y Benjamín Arellano, apoyados por otros reos de alta peligrosidad detenidos en esa cárcel, incluso con el control sobre numerosos guardias, ya sea por temor o comprados con dinero: estaban repitiendo la operación que había realizado uno de sus adversarios históricos, El Chapo Guzmán, para controlar y fugarse de Puente Grande, en Jalisco, a inicios del 2001.

Lo cierto es que desde que se dio la alianza entre las fuerzas de Cárdenas y los Arellano Félix la guerra entre los distintos grupos del narcotráfico se ha recrudecido y llegado a límites insospechados. Suman cientos los muertos en ajustes de cuentas en las diferentes ciudades de la frontera y en estados con una fuerte presencia del narco como Sinaloa, Jalisco y Veracruz. Si los muertos son cientos (los años pasados el promedio fue de unos 1 500 muertos anuales por ajustes de cuentas entre los distintos grupos de narcotraficantes, y en 2004 y en 2005 se estima que la cifra ha sido superada con amplitud); si la presencia de estas organizaciones sigue estando tan fuerte; si se están aventurando por territorios nuevos, tanto en el ámbito de la violencia como de los negocios (que van desde reasumir el control del cada vez más importante mercado del narcomenudeo hasta golpes tan espectaculares como tomar el depósito de la aduana del aeropuerto de México para robarse un cargamento de 3 toneladas de efedrina para producir drogas sintéticas), lo que se debe asumir es que, a pesar de los éxitos aparentes en la lucha contra el narcotráfico, éste está más vivo que nunca y con una distribución geográfica y una capacidad de operación que hace cada vez más difícil su control.

La ecuación es sencilla: en el informe de gobierno del presidente Fox en 2004 se habló de más de 40 000 detenidos por estos delitos; los muertos cada año suman cientos, los líderes ajusticiados o detenidos anualmente son decenas, a cada rato sabemos de la detención de los «segundos» o «terceros» de grandes capos y el negocio continúa inalterable. Eso habla de una capacidad de regeneración que demuestra su poderío económico y el grado de protección que logran.

El hecho es que estos grupos son cada vez más violentos, tienen recursos y debemos insistir en un tema: cada día es más importante para ellos el control territorial, tanto por las posibilidades de protección y operación en gran escala que ese control local les permite como por la importancia cada vez mayor del mercado interno de drogas (la célula de Osiel Cárdenas desarticulada en la Ciudad de México y Querétaro tenía en plena Lomas de Chapultepec un laboratorio para procesar cocaína, cuyo producto se vendía, sobre todo, en la capital del país). Cuando se habla de la inseguridad, allí está el principal polo responsable de la misma. Pero es allí también donde se han presentado los mayores obstáculos, donde pareciera haber mayores complicidades y mayores tentaciones para aceptar recursos cuyo origen no está claro y que van de ámbitos tan diferentes como el futbol hasta la política. Agreguémosle un componente: muchas de las principales organizaciones colombianas, por la situación que se vive en ese país, están trasladando parte de su operación a México (y a otras naciones centroamericanas, pero con nuestro país como base central de su actuación) en alianza con diversos grupos nacionales. La batalla contra el narcotráfico no está ganada y, por el contrario, puede traer muchos más dolores de cabeza, sobre todo porque por primera vez desde los aciagos días de 1993-1994, estos grupos vuelven a mostrarse con intereses políticos claros y con capacidad de movilización, como lo han demostrado, por ejemplo, las distintas operaciones políticas y sociales realizadas por Cárdenas y Arellano desde la propia cárcel de La Palma.

La guerra entre los distintos grupos del narcotráfico ha marcado el mapa de la violencia en 2005. El asesinato, en la tarde del 31 de diciembre de 2004, de Arturo Guzmán Loera, hermano menor de El Chapo, en un locutorio del penal de «máxima seguridad» de La Palma, frente a abogados y familiares, sólo puede ser entendido como una declaración de guerra entre los distintos grupos del narcotráfico, pero, incluso en esa lógica, habría que ir más a fondo porque el hecho demuestra también el grado de descomposición existente y el control que grupos ajenos al Estado tienen de instituciones, de espacios políticos y geográficos estatales.

El caso de La Palma es paradigmático: en 2004 se produjeron tres asesinatos en ese penal de máxima seguridad, además de los varios homicidios de abogados y funcionarios de la propia cárcel en sus inmediaciones. De acuerdo con una serie de cartas (de las que hablaremos detalladamente más adelante) enviadas por el narcotraficante Osiel Cárdenas a sus colaboradores fuera del penal con instrucciones precisas sobre cómo seguir llevando algunos de sus negocios y operar en relación con el propio control de La Palma, se evidencia que ese jefe, aliado con Benjamín Arellano y otros detenidos importantes, se ha hecho del control del penal. Ese control sólo puede explicarse a través de la complicidad de las propias autoridades de ese reclusorio, como lo confirmaban los asesinatos cometidos: el primero, Alberto Soberanes, fue estrangulado en mayo de 2004 en un área en la cual, casualmente, no estaban encendidas las cámaras de control en el momento del asesinato; para el segundo, el de Miguel Ángel Beltrán El Ceja Güera, el 6 de octubre de ese mismo año, ingresó un arma calibre .22 al reclusorio, con la que fue asesinado en el comedor; quien había matado al hermano de El Chapo, José Ramírez Villanueva, ejecutó a su objetivo en los locutorios frente a numerosos testigos con una pistola calibre 9 milímetros.

Ramírez volvía de entrevistarse con su abogado en un locutorio cercano. Sin complicidades amplísimas no pueden darse este tipo de hechos: simplemente preguntémonos cuántos controles deben pasarse para ingresar una pistola 9 mm a un penal de estas características, cuántas personas deben estar involucradas en el mecanismo de corrupción. Porque, además, unos días antes de ese asesinato, se anunció que se había realizado un fuerte operativo en el propio reclusorio para encontrar armas y drogas entre los presos. Una semana después, un recluso asesinaba a otro con una pistola de 9 mm. Lo grave es que ese hecho no fue ninguna novedad: el mecanismo de control y corrupción era el mismo que había organizado El Chapo Guzmán en Puente Grande y que permitió su fuga en enero del 2001; es el mismo mecanismo que tiempo después han utilizado Cárdenas y Arellano para tener bajo sus órdenes La Palma, y no tiene ningún secreto: se compra o se intimida a los guardias y a las autoridades del penal. En Puente Grande, después de la fuga de El Chapo se identificó a quienes estaban bajo las órdenes del narcotraficante y lo protegían dentro de la cárcel (casi todo el personal). Entonces, como ahora, ya se sabía quiénes participaban de ese mecanismo: en el caso de la fuga de El Chapo, la Comisión de Derechos Humanos de Jalisco, que entonces encabezaba Guadalupe Morfín, denunció muchas veces lo que estaba ocurriendo, incluso con declaraciones de guardias que habían denunciado lo que sucedía en el penal. Esas denuncias fueron ignoradas casi hasta el momento de la fuga de El Chapo. Después del asesinato de El Ceja Güera también se sabe có mo opera la corrupción en La Palma. Lo increíble y lo que ameritaba, por lo menos, una explicación del encargado de reclusorios de la SSP, en ese entonces Carlos Tornero, y del propio titular de la Secretaría, Ramón Martín Huerta, es por qué no se había hecho nada en La Palma teniendo información concreta, indudable, de lo que estaba sucediendo en el penal, proporcionada, en particular, por la PGR desde varias semanas antes de lo sucedido.

Ése es un aspecto de esta realidad. El otro es la propia guerra entre los grupos del narcotráfico. Existen varios ángulos que deben analizarse. Evidentemente, existe un duro enfrentamiento entre los grupos de Osiel Cárdenas y los Arellano Félix contra los de El Mayo Zambada y Joaquín Guzmán. Es un enfrentamiento añejo y explícito, que se da en diferentes ámbitos: desde los ajustes de cuentas que se han producido en los estados en los cuales ellos tienen sus espacios de control, hasta los propios ajusticiamientos en La Palma (los tres reclusos que fueron asesinados eran del grupo de Guzmán, el último su propio hermano). Cárdenas, en una de sus cartas con instrucciones desde la prisión, ordenaba a sus colaboradores que «le dieran piso» a toda la gente de Guzmán que localizaran en su territorio.

Ese enfrentamiento es real, es brutal y está comprobado fehacientemente. Pero existe otro que está mucho menos documentado: el que se ha dado dentro del propio *holding* de Juárez, en donde compartían espacios y ámbitos de poder desde El Chapo Guzmán y El Mayo Zambada, hasta Vicente Carrillo y Nacho Coronel, entre otros notables narcotraficantes, en particular Juan José Esparragoza, El Azul. El hecho es que el asesinato por la gente de Guzmán de Rodolfo Carrillo Fuentes, ejecutado junto con su mujer en pleno centro de Culiacán el 11 de septiembre de 2004, no es precisamente un dato menor. Todo el mundo ha dado por seguro que fue la organización de Cárdenas la que ordenó el asesinato del hermano menor de El Chapo en La Palma, pero no se debería descartar con tanta rapidez la posibilidad de una venganza organizada desde meses atrás por la ejecución de Rodolfo Carrillo, y que hayan sido los grupos del cártel de Juárez, enfrentados ahora con El Chapo, los que hayan ordenado el asesinato de su hermano menor. Ello evidencia una ruptura por lo menos entre dos de los principales grupos de esta organización y una confrontación entre ellos, que no puede obviarse por sus consecuencias en el ámbito de la seguridad y sus implicaciones políticas.

No se sabe, por lo menos no se ha divulgado, cuál es la verdadera causa de esa ruptura y ese enfrentamiento. Se dice que El Chapo, con mayores recursos y empuje, quería desplazar a Vicente Carrillo, que habría perdido fuerza en el grupo y en Juárez. Que parte de este conflicto proviene del interés de las distintas corrientes de esa misma organización en tratar de expandirse hacia Tamaulipas y Baja California, y de los enfrentamientos de sus distintos capos para hacerse del control de esos territorios. Se habla de traiciones muy profundas, incluyendo la posibilidad de que sectores de Juárez han querido «pacificar» el ambiente del narcotráfico «entregando» al gobierno a El Chapo, que, desde que se fugó al inicio del gobierno foxista, ha sido una de las manchas más indelebles que éste ha debido soportar. Se habla de que el *holding* de Juárez, con algunos nuevos asociados, tiene ya desde tiempo atrás una nueva cabeza en Juan José Esparragoza y éste quiere poner orden entre sus distintos «asociados», y que la redistribución del poder interno no dejó conformes a todos (recordemos, sólo como detalle, que Esparragoza fue el encargado de organizar aquella reunión en 1989, en Acapulco, entre los distintos capos del narcotráfico para «distribuirse» el país después de la detención de Miguel Ángel Félix Gallardo, resultado de la cual se desprendieron los Arellano Félix, precisamente por no respetar esos acuerdos: ahí comenzó la guerra entre estos grupos, que hasta hoy no ha concluido). No es descabellado que todo pudiera ser parte de una misma verdad. Pero, sin duda, ese enfrentamiento interno entre los grupos que durante años formaron parte de la organización de Juárez, por su poderío y sus relaciones de todo tipo con el poder (económico y político), puede generar convulsiones mayores e inesperadas.

Pero más allá de las luchas internas de los cárteles y todo lo que ello conlleva, no recordamos ningún otro momento de un enfrentamiento tan directo y tan rudo del narcotráfico contra el Estado mexicano como el que hemos estado viviendo en los últimos meses. Es verdad que en 1993-1994, el factor narcotráfico fue parte del proceso de desestabilización que sufrió el país e incluso no termina de quedar en claro el grado de participación que tuvo éste en los asesinatos del cardenal Posadas, de Luis Donaldo Colosio y de José Francisco Ruiz Massieu. Pero incluso en aquel momento parecía que lo que teníamos era un enfrentamiento de sectores del narcotráfico que de una u otra forma tomaban parte en el proceso sucesorio, pero no una guerra, en sí, contra el Estado.

Ahora también, probablemente, estamos en una situación similar, pero existen componentes distintos, que hacen cualitativamente diferente el enfrentamiento. Lo que estamos viendo es un desafío del narcotráfico al Estado y a sus instituciones. La respuesta que dio el 19 de enero de 2005 el cártel de Osiel Cárdenas al asesinar a las afueras del penal de máxima seguridad de Matamoros a seis trabajadores del mismo (lo que parece ser más una represalia indiscriminada que selectiva) va en relación directa con la presión que se ejerció en esos días contra el propio Cárdenas y los otros integrantes de su grupo, que tenían el control del penal de La Palma. El golpe fue muy duro porque no sólo cambió radicalmente las condiciones de reclusión de Osiel, de Benjamín Arellano y de muchos otros, sino que además desmanteló la organización que el jefe del cártel del Golfo había construido en La Palma y que le permitía dirigir las actividades no sólo del penal, sino también de su propio cártel desde la cárcel.

En realidad, lo que hemos estado viendo en Tamaulipas en los últimos meses no es una casualidad ni tampoco una explosión coyuntural de la lucha entre grupos del crimen organizado. Lo que sucedió fue una combinación de factores, dos de los cuales han sido determinantes: por una parte, el cambio de gobierno y la demostración de que el nuevo gobernador, Eugenio Hernández, no tiene el control de la situación. Pero, relacionado con ello y mucho más importante, la comprobación de que Osiel también comenzó a perder los hilos del control sobre su organización cuando, después del asesinato de Arturo Guzmán Loera, se endurecieron las medidas de control en La Palma y, posteriormente, con el cambio de la mayoría del *staff* en la Secretaría de Seguridad Pública, se rompieron las estructuras de control en el penal, incluyendo el traslado de Daniel Arizmendi, que se había convertido en uno de los principales operadores del propio Osiel, dentro y fuera de la cárcel, a Puente Grande, en Jalisco.

Al observar la repentina debilidad de Cárdenas y la relativa falta de control que generó el cambio de gobierno en Tamaulipas, distintos grupos se han lanzado a tratar de aprovechar la oportunidad. Por eso la gran cantidad de muertos en Matamoros; acciones difíciles de imaginar como el secuestro de una veintena de personas en Soto la Marina (de las cuales tres aparecieron asesinadas: el ex alcalde y sus dos hijos); los innumerables ajustes de cuentas, incluyendo muchos que se realizan en Nuevo León (o que se hacen en Tamaulipas, pero los cuerpos son arrojados en la entidad vecina). Pero lo más importante es que estas organizaciones, particularmente la de Cárdenas, han decidido lanzarse a un enfrentamiento directo, frontal, contra el Estado, porque se sienten amenazadas y en el caso del cártel del Golfo el poder, el control, no es horizontal, sino vertical, personal. Osiel Cárdenas no comparte el poder.

Y por primera vez están combinando no sólo la fuerza, la coerción, con la corrupción, sino también un manejo político de la situación, que según las fuentes oficiales proviene, en buena medida, de la relación que establecieron en La Palma Osiel con detenidos acusados de ser miembros del EPR y el ERPI, presos en el mismo penal. En los hechos, la tesis no es descabellada porque (como ocurrió en su momento en Colombia, sobre todo en la época de Pablo Escobar) los grupos del crimen organizado comenzaron a utilizar las armas del Estado para su propia defensa, dándole a su movimiento un perfil civil que aprendieron de los grupos armados: organizaciones de abogados demócratas; de defensa de los derechos humanos patrocinadas por estos grupos; organización y movilizaciones de familiares pidiendo mejores condiciones de vida y reclusión. En los hechos, pareciera que estamos tratando con presos políticos, con detenidos que están en prisión por sus ideales y no por ser, como son, elementos del crimen organizado considerados de alta peligrosidad para la sociedad. Una de las lecciones que quizá se deberían tomar de estos hechos es que no se debe mezclar a reclusos de tantos ámbitos diferentes, pero con un interés común como es controlar el penal y mejorar sus condiciones de detención, otorgándoles esos grados de libertad y movimiento.

En La Palma el control lo tenía Osiel aliado con Benjamín Arellano Félix, pero también su situación era tan sólida porque tenía el apoyo y la operación de grupos de sicarios y secuestradores que respondían, entre otros, a Daniel Arizmendi; porque se establecieron lazos para organizar a los abogados y las familias orientadas por detenidos con experiencia y conocimientos políticos sobre cómo hacerlo. Lo pudieron hacer porque supieron, además, instruir a los propios guardias de seguridad para ser parte de esa trama (¿cómo olvidar que el ex responsable de las prisiones federales, Carlos Tornero, tuvo que ir a La Palma a disculparse con los custodios que apenas el día anterior había llamado traidores, por permitir el asesinato de Arturo Guzmán Loera?) y movilizarse a favor de «sus derechos».

El peligro no está en lo que pueda suceder en los penales; tampoco en las reacciones aisladas de cualquier narcotraficante. El punto es la escalada que puede venir y el involucramiento de la violencia en la vida política y el proceso electoral. Porque se ha comprobado que por lo menos a estos grupos del narcotráfico les interesa la política y han comenzado a saber cómo operar en ese contexto. ¿Quién puede asegurarnos que el día de mañana no decidan jugar en el proceso electoral? ¿Que no descubran que cuanto más descontrolado esté el ambiente político-electoral y más polarizadas se encuentren las posiciones de los partidos y candidatos, mayor será su margen para operar porque los aparatos del Estado se distraerán con esas luchas? No nos olvidemos de 1994: algo de eso sucedió entonces, aunque esa vertiente nunca se quiso investigar a fondo, y determinó el escenario desestabilizador. La seguridad, sobre todo en este campo, no debe ser patrimonio de un gobernante, de un partido; es un problema de Estado. Es el Estado el que está siendo desafiado por el crimen organizado. No comprenderlo será demasiado costoso.

En este sentido, recordemos que el 14 de noviembre de 2004 hubo elecciones en Tamaulipas, en Sinaloa, en Puebla y en Tlaxcala, además de elecciones locales en Michoacán, para elegir presidentes municipales y diputados; a los pocos meses, en febrero, hubo elecciones en Guerrero y Quintana Roo. Todos, quizá con la única excepción de Puebla y Tlaxcala (una excepción relativa; recordemos que en Puebla fue detenido Benjamín Arellano Félix), son estados con una importantísima presencia del narcotráfico y la capacidad de decisión del mismo en esas entidades puede ser muy importante, particularmente en Tamaulipas, Sinaloa y Michoacán. Eso se ha reflejado en una guerra que ha dejado ya centenares de muertos en los tres estados.

Y es que el narcotráfico también vota y puede decidir quién o quiénes gobiernan las entidades en las que tiene un poder decisivo. Muchas veces hemos insistido en que el narcotráfico se basa en su poder local: en el control de municipios, regiones, en ocasiones estados, mucho más que en las grandes estructuras de control nacional. Éstas son mucho más caras y resultan importantes en términos operativos, pero para su estrategia de control necesita del poder local. Así vigila tanto la producción como el tránsito (y en ocasiones el consumo) de droga sin preocuparse demasiado de las grandes estrategias en su contra. ¿Para qué buscar comprar un secretario de Estado, un funcionario federal de altísimo nivel, si éste puede resultar más vulnerable que un funcionario local, que cuesta menos pero tiene capacidad de otorgar protección en los espacios de operación reales de los distintos grupos de narcotraficantes? Claro que en ocasiones se llega a controlar a personajes clave de la política o la seguridad, como ocurrió en su momento con Mario Villanueva o con Jesús Gutiérrez Rebollo o, en otra dimensión de poder real, con el funcionario de la AFI Domingo González Díaz. Pero lo importante es el control del poder local.

Entonces, los cambios en ese ámbito siempre alteran los delicados equilibrios internos y suelen generar, como lo estamos viendo, guerras abiertas entre los distintos grupos del narcotráfico, que tratan de mantener o aumentar sus posiciones. No es un tema menor: el control de esos espacios es decisivo para el manejo de cada uno de los cárteles.

No nos engañemos. Muchos de los municipios de Sinaloa, estén gobernados por panistas, priistas o perredistas, son controlados por el narcotráfico. Lo mismo sucede con buena parte de Tamaulipas o en Michoacán (o en Guerrero). Los vacíos son los que explican, en buena medida, los numerosos ajustes de cuentas que se han dado, pero también los nuevos equilibrios. No sabemos cuál ha sido la razón de fondo para la ruptura entre la mayoría de los integrantes del *holding* de Juárez (Juan José El Azul Esparragoza, Joaquín el Chapo Guzmán e Ismael El Mayo Zambada) y el hombre que controla esa plaza, Vicente Carrillo Fuentes, y que llevó al asesinato de su hermano Rodolfo en Sinaloa y luego a una sucesión de ajustes de cuentas que está lejos de terminar. Pero preguntémonos si ello no tuvo relación, por ejemplo, con el cambio de administración en Ciudad Juárez o con las alianzas que pudiera haber establecido Rodolfo en el proceso de sucesión sinaloense o con el peso que ha adquirido Esparragoza, el verdadero jefe de ese grupo (que no es un nuevo cártel; esa organización es la que siempre ha existido en torno a Juárez, con la diferencia de que, por alguna razón, Esparragoza, Guzmán y Zambada han decidido deshacerse de Vicente Carrillo y tener el control de toda la organización, tomando en cuenta que esos tres narcotraficantes, sin duda, han crecido en los últimos años mucho más que su socio ahora convertido en enemigo) en amplias zonas de Tamaulipas y Nuevo León, además de su influencia histórica entre muchos otros grupos del crimen organizado en todo el país. Por eso resulta tan irresponsable la ligereza con que todos los partidos asumieron el tema del narcotráfico dentro de sus propias estructuras y su presencia potencial en las campañas que se llevaron a cabo en dichas entidades. Todos se dedicaron a acusar a los otros, en la enorme mayoría de los casos sin pruebas, de relaciones con el narcotráfico, y de esa forma le hicieron un enorme favor al crimen organizado, al trivializar un problema que es verdaderamente grave y termina siendo una acusación más que, ante la generalización, pierde todo interés y sentido. Por otra parte, cuando existen datos innegbles, antecedentes reales que deberían movilizar a sus dirigencias para apartarse y apartar a sus candidatos de ese foco de infección, pasa todo lo contrario: comienzan las defensas tan a ultranza como inexplicables.

En aquella época y en relación con las elecciones celebradas en Tamaulipas y Sinaloa, todos se acusaron de estar relacionados con el narcotráfico. En el primer estado, ha sido una constante para los candidatos en la zona fronteriza y para la campaña del entonces candidato priista, Eugenio Hernández, y por extensión para el que era gobernador, Tomás Yarrington... pero no mostraron una sola prueba de sus dichos. No sé si los argumentos del panista Gustavo Cárdenas y del perredista Álvaro Garza eran verídicos. Lo que sí resulta muy verosímil es que en muchas campañas en el estado debe de haber estado involucrado el narcotráfico, incluyendo las del PRI, el PAN y el PRD. Por eso las acusaciones en general sobre el tema, o la utilización de la relación con el narcotráfico como una suerte de publicidad negativa sin la fuerza de las pruebas pierde sentido. Un ejemplo de ello lo vimos con el desplegado de legisladores panistas de Tamaulipas que demandaban al gobierno federal que interviniera en el estado para poner orden ante los Zetas. Tienen razón en la descripción de la situación; se equivocan en otras cosas: por ejemplo, al exigir esa intervención suponen que el gobierno federal no lo está haciendo, cuando una y otra vez la PGR insiste en los golpes que le ha dado a esa organización. Sin ir más lejos, hace un año se dieron a conocer las detenciones de dos de sus líderes y de varios sicarios. La acusación en ese sentido termina revirtiéndose. Por el contrario, si tuvieran datos duros, pruebas sobre la protección de autoridades estatales o municipales a los Zetas, sería muy distinto. La generalización en la acusación abarata, incluso, los costos de cualquier delito: si todos son corruptos o todos están ligados al narcotráfico y todo se basa en dichos, ¿para qué la ciudadanía se va a preocupar por interesarse en la cosa pública?

Lo mismo sucedió en Sinaloa. El presidente del PRI, Roberto Madrazo, actuó con ligereza cuando en forma implícita o explícita (las versiones de prensa no se ponen de acuerdo) involucró a Manuel Clouthier y a sus familiares, incluyendo al que fuera el candidato panista a gobernador, en temas relacionados con el narcotráfico. ¿Por qué? Porque no tenía las pruebas de sus dichos, sólo versiones, y porque, obviamente, Clouthier ya no puede defenderse ni de ésa ni de ninguna otra acusación. Como actuó con ligereza el ex presidente nacional del PAN, Luis Felipe Bravo Mena, al extender, de un funcionario policial que acompañaba a Rodolfo Carrillo al momento de su muerte, a todo el gobierno sinaloense la relación con el narcotráfico. No dudo que una u otra cosa pueda tener elementos de verosimilitud, pero lo importante no es eso: es tener pruebas y exhibirlas.

En ese sentido, el mayor error en ese asunto fue del propio PAN porque la presencia de dos de sus candidatos en las exequias de un conocido narcotraficante en el municipio de Sinaloa de Leyva no puede ser justificada. El PAN, con razón, demandó una investigación penal sobre el caso, pero el punto no era legal, sino político: con ligas o no con el narcotráfico, dos candidatos no pueden estar en los funerales de un reconocido delincuente ofreciendo sus respetos a él y a su familia. No hay margen para el error en ese sentido. Mucho menos cuando esos candidatos, en lugar de aceptar su equivocación, reivindicaron su participación. Para romper con las especulaciones, el panismo inmediatamente tendría que haber retirado ambas candidaturas porque el daño político ya estaba hecho y, como ocurrió, sólo podía aumentar.

En alguna época no demasiado lejana estuvo de moda en las estrategias electorales el famoso ratón loco, un mecanismo mediante el cual se enviaba gente a distintas casillas electorales con votos adulterados, pero como esas brigadas se movían de un lado a otro, aquellos que intentaban controlar ese fenómeno se la pasaban corriendo de una casilla a la siguiente como ratones locos, sin lograr nunca su objetivo. Con todas las diferencias del caso, es la estrategia que está utilizando en estos días el narcotráfico: la ola de violencia a la que estamos asistiendo no se basa sólo en la sucesión interminable de ajustes de cuentas entre los distintos grupos delincuenciales, sino en una forma de hacer correr a las escasas fuerzas de seguridad federales como ratones locos, de una punta a la otra del territorio nacional, para cubrir emergencias, concentrándose en lo urgente sin poder trabajar sobre lo importante. Si las fuerzas federales de apoyo llegan a Nuevo Laredo y Ciudad Juárez, asesinan a uno de los más importantes jefes policiales de Chihuahua; si se concentran en Sinaloa, se desata una ola de crímenes en Tamaulipas; cuando van a Tijuana los muertos aparecen en La Paz. Las fuerzas federales se dispersan, los resultados decrecen y, para reforzar esa sensación, en las mismas plazas a donde llegan, continúan los asesinatos, mismos que por sus propias características no están en condiciones de evitar.

La intención es obvia: no dejar asentarse a las fuerzas federales y distraerlas. Cualquier estratega militar que tenga conocimiento de la lógica de las guerrillas les podría decir lo mismo. El ejército, la PFP, la AFI, podrán colocar gente en el terreno de una ciudad como Nuevo Laredo, pero eso no los habilita, ni operativamente les permite actuar como una policía preventiva local. Y lo que busca el crimen organizado es, precisamente, impedir que lo hagan, seguir alimentando su penetración en las policías locales por vía de la corrupción o la intimidación y así tener el control real del territorio. Es la tesis del poder local, que desde hace años vienen desarrollando los grupos del narcotráfico, haciéndose fuertes no por sus relaciones en el ámbito federal, que pueden o no tener de acuerdo con las circunstancias, sino con base en su penetración en las fuerzas de seguridad, políticas y económicas locales, con lo que fortalecen su forma de organización horizontal, pero también se hacen mucho más fuertes y enraizados en esas comunidades, y por lo tanto más difíciles de erradicar.

No se trata sólo de dispersar las fuerzas federales, sino también de presionarlas. El ataque de policías municipales de Nuevo Laredo contra miembros de la AFI el fin de semana del 11 de junio de 2005 sólo puede entenderse en esta lógica. Es evidente la relación de por lo menos muchos miembros de la policía municipal de esa ciudad con el crimen organizado: las investigaciones del asesinato a las pocas horas de asumir el cargo del ex presidente de la Canaco local y nuevo director de la policía municipal, Alejandro Domínguez Coello, un hombre ajeno a esa corporación, que llegaba con apoyo de la comunidad y la promesa de limpiar la policía, podrían demostrar que en el crimen participaron sus subordinados. Paradójicamente, o quizá no tanto, lo que hizo el gobierno municipal ante la detención de 41 de sus agentes y el acuartelamiento de todos los demás elementos no fue iniciar y reclamar una limpia de la corporación, sino enviar a familiares de los detenidos en autobuses pagados por el erario al Distrito Federal y tramitar un amparo para tratar de evitar que fueran enviados a las instalaciones de la SIEDO en el DF para ser interrogados. ¿Qué mejor demostración de la capacidad del narcotráfico de influir y controlar el poder local?

Las razones por las cuales los narcotraficantes llevan a cabo una estrategia de estas características son sencillas y realistas. Saben que si permiten que se desarrollen las labores de inteligencia e información en los niveles superiores de las fuerzas antinarcóticos, particularmente en las unidades especializadas del ejército mexicano, la SIEDO y la AFI, pueden sufrir, como los han sufrido, fuertes golpes. Pero también saben que en los hechos, entre la AFI y la PFP apenas si pueden poner, simultáneamente, en la calle, unos 12 000 policías. Es verdad que las fuerzas armadas tienen muchos más elementos, pero el ejército mexicano colaborará, como lo ha hecho, en todas estas batallas, aportará fuerzas especiales a la PFP y otras corporaciones, asumirá incluso costos que no le corresponden, pero no saldrá a la calle a garantizar la seguridad pública, a actuar como una policía preventiva local: no lo hará por convicción, pero también porque su función no es ésa, porque ni la tropa ni sus oficiales están formados con ese fin, y porque saben que si lo hacen se pondría en riesgo esa última barrera contra el crimen organizado que implica la presencia militar.

Por eso, operativos como el llamado México Seguro pueden tener efectos coyunturales, quizá calmen las cosas en forma temporal, pero en el mediano y largo plazos no modifican nada. Sirven para la emergencia, pero no para atender lo fundamental: confrontan lo urgente y se alejan de lo importante.

La única forma de recuperar el control es trabajando con las fuerzas locales. Sí se deben ampliar y fortalecer las fuerzas federales pero se debe involucrar en la lucha contra el narcotráfico a las fuerzas de seguridad municipales y estatales. Las cifras son contundentes: mientras que la PFP y la AFI, como máximo pueden colocar en la calle unos 12 000 elementos, la misma labor la podrían cumplir por lo menos unos 180 000 policías municipales y estatales. Son ellos, además, los que conocen el territorio, las calles y brechas de su ciudad y región, a la gente y su idiosincrasia, los que pueden realizar una labor social además de policial y de seguridad. Cuando ocurrieron los atentados del 11 de marzo en Madrid no fueron las fuerzas de inteligencia de España las que detuvieron a los autores de los mismos sino la guardia civil, la policía local, que utilizó la información de ciertos vecinos sobre movimientos sospechosos para terminar localizando, casi en horas, a los responsables. Lo mismo tendría que suceder en nuestros estados y municipios.

Pero en ellos no existe, salvo excepciones, voluntad política para hacerlo. Se escudan en la coartada de que el narcotráfico es un delito federal para no combatirlo, para no verlo, para dejarlo a merced de esas escasas fuerzas federales que saben que no están en condiciones de asumir por completo ese desafío. Lo que no comprenden esas autoridades estatales y municipales es que así están fomentando la impunidad en sus territorios, pero también que ellos mismos, incluso si no se corrompen, están perdiendo día con día una parcela más de poder, hasta no tener ya el control real de sus entidades, con todo lo que ello implica. ¿Se necesitan reformas legales para que municipios y estados se involucren en esa lucha? No, se requiere voluntad política, respaldos del gobierno federal y recursos bien aplicados, además de rescatar de una vez por todas el esquema y la estrategia del sistema nacional de seguridad pública, lanzado desde mediados del sexenio pasado, que era el instrumento adecuado para «fomentar» esa participación y que en estos años fue literalmente abandonado. Y ésa sí es una responsabilidad ineludible del gobierno federal y en particular de la administración Fox.

El presidente Fox sostuvo el 23 de enero de 2005, en la reunión que sirvió como marco para el relanzamiento de la reforma del Estado (una meta que hubiera sido mucho más viable en los dos primeros años de esta administración que en los últimos, pero que sigue siendo necesaria y demuestra el poder de convocatoria que, para estos temas, mantiene Porfirio Muñoz Ledo), que el Estado mexicano jamás había sido rebasado por el crimen organizado. Como declaración sonó bien, como presidente es obvio que eso debe decir, pero los hechos, los datos ciertos, demuestran que no es así, que el Estado efectivamente ha sido rebasado en muchas oportunidades y en muchos espacios por el crimen organizado, que le disputa, no de ahora, sino de tiempo atrás, el control territorial y político de muchas regiones del país. Es por eso, precisamente, por lo que el narcotráfico y las distintas variantes del crimen organizado son el mayor desafío a la seguridad nacional.

Eso fue algo que no entendió plenamente el candidato Fox ni tampoco se lo comprendió, una vez ganada la elección del 2 de julio, con claridad en su equipo de transición. Como en varios otros temas, Vicente Fox y parte de su equipo creyeron que el triunfo electoral, por sí mismo, cambiaría los escenarios, se montaron en una mitología sobre todas las perversiones del sistema priista, sin comprender que, por supuesto, mucho de éste era desechable, pero que había políticas públicas que debían mantenerse y profundizarse porque estaban bien encaminadas. En la seguridad ocurrió algo así: primero, en una de sus declaraciones más desafortunadas, el equipo de transición aseguró que el narcotráfico no era un desafío a la seguridad nacional, que se sacaría al ejército de ese combate y que se daría al asunto su verdadera dimensión: la de un problema simplemente policial. Evidentemente no era así y en un par de meses el presidente electo tuvo que modificar radicalmente su visión del problema. Luego se cometió otro error de fondo, institucional: la seguridad pública nunca debió salir del ámbito de la Secretaría de Gobernación, y una vez fuera de ésta no se debería haber permitido que se establecieran prácticamente dos áreas sin colaboración real entre sí, entre la SSP federal, por una parte, y la PGR y la Sedena, por la otra. El Consejo de Seguridad que se creó al inicio del sexenio sirvió durante unos meses como membrete, pero evidentemente jamás pudo funcionar como tal, aunque allí se libró una dura lucha palaciega entre quien era secretario de Gobernación, Santiago Creel, y el consejero Adolfo Aguilar Zínser para evitar que el CISEN quedara, también, fuera del ámbito de Gobernación.

El hecho es que el sexenio comenzó mal en materia de seguridad (con la fuga de El Chapo y el atentado contra Patricio Martínez en

Chihuahua) y nunca se recuperó plenamente. Es verdad que se han dado varias capturas de narcotraficantes muy importantes y ha habido decomisos también muy considerables, pero la destrucción de las redes se ha dificultado porque lo que ha cambiado (y eso ya se perfila desde tiempo atrás, como lo asentamos en el libro *El otro poder*) es la creciente importancia del control territorial y la configuración de las principales organizaciones del crimen organizado, que pasaron de ser estructuras verticales a horizontales, con mandos descentralizados y además con crecientes lazos entre el narcotráfico con otras ramas del crimen organizado, en particular el tráfico de personas, y algunos grupos armados. Desde entonces, el Estado mexicano ha sido desafiado por estas organizaciones y en muchas ocasiones rebasado por ellas.

Se podrá argumentar que institucionalmente no es así; sin embargo, el poder real es el que se ejerce en una región o zona determinada y en muchas ocasiones las fuerzas institucionales existen, pero no son las que ejercen verdaderamente el poder. Se puede realizar un recorrido por muchas zonas del país para constatarlo: por ejemplo, en el famoso triángulo dorado, en los límites de Sinaloa, Durango y Chihuahua, el control real está en manos del crimen organizado, y a esa zona es casi imposible entrar sin apoyo armado. ¿Qué sucede en buena parte de la frontera de Tamaulipas? ¿Es verdad que en Reynosa, Nuevo Laredo y Matamoros los que tienen el control son las autoridades? ¿Qué pasa en zonas de Ciudad Juárez o de Tijuana, o en la Ciudad de México en Iztapalapa o Tepito? ¿Quién controla amplias regiones en la sierra de Oaxaca o Guerrero, o en la selva chiapaneca? ¿Quién controlaba, por ejemplo, San Juan Ixtayopan, donde el 23 de noviembre de 2004 fueron linchados los policías federales, o los poblados donde se han dado decenas de actos similares en los últimos tiempos? ¿Quién controlaba los penales federales? ¿Quién tiene el poder en la mayoría de las cárceles estatales? En todos esos casos el Estado es rebasado por el crimen organizado y apenas ahora parece que se está retomando una verdadera estrategia, más integral, para atacar el problema: la misma (la de los dos últimos años de la administración Zedillo) que en su momento se dejó de lado, en parte por desconocimiento, en parte por una decisión ideologizada sobre la seguridad pública.

Es verdad que el Estado mexicano enfrenta un desafío de parte de algunas organizaciones del narcotráfico como nunca antes: el grupo de Osiel Cárdenas y su brazo armado, formado sobre todo por los famosos Zetas, pero también por el grupo de los Texas (responsables de muchos de los ajustes de cuentas y secuestros en la zona de Nuevo Laredo), han declarado una guerra abierta y ultraviolenta contra las instituciones de seguridad, como lo escenificó el asesinato de los seis trabajadores del penal de Matamoros. En parte es así por el personaje involucrado, Osiel Cárdenas, por su forma de lograr, mantener y ejercer el poder en su organización y también porque ésta, siendo la más violenta, es uno de los grupos menos sofisticados del narcotráfico en México, que sigue trabajando sobre un esquema vertical y un mando único. Paradójicamente, con una estrategia coherente, será más fácil derrotarlo en el corto y mediano plazos, porque se basa en cabezas muy visibles y en un esquema de poder no compartido. Otros grupos, por supuesto también muy violentos e igual de peligrosos que el de Cárdenas, como los de El Chapo Guzmán, El Mayo Zambada o Juan José Esparragoza (que son además sus enemigos en la batalla interna entre grupos del narcotráfico), no están participando, aparentemente, en la «guerra», el «desafío» o como se le quiera llamar al enfrentamiento de los grupos de Osiel Cárdenas y una parte del de los Arellano Félix con el Estado mexicano. No lo hacen esperando que en esa confrontación uno termine siendo aniquilado y el otro se debilite al tener que enfocar tantos esfuerzos materiales y humanos en una zona, región o contra un solo grupo. Dice Sun Tzu en *El arte de la guerra:* «Si el general del ejército enemigo es obcecado y fácilmente encolerizable, insúltalo, muévelo en cólera; de esa manera la irritación enturbiará su criterio y se lanzará sobre ti en forma irreflexiva y carente de plan». En parte eso pareciera que es lo que les está sucediendo a los grupos ligados a Cárdenas y lo que los estaría distinguiendo de sus adversarios, como Guzmán, Zambada y Esparragoza.

Eso es, paradójicamente, lo que los termina volviendo en términos estratégicos más peligrosos a estos últimos, porque son los que han afirmado y continúan afirmando su control territorial, los mismos que establecen sus redes tanto en el norte como en el centro del país y que tienen un amplio control en la zona sur. No intentan ser tan espectaculares como Osiel, no llenan páginas de periódicos, no quieren intervenir abierta (y en ocasiones torpemente) en las decisiones políticas, pero, en una visión de largo plazo, son los que más pueden estar socavando las bases institucionales del Estado.

Sinaloa: la narcoviolencia

En Culiacán se libra con mayor virulencia la guerra del narco. Fue en el municipio de Badiraguato donde se inició el cultivo de la amapola en los años 40 y de esta tierra son los principales capos: los Carrillo, El Chapo Guzmán, los Arellano Félix...

Esta guerra, que ha cobrado cientos de víctimas y extendido el terror por la geografía nacional, sobre todo en ciudades fronterizas del norte, se libra por el control de las plazas y territorios. Las ejecuciones generan un clima de inseguridad.

La guerra del narco en Sinaloa alcanzó un promedio de 500 muertes anuales en el lapso de los últimos seis años. Más de 3 000 homicidios. La mayoría de estos crímenes, el 66 por ciento, ha ocurrido en Culiacán.

Cuando se le pregunta a Luis Antonio Cárdenas, procurador de Justicia en Sinaloa, si no le resultó difícil aceptar el cargo al inicio del actual gobierno, duda antes de responder.

«Pues hoy en día nada es fácil. Ésta es una responsabilidad, contrariamente a lo que se pudiera considerar, muy honrosa. Es una oportunidad de servirle al estado del que uno es originario y darle una aportación a la sociedad, incluyendo a mi propia familia.»

Cárdenas da la impresión de ser un abogado bienintencionado que aceptó el cargo de procurador sin entender del todo la magnitud del problema. La entrevista se realiza al concluir una conferencia de prensa en la que las respuestas del procurador dejan insatisfechos a los reporteros de los diarios locales. Uno de ellos nos comenta que tiene la impresión de que el procurador y sus buenas intenciones están absolutamente rebasados por la realidad.

Un día antes de la entrevista con Cárdenas nos encontramos en el restaurante del hotel en que estábamos hospedados con Sergio Cervantes, profesor de historia en la Universidad Autónoma de Sinaloa, investigador dedicado a desentrañar los motivos sociales y culturales de lo que llama con acierto narcoviolencia.

«Más que una demostración de poder, lo que estamos presenciando es un desbordamiento del poder del narcotráfico sobre las instituciones de gobierno del estado y también del gobierno de la república. Se han roto los límites y de manera descarada están solucionando sus diferencias a la luz pública. Creo que hay una presión muy fuerte de diferentes actores de la vida política nacional que están jaloneando a los distintos cárteles de la droga con intereses oscuros que es muy difícil determinar. Algo que es muy cierto y todos lo sabemos es que hay complicidad de las autoridades estatales y federales en relación con las actividades que realizan los narcotraficantes. Complicidad en el sentido de que el narcotráfico cada vez más se involucra en asuntos de política.»

Pocos, muy pocos de los homicidios marcados por la violencia del narco se llegan a esclarecer. En la sala de juntas de su oficina Cárdenas trata de hacernos ver las bondades del proyecto con el que pretende transformar a la Procuraduría.

«La impunidad tiene muchas razones; nosotros, específicamente en la Procuraduría, pretendemos reducir esta impunidad, obviamente haciendo más eficiente nuestro trabajo. Si se enteran en cuáles condiciones hemos recibido la Procuraduría, advertirán que la hemos recibido con un trabajo descomunal, tremendo, una carga de trabajo enorme, que viene de varios años para acá.»

Según Cervantes, «lo que vivimos es un problema muy grave porque tiene repercusiones en toda la vida social de la comunidad. Una de esas repercusiones es una especie de miedo psicológico que padece la población. Miedo a salir a la calle y encontrarse en lugares concurridos porque nunca sabe cuándo puede suceder un hecho violento, un enfrentamiento con armas de fuego entre bandas rivales o la ejecución de una persona involucrada en el narcotráfico. Se ha visto aquí en Sinaloa que muchas personas inocentes que no tienen nada que ver con el narco también son víctimas de esa violencia».

Una violencia con historia. En su texto *La narcoviolencia en Sinaloa,* Cervantes ensaya un par de hipótesis: «El atraso, la miseria y la marginación en la que cae la zona serrana en los primeros cuarenta años del siglo XX generó un ambiente propicio para convertirla en *tierra de nadie,* en un foco de ignorancia y desobediencia civil que se tradujo en constantes manifestaciones de violencia social. Mi segunda hipótesis plantea que la corrupción, la ineficiencia y complicidad con los delincuentes, por parte de las autoridades encargadas de la prevención y procuración de justicia (policía municipal, intermunicipal, judicial estatal y federal), produce la impunidad y la tan arraigada en Sinaloa *ley del talión,* lo cual se traduce en el interminable "ajuste de cuentas" que testimonia todos los días la prensa».

El narcotráfico y sus personajes han generado toda una cultura, un lenguaje, una música y hasta el famoso Malverde, el santo protector de los narcos.

«Sinaloa históricamente está considerada como la cuna del narcotráfico a nivel nacional. De aquí son originarios los capos más grandes, quienes son los líderes del narcotráfico en México. Los enfrentamientos son recurrentes entre las bandas rivales. Estamos hablando de las bandas que encabezan El Chapo Guzmán, Juan José Esparragoza, la banda de los Carrillo Fuentes y la de los Arellano, todos ellos originarios de aquí, de Sinaloa», explica Cervantes.

Y todo comenzó en Badiraguato... donde los chinos revelaron el secreto del cultivo del opio.

«En las primeras décadas del siglo pasado hubo una migración china muy importante. Ellos fueron los que introdujeron el cultivo de la amapola», rememora Cervantes para explicar la génesis del narcotráfico en Sinaloa. Los chinos cultivaban la amapola y eran los únicos que conocían el proceso de la extracción del opio. Ellos lo utilizaban para el consumo personal; en esos tiempos la gente consideraba a la amapola como una flor de ornato. Con la persecución, cuando el movimiento antichino de Plutarco Elías Calles, se vivió una expulsión en masa de los chinos del estado y el conocimiento del procesamiento de la amapola en goma de opio les fue transmitido sólo a unos cuantos habitantes de Badiraguato. Cuando se habla de marihuana, cuando se habla de cocaína, en Sinaloa la gente de inmediato piensa en Badiraguato.

Por años y a través de generaciones la economía del narcotráfico ha sido determinante para la subsistencia de los poblados de la serranía sinaloense.

«Hay una franja regional donde la marginación social es muy alta; estamos hablando de la zona serrana del estado. En esta área la actividad principal por mucho tiempo fue la minería. Cando la minería se agotó y entró en decadencia, cuando se acabó lo que era el principal sustento económico de la región, fue sustituido por el cultivo y el tráfico de drogas. Si la gente de los altos de Sinaloa no se dedica al cultivo de la marihuana o al tráfico de drogas, se muere de hambre, porque vive en la marginación social total. La realidad es que la gente no ve otra alternativa para sobrevivir que dedicarse al narcotráfico.»

La saga de los narcocorridos relata la realidad serrana de Sinaloa. Nada de mitología acompañada de acordeón. Los relatos y los personajes corresponden a un modo de vida y a su proliferación como única alternativa para la subsistencia.

«Las personas que se dedican al narcotráfico se convierten en un punto de referencia social para medir el éxito o el fracaso de alguien», continúa Cervantes. «Por ello los narcotraficantes y sus actividades cuentan con el respaldo popular. La gente, lejos de delatarlos, los apoya, los protege, los encubre.»

Y en Sinaloa todos conocen a un narco… puede ser un pariente lejano, quizá el primo, el amigo de la infancia, tal vez el cuñado del compadre o el novio de la sobrina…

«Hay mucha gente de esas zonas de la sierra, pero también de aquí, de los núcleos urbanos, que trabaja por necesidad en las corporaciones policiacas. Es gente que en su entorno social tiene mucho contacto con personas que se dedican al narcotráfico, que son sus vecinos, sus conocidos, algún tío, un amigo que estuvo con ellos en la primaria o en la secundaria. Entonces se dan verdaderos lazos de empatía entre la gente que integra una corporación policiaca, quien tiene como tarea el combatir a los narcotraficantes, y los mismos narcotraficantes. A muchos policías se les paga como informantes, pero lo más grave es que el crimen organizado ya no se contenta sólo con cooptar de esa manera a los miembros de las corporaciones policiacas y hoy los están utilizando como sicarios. Muchas veces los mismos agentes policiacos perpetran los asesinatos, las ejecuciones.»

II

A Óscar Loza Ochoa, presidente de la Comisión Estatal de Derechos Humanos de Sinaloa, le preocupan los daños de la guerra del narco, daños que se expresan más allá del conteo de los asesinatos.

«No hay un diagnóstico sobre las consecuencias de estos hechos. Desde hace 10 años estoy insistiendo en la creación de un centro de investigación del delito y la violencia. Es necesario ubicar de qué magnitud es el problema de la violencia y particularmente la influencia que tiene no sólo en lo cultural, sino en la violencia que genera la impunidad y en la proliferación de actividades conexas al narcotráfico.»

A Loza Ochoa le preocupan las secuelas de la violencia. Las dolorosas heridas que no terminan de cerrarse. La vida de quienes resultan los sobrevivientes de la guerra del narco.

«Habrá que ver el número de huérfanos dejado como saldo de las ejecuciones y asesinatos. Desde mi punto de vista son aproximadamente unos 900 menores de edad quienes han quedado huérfanos a raíz de las muertes violentas. Estas víctimas de la violencia no son atendidas por nadie, no hay un proyecto de alguna instancia del estado para atenderlos. Al final de cuentas, dentro de cinco o diez años, ellos pueden cobrar las facturas de un rencor que se guarda contra una sociedad que les arrancó en ocasiones sólo al padre, pero muchas otras también a la madre porque además han muerto mujeres.»

Para Loza Ochoa el problema de la seguridad pública causado por la violencia que impone el narcotráfico no puede limitarse a la vigilancia y los retenes, a sacar al ejército a las calles.

«Habría que plantear reiterada, machaconamente, ante las autoridades, que no puede concebirse una mayor seguridad en detrimento de los derechos humanos. Dos ciudadanos me han llamado para decirme que en los retenes les han quitado los asientos a sus automóvi-

les, cuando evidentemente el vehículo detenido, por sus características, es el de un trabajador. Además, a ellos los han desnudado, lo que
es una práctica humillante.»

III

Desde hace mucho, desde la época de Miguel Ángel Félix Gallardo,
en Sinaloa se habla de los narcocapitales. Existen denuncias de que
los narcos lavan dinero en el sector agrario y ganadero, que la industria de la construcción y el negocio inmobiliario se han visto favore-
cidos con millones de dólares de procedencia ilícita.

A Fernando Inukai Sashida, presidente de la Cámara Nacional de
Comercio en Culiacán, le cuesta trabajo hablar sobre lo que todos
saben en Culiacán, el impacto que los dineros del narco han tenido
en la economía local.

«Esto a veces provoca una competencia realmente desleal. No
me gustaría comentar mucho sobre esto puesto que no tenemos
elementos como para levantar denuncias específicas, pero sí haría
un llamado a las autoridades competentes para que pongan atención en lo que respecta a este tipo de actividades, que por un lado
perjudican mucho la actividad comercial real y por otro distorsio-
nan el mercado.»

En otro ámbito muy distinto, puede decirse que en otro frente
de la guerra del narco, un frente también de fuerte impacto social, el
número de adictos a las drogas crece en Culiacán y en todo Sinaloa.
Los adictos son cada vez más jóvenes y sufren de lo que se llama
poliadicción. Por años se consumió marihuana, luego aumentó la
cocaína, lo que permitió el florecimiento del negocio del narcomenudeo. Hoy la droga que más se consume en Culiacán es el cristal,
como lo apunta el doctor Jorge Ernesto Loiza, director de los Centros

de Integración Juvenil en Sinaloa: «Se trata de una droga que no se usaba, que no fue sino hasta 1994 cuando empezó a usarse aquí».

El llamado cristal es el cloruro cristalizado de metanfetamina. Le prenden una llamita en la parte baja de un foco al que le quitan lo de arriba para utilizarlo como un matraz. Inhalan los vapores. Es un estimulante barato, de efecto muy rápido. Es muy adictivo, daña mucho a las personas porque hace que pierdan el interés por el exterior. Pierden el apetito, la sexualidad. Los hace guiñapos humanos.

Una droga que no requiere de extensiones de cultivo, que se produce en pequeños laboratorios clandestinos donde se usan unos cuantos ingredientes. Laboratorios con los mínimos aditamentos, que de hecho se montan en las cocinas de viviendas en los barrios de la ciudad.

El primer paso para elaborar la droga es extraer de los antigripales la seudofedrina que sirve de base para su producción. El doctor Loiza recuerda que hace unos cuantos meses, cerca de Culiacán fue encontrado un narcobasurero con miles de cajas de estos medicamentos.

«El número de usuarios de esta droga se ha incrementado en un 35 por ciento, de acuerdo con nuestras estadísticas», agrega Loiza.

Es un hecho, en las ciudades marcadas por el narcotráfico florece el narcomenudeo, proliferan las llamadas «tienditas». Lo peor es que no hay zonas graves en cuanto a tienditas que venden droga; el problema afecta a toda la ciudad. Es muy agudo en la periferia, en las colonias con carencias de servicios urbanos, pero el problema de la droga llega a todas partes. En colonias que antes se consideraban residenciales hay también problemas de adicción. Es difícil voltear hacia un punto de la ciudad y decir que ahí no hay drogas. Hay en todas partes.

El consumo de estupefacientes ha proliferado no sólo en Culiacán; ha llegado hasta los llamados campos pesqueros, comunidades rurales integradas por pescadores, que parecían alejadas del problema de las adicciones a drogas como la cocaína.

«El consumo de drogas ha aumentado considerablemente en ciudades como Mazatlán, pero también en los campos pesqueros, donde antes el problema del alcoholismo era tremendo y hoy se enfrenta el problema del uso de la cocaína y del cristal. También han aumentado las adicciones en ciudades como Guamúchil y Guasave.»

El cristal, la droga barata, ha inundado Culiacán, y los efectos en la seguridad pública se dejan sentir. Octavio López, director de la Policía Municipal, enfrenta el problema de los adictos que en la calle buscan el dinero necesario para la siguiente dosis.

«Esto genera violencia; se dan muchos delitos como asaltos y robos. Estas personas tienen que conseguir dinero para seguir adquiriendo drogas. La manera en que ellos encuentran esos recursos es asaltando, robando. Todo lo que sacan de este tipo de ilícitos lo utilizan para comprar drogas.»

Los homicidios dolosos impactan en la seguridad pública. El jefe de la policía de Culiacán se pregunta de dónde vienen las armas con las que actúan los sicarios, cómo llegan a la ciudad. Fuera de la entrevista formal confiesa que resulta imposible prevenir los homicidios, las ejecuciones, las acciones de la guerra del narco. No podemos saber quién es el siguiente en caer y menos todavía quiénes traen el encargo de terminar con su vida.

El asesinato de Rodolfo Carrillo...
rivalidades en la geografía del narco

A El Calaveras lo topó la muerte en una brecha cercana al poblado de Culiacancito. Murió abatido por la policía después de haber participado en el atentado en el que murieron Rodolfo Carrillo Fuentes y Giovanna Quevedo, su esposa, la tarde del 11 de septiembre de 2004 en la Plaza Cinépolis de la ciudad de Culiacán. Juan Felipe López Olivas, ex agente de la policía ministerial del estado, de 37 años de edad, conocido también como El Calaveras, resulta una pieza clave en el macabro rompecabezas de la serie de ejecuciones que culminaron con la muerte del hermano menor de Amado Carrillo, el Señor de los Cielos.

López Olivas nació y creció en La Cofradía de la Loma, población cercana a El Guamuchilito, la tierra de los Carrillo Fuentes. El letrero carretero que anuncia la proximidad de este pueblo luce un montón de perforaciones de bala. Puede decirse que es la marca de la casa de este lugar cercano también a Navolato. En este pueblo han surgido muchos peligrosos gatilleros como El Calaveras.

A El Calaveras le llegó la oportunidad de vengarse de Rodolfo, conocido en estas tierras como Rodolfillo. Como muchos de los hombres de Cofradía de la Loma, el ex agente ministerial estuvo al servicio de la familia Carrillo Fuentes. Pero López se insubordinó a sus jefes y lo echaron, aunque le perdonaron la vida. Desde entonces prometió vengarse de Rodolfo. La venganza de un sicario. Rodolfo lo supo y puso precio a la vida de este hombre, que fue detenido varias veces y antes de morir pasó largas temporadas en la cárcel.

Otro torvo personaje entra en escena, alguien de quien se tiene que hablar en voz baja por estos rumbos. Gonzalo Insunza Insunza, conocido como El Macho Prieto, quien tiene fama de arrebatado, de loco. De El Macho Prieto se dice que es un hombre de confianza de Ismael El Mayo Zambada, el principal de sus gatilleros.

José Luis Santiago Vasconcelos, subprocurador especializado en Delincuencia Organizada de la PGR, entrevistado por Omar Sánchez de Tagle en *Milenio Diario* (16/VIII/ 2004), describió lo que ocurre en estos momentos en la convulsa geografía del narcotráfico en México: «Grupos de sicarios del narco están sufriendo por el abastecimiento de drogas, y ante la carencia y la necesidad de seguir sosteniendo una estructura delictiva muy cara económicamente, se están enfrentando a la realización de otro tipo de delitos [...] y hasta de cargas de drogas de aquellos pequeños narcotraficantes que pagaron derecho de piso».

Existen versiones de que Gonzalo Insunza y Rodolfo Carrillo Fuentes se confrontaron por el trasiego de marihuana en la región. Cargamentos y rutas que viajan rumbo al norte en trailers fueron disputados.

Hace algunos meses este enfrentamiento empezó a cobrar víctimas. Primero fue el encuentro de dos convoyes cerca de Navolato, frente al panteón El Vergel. La información que se tiene habla de que Gonzalo Insunza Insunza se encontraba en Altata, invitado a una comida. Llamó a Culiacán para que le mandaran más hombres para reforzar su escolta. Era de madrugada y el grupo de refuerzo se topó en el camino con gente de Rodolfo Carrillo Fuentes. Las cosas se pusieron muy tensas cuando El Macho Prieto llegó al lugar. Como dicen por aquí, «pusieron los rifles de punta».

No ocurrió nada entonces, pero la consecuencia de lo que pasó esa madrugada fue una estela de ejecuciones y enfrentamientos. Los primeros en caer fueron gente de El Macho Prieto. José Humberto Terrones, conocido como El Niño Rojo, se encontraba en el Parque Funerario San Martín de la ciudad de Culiacán, donde era sepultado Pedro Rosauro García, un trailero ejecutado.

A El Niño Rojo se le aproximaron cuatro hombres; venían armados. El primero en caer fue Terrones. Desde una Cherokee blanca dispararon a los agresores y se inició la persecución. Después de un tiroteo en el fraccionamiento Nakayama, los perseguidos abandonaron una camioneta blanca, blindada, y escaparon por la carretera Culiacán-Navolato, donde se enfrentaron con elementos del Grupo

Águila de la Policía Estatal Preventiva. La persecución siguió por brechas entre los poblados de Yeyabito y Bariometo. En un momento los hombres trataron de huir a pie, pero uno de ellos cayó herido. Después sería identificado como José Avendaño, uno de los dos agentes de la Policía Ministerial involucrados en los hechos. El otro fue el ex comandante Jesús Antonio Sánchez Verdugo, quien se encuentra prófugo.

Tres meses después, Jesús Antonio Sánchez fue atacado por un verdadero comando en su casa en el fraccionamiento Nakayama de esta ciudad. Logró escapar con vida. Pero tres días más tarde fue ejecutado Sidarta Walkingshaw, comandante de la Policía Ministerial en Navolato, donde Jesús Antonio Sánchez había ocupado ese puesto; de esa ciudad logró escapar después del asesinato de El Niño Rojo.

Desde hace mucho Navolato es una zona controlada por la organización de los Carrillo Fuentes.

Esta cruenta historia de ajustes de cuentas pareció llegar a su final cuando Ismael El Mayo Zambada buscó un arreglo entre Gonzalo Insunza, su hombre de confianza, y Rodolfo Carrillo, uno de sus principales aliados en la región. La reunión terminó con un apretón de manos.

Días después Rodolfo Carrillo Fuentes fue ejecutado.

IV

La tarde empieza a caer. Después de una espera que se prolongó por dos días la señora Aurora Fuentes, madre de Rodolfo, Amado y Vicente, dio la orden para que los reporteros pudieran entrar a las exequias del más joven de sus hijos. Junto con Rodolfo fue sepultada Giovanna Quevedo Gástelum, su esposa, también asesinada. De Tucson trajeron el féretro matrimonial reservado a la pareja, gris con incrustaciones de oro, con un costo de 750 000 pesos. Diez carpas y mil sillas, abundante comida para todos, tacos de carne asada, un carrito de *hot dogs*, barbacoa, menudo, un guiso de carne con papas, miles de botellas de agua y refresco.

El Guamuchilito es un pequeño poblado en el que todos hablan bien de los Carrillo Fuentes. Doña Aurora da trabajo y Amado se crió aquí. Todavía hay quien lo recuerda como en sus mejores días; venía a jugar básquet y voli con la plebe. Del difunto Rodolfo la gente guarda sólo buenos recuerdos. Le gustaban las carreras de caballos y seguido iba al poblado de San Román. En Altata disfrutaba de comidas de mariscos. Nadie sabía que El Rodolfillo, dedicado a cuidar a su madre y sus hermanas, tuviera orden de aprehensión alguna. Nunca se escondió.

Por horas se ha visto entrar y salir a la gente, la gente que viene a ofrecer sus condolencias. Familiares, amigos, trabajadores. En algún momento la hilera de camionetas y automóviles estacionados fuera de la finca Santa Aurora se extiende por más de 200 metros de brecha. Para los autos de lujo, los de confianza, los privilegiados, sobra lugar dentro de la finca, lejos de las miradas indiscretas.

Los dolientes vienen de todos los poblados y rancherías de la zona; también de Navolato y no se diga de El Guamuchilito. Cientos de personas, familias enteras y hombres solos. Una anciana a la que quizá uno de sus nietos empuja en una silla de ruedas no podía faltar a la triste cita del último adiós de El Rodolfillo.

La influencia de la familia Carrillo en la región es evidente, una influencia que se deja sentir en el ámbito económico, político y hasta el religioso.

Las humildes coronas de las familias contrastan con los miles de flores que pueden caber en la caja de una camioneta de doble rodada venida desde Culiacán, donde los dolientes debieron agotar el surtido de las florerías de la ciudad. Flores y más flores. Un verdadero alud de flores.

El féretro nupcial llegó por la tarde del primer día de la velación; la camioneta que lo transportaba entró a toda velocidad a la finca Santa Aurora. El lujoso féretro representa un excéntrico homenaje a quienes se dice vivieron siempre enamorados. Cuentan que la familia de Giovanna se oponía al matrimonio con Rodolfo, pero no hubo remedio. Hoy sobreviven a la pareja dos hijos: una niña de cinco y un niño de ocho años. Existen versiones de que los niños estaban en el lugar de los hechos, de que iban con sus padres cuando empezó el tiroteo, de que los vieron caer.

La espera se prolonga por horas. Un día antes se escuchó la versión de que al siguiente día, al caer la tarde, Giovanna y Rodolfo serían sepultados. Y así fue.

Cuando menos se espera llega el anuncio de que la prensa podrá pasar, de que más de veinte reporteros de medios locales y nacionales tendrán lugar en el entierro, a unos metros de donde se encuentran los dolientes y en un área restringida que nadie se atreve a violar.

La finca Santa Aurora está rodeada de palmeras. Una enorme barda pintada de blanco delimita la propiedad, donde caben por lo menos tres casas y un monumento mortuorio dedicado a Amado y don Vicente, el padre de la familia. La puerta, por la que han entrado cientos de dolientes, por fin se abre para la prensa. Las indicaciones son precisas: no hay permiso para pasar con cámaras ni grabadoras ni teléfonos celulares. Los reporteros entran uno por uno. Al cruzar la puerta se enfrentan a la fuerte seguridad que pueden significar 20 hombres, seguramente armados. Uno de ellos lee meticulosamente cada una de las identificaciones de los periodistas. Un primo de Rodolfillo es quien toma las decisiones y da las órdenes.

Un grupo de avestruces reposan del calor de la tarde tras una cortina de alambre. En el interior de la finca el ambiente resulta confuso. El velorio, como todos los velorios de pueblo, está tocado por la fiesta. Comida en abundancia, el encuentro tantas veces postergado con parientes y viejos amigos. Las conversaciones y el gusto de estar juntos aunque sea para compartir una desgracia.

Los reporteros son conducidos al lugar donde serán sepultados Giovanna y Rodolfo. Frente a nosotros se levanta un monumento mortuorio de mármol gris, rematado por elegantes columnas romanas. Al fondo las veladoras encendidas rinden culto a la Virgen de Guadalupe. Más allá un enorme Cristo crucificado, del que sólo alcanzamos a mirar las piernas pintadas de color natural. Bajo sus brazos abiertos está el lugar donde será depositado el ataúd matrimonial, cubierto de fina madera de cedro.

Por un rato escuchamos a lo lejos los cantos de la celebración de una misa de cuerpo presente a la que no fuimos invitados. De pronto el silencio, un pesado silencio. Aurora Fuentes, acompañada de sus hijas, llega al lugar donde esperará el féretro. El silencio se rompe con la música de banda. El grupo de Los Plebes está aquí como en todas las conmemoraciones de los Carrillo Fuentes. Se escucha la tuba y la tambora. El corrido de *Te vas, ángel mío* tiene como fondo llantos y oraciones.

El ataúd matrimonial aparece cubierto por una corona de flores rojas. Una docena de hombres de la funeraria lo lleva a cuestas y lucha por avanzar entre los cientos de personas que se han reunido. Llanto y dolor. Los Plebes interpretan el corrido que horas antes compusieron para Rodolfillo, hombre cabal, amigo de sus amigos... Incluyen en el repertorio de esta triste tarde *Linda güerita*, en recuerdo de Giovanna. No podía faltar el corrido de *El Señor de los Cielos*.

115

V

Herman Leuffer, el entonces director de Seguridad Pública de Culiacán, no puede ocultar ni la rabia ni la tristeza. Era sábado en la tarde cuando de acuerdo con la información oficial un grupo de ocho sicarios atacó en la Plaza Cinépolis, del bulevar Pedro Infante, a poco más de 100 metros del edificio del Congreso del estado, a Rodolfo Carrillo Fuentes. Faltaban menos de 10 minutos para que terminara la función en los cines. A esas horas la plaza estaba colmada de gente. Pudo ocurrir una tragedia.

«Esta historia se inició hace mucho tiempo en Culiacán —dice Leuffer—, una ciudad permeada por el narcotráfico. Los que se quejan son quienes por años directa o indirectamente han estado recibiendo los beneficios del narcotráfico. No quisiera mencionar nombres y no lo voy a hacer, pero sí quiero decir que la industria automotriz en Culiacán se beneficia de ellos, además de muchas otras empresas. De repente hoy se vuelven plañideros y denuncian, pero ¿por qué no lo pensaron cuando se aliaron con ellos, cuando los invitaron a sus clubes, cuando son compadres de ellos, cuando ellos les financian sus fiestas, sus francachelas, sus viajes? ¿Por qué no lloraron antes, por qué no reclamaron entonces, por qué no se reclaman ahora a sí mismos?»

El lunes 13 de septiembre de 2004, representantes de distintas agrupaciones empresariales como Canaco, Canacintra y Coparmex exigieron a las autoridades combatir al narcotráfico. En conferencia de prensa solicitaron a la Secretaría de Hacienda investigar el origen de las inversiones en el estado, después de reconocer que un porcentaje importante de la economía sinaloense depende del narcotráfico.

En el lugar de los hechos los impactos de armas de alto poder impresionan. En la pared donde se encuentra la salida de emergencia del cine, junto al número 8, que anuncia el negocio de apuestas de «El Jack», queda la huella de más de 20 impactos de bala dejados cuando el enfrentamiento.

Todos temen hablar sobre lo ocurrido esa tarde. Nadie quiere verse involucrado. Juan Durán se ganaba la vida como acomodador de carros en el estacionamiento; el sábado era un buen día para chambear. El hombre mantenía a su madre y ahorraba lo más que podía para terminar de construir su casa. Justo antes de ir a su velorio, alguien que lo conoció y lo recuerda se atreve a contar lo que vio. Todo sucedió en segundos; antes del escándalo de los tiros, «de la tronadera», la pareja caminaba rumbo a su carro seguida por Juan. Les dispararon desde una camioneta azul, los tres cayeron pero el tiroteo siguió.

Hay quien dice que en el lugar fueron dañados más de 50 automóviles debido al tiroteo que se suscitó entre los sicarios y el grupo que custodiaba a Rodolfo Carrillo, a cuyo mando venía el comandante de la Policía Ministerial Pedro Pérez López.

Distintas fuentes confirman que el llamado de emergencia por el que actuaron las corporaciones policiacas no fue resultado de una llamada ciudadana al 080, sino un 04, un llamado oficial de apoyo urgente quizá realizado por el comandante Pérez, quien resultó gravemente herido. El comandante dio la voz de alarma y solicitó ayuda de la policía a través del radio oficial que se dice portaba, junto con su placa y su arma reglamentaria.

La presencia de ex agentes ministeriales y de ex policías en el bando de los gatilleros y en el del grupo que resguardaba la seguridad de Rodolfo Carrillo es evidente. No sólo Pedro Pérez, sino también Humberto Plata, agente de la Policía Ministerial en activo, hombre de confianza de Pérez, parecen haber sido contratados para preservar la vida de Carrillo y su familia.

Entre los sicarios identificados y muertos por la policía cuando trataron de huir rumbo a Navolato, además de Juan Felipe López Olivas, El Calaveras, conocido también como Carabelas, se encontraba Carlos Gabriel Salcedo Ruiz, quien fue agente de la Policía Estatal Preventiva.

El director de la Policía Ministerial del estado de Sinaloa, en conferencia de prensa, ofreció la versión oficial de los hechos posteriores al tiroteo, de la persecución de los sicarios por parte de diferentes corporaciones policiacas. Fue una persecución espectacular.

«En cuanto se tiene conocimiento del hecho se inicia una persecución por parte de la Policía Preventiva Municipal en dirección a la carretera a Culiacancito, sumándose al operativo la Policía Ministerial y la Policía Estatal Preventiva. Por un camino de terracería cercano a un rancho se da el primer enfrentamiento entre agentes de diversas corporaciones y seis sujetos fuertemente armados, quienes viajaban a bordo de una camioneta Chevrolet azul doble rodada, completamente blindada y acondicionada para este tipo de ataques. Se encuentran vestigios de sangre en la caja de la unidad, presumiéndose que otras personas pudieron resultar heridas. Aproximadamente a 10 metros de la unidad falleció uno de estos sujetos tras enfrentarse a tiros con los agentes. En este lugar se asegura un rifle AR 15 y cargador para rifle 7.62. Por el canal Número 25, a tres kilómetros, antes de llegar al Seminario, una camioneta doble rodada roja, sin placas de circulación, se impacta de frente contra una de las patrullas de la Policía Ministerial del estado y sale del camino. Al momento del impacto los seis individuos que iban a bordo disparan en ráfaga contra los oficiales de la unidad. En este lugar dos de los sujetos armados resultan heridos y son detenidos por agentes ministeriales. A estas personas se les aseguraron dos rifles AK 47, calibre 7.62. Los cuatro sujetos restantes continuaron disparando en su huida.

»Con el apoyo aéreo, se continuó en la búsqueda de estos sujetos logrando ubicar la camioneta Explorer de color rojo por el camino que conduce al rancho de San Javier, iniciándose la persecución. Agentes a bordo de la patrulla 043 y 059 les bloquean el paso suscitándose otro enfrentamiento, lo que obliga a los sujetos armados a bajar de la unidad para internarse por un terreno sin dejar de disparar. A bordo de la unidad Explorer, en la parte posterior, los delincuentes dejan abandonadas dos armas largas, calibre 7.62, y una pechera con cargadores abastecidos. Una vez coordinados todos los agentes de las diferentes corporaciones policiales, se dirigieron hacia donde estaban los sujetos armados, quienes arrojaron a los policías un artefacto explosivo y se registra otro enfrentamiento, donde perecieron los cuatro delincuentes, a quienes se les aseguraron cuatro armas largas calibre 7.62.»

Persecuciones… una serie de enfrentamientos… Antonio Aguilar Íñiguez, director de la Policía Ministerial, trató de explicar lo inexplicable en conferencia de prensa. El comandante Pedro Pérez, quien formaba parte del grupo que resguardaba la seguridad de Rodolfo Carrillo Fuentes, percibía su salario en la corporación sin ser un policía en activo.

«Nosotros le dimos una licencia a Pedro Pérez después de los atentados que sufrió el día 28 de marzo y después del que tuvo el 26 de mayo de 2004. Hay que recordar que Pedro Pérez siempre se destacó como un buen elemento. Nosotros presumimos que esos atentados fueron resultado del trabajo que él presentó y por su seguridad y la de su familia se decidió otorgarle una licencia. Pedro Pérez seguía cobrando como elemento a través de un familiar suyo, pero nosotros desconocíamos su paradero.»

Un dato: la gente de El Guamuchilito recuerda que a Rodolfo Carrillo Fuentes le gustaba mucho ir al pueblo de Balbuena, donde tenía muchos amigos. En Balbuena nació y creció el comandante Pedro Pérez López.

Sobre los posibles autores intelectuales del atentado hay distintas versiones. La primera hipótesis que surgió, dadas las características con las que se llevó a cabo y el armamento de quienes perpetraron el ataque en un lugar público, señaló a los Zetas, brazo ejecutor de Osiel Cárdenas.

Los hechos parecían resultado de los enfrentamientos por el control de la extensa geografía del narco, que se da entre el cártel del Golfo, aliado con los Arellano Félix en contra de la organización del cártel de Juárez, sostenida por El Chapo Guzmán e Ismael Zambada. Lo que sin duda no hay que descartar.

Aunque también es posible que tras la muerte de Rodolfo Carrillo Fuentes existan pugnas internas, resultado de viejas rivalidades y de la disputa por el control de territorios y caminos para el trasiego de marihuana rumbo a la frontera, entre El Chapo Guzmán y los Carrillo.

Comoquiera que sea, esta negra historia del narco no ha terminado...

El PAN y el narcotráfico

Estamos convencidos de que, salvo honrosas excepciones, los panistas no comprenden el fenómeno del narcotráfico; no entienden ni la trascendencia ni la influencia del mismo en la vida política del país y cometen, por ello, errores incomprensibles.

Recordamos cuando el entonces candidato Fox decía, antes de 2000, que el problema del narcotráfico se solucionaría simplemente acabando con el régimen priista porque al ser éste intrínsecamente corrupto era el que corrompía las fuerzas policiales: extirpado el tumor, el cuerpo sanaría. Obviamente no fue así como se dieron las cosas. O cuando en el periodo de transición de las principales áreas de seguridad de nuestro país, a nuestros vecinos estadounidenses se les cayó el alma al piso cuando escucharon a Francisco Molina, un hombre que había trabajado en la PGR con Antonio Lozano Gracia y que fue procurador de Chihuahua (actualmente es funcionario en la Secretaría de la Función Pública), encargado del área de seguridad en la transición, decir que el narcotráfico no era un problema de seguridad nacional, sino una simple cuestión policial, por lo que se sacaría al ejército de esa lucha, lo que motivó que en su primera visita como presidente electo a Washington «alguien» le explicara en detalle a Vicente Fox que si para Estados Unidos el narcotráfico era considerado uno de sus principales problemas de seguridad nacional, parecía obvio que, en términos de elemental reciprocidad, México debía considerarlo de la misma forma.

En el pasado, distintos gobiernos panistas terminaron metiéndose en problemas graves con el narcotráfico. Lo vivió Ernesto Ruffo (y sus sucesores) en Baja California, diciendo en muchas oportunidades, antes de que el gobierno nacional fuera también de ese partido, que el problema los trascendía y que ellos no podían combatir un delito que era del ámbito federal. Sin embargo, la infiltración del narcotráfico en todas las estructuras del gobierno estatal, sobre todo en las dependencias de seguridad, resultó más que preocupante y por primera vez hubo acusaciones serias contra distintos funcionarios panistas por este tipo de relaciones. La derrota en Tijuana, después de casi 20 años de administraciones panistas, a manos de un candidato como Jorge Hank Rhon, no se puede explicar sin ese componente y sin la descomposición que en dicho partido generó esa presencia en el ámbito local.

En Chihuahua, Francisco Barrio Terrazas fue un gobernador cuestionado, aunque no nos cabe la menor duda de su honestidad. Pero Barrio tampoco pudo o supo lidiar con el narcotráfico en su entidad: de la misma forma que durante el gobierno de Ruffo fue cuando crecieron y se consolidaron los Arellano Félix en Tijuana y Baja California, durante la administración Barrio creció y se consolidó el cártel de Amado Carrillo en Ciudad Juárez y en todo Chihuahua. Ninguno de los dos gobernadores supo reaccionar ante un crecimiento del crimen organizado que evidentemente los rebasaba, pero que también se infiltraba en sus respectivos ámbitos de poder. Lo desconcertante es que prefirieron ignorar el fenómeno, mirando hacia otra parte. Creemos que ninguno de ellos ha estado ligado a esos grupos, pero sus respectivos gobiernos no supieron lidiar con el crimen organizado y tener una visión global de un problema tan complejo. Si la derrota del PAN en Tijuana no se explica, decíamos, sin la descomposición en el panismo local derivada en buena medida de esa influencia del crimen organizado, lo mismo puede decirse de Ciudad Juárez, donde el panismo se trastornó políticamente en forma alarmante.

Hoy el PAN está en problemas por dos historias ligadas, relacionadas con el tema del narco, que están siendo utilizadas por sus adversarios, incluso exagerando la nota, para ligar a ese partido con el narcotráfico. Una de esas historias fue la del gobernador de Morelos, Sergio Estrada Cajigal, cuya destitución fue aprobada por el Congreso local y que se sostenía por un simple amparo ante la Suprema Corte. Estrada Cajigal fue acusado de haber ignorado la relación de su jefe de seguridad con el narcotráfico, de establecer una relación con la hija del narcotraficante Juan José Esparragoza, e incluso de ignorar las relaciones sospechosas con ese mismo grupo de su suegro, a quien había nombrado administrador del aeropuerto de Cuernavaca. Por acusaciones menores a ésas, el propio Estrada Cajigal participó activamente en la caída de Jorge Carrillo Olea. La posición de éste, como él mismo lo ha dicho, aunque en tono de reproche, no se sostuvo porque el entonces presidente Zedillo no lo respaldó y lo presionó para que renunciara a su cargo, además de procesar a sus principales jefes policiales. Si Estrada Cajigal se sostiene sólo es por lo contrario, porque el gobierno federal ha decidido mantenerlo, utilizando una lógica política perversa que permea a todos los partidos: si todos defienden a sus presuntos delincuentes ¿por qué el gobierno federal y el panismo tendrían que actuar diferente? ¿Por qué presionar a Estrada para que deje su cargo si el PRI no se deslinda de José Murat, de su autoatentado y de las acciones criminales cometidas por priistas de ese estado en las elecciones tanto para gobernador como para presidentes municipales? La respuesta, sin que pretenda estar cargada de cinismo, es sencilla: porque se dicen mejores y porque moralmente en el pasado han actuado mejor que sus contrapartes a lo largo de su historia. Nada más y nada menos.

Dos diputados panistas asisten al funeral
de El Ceja Güera en Sinaloa

Eran los primeros días de octubre de 2004 y en San Pablo Mochobampo, municipio de Sinaloa de Leyva, en el estado de Sinaloa, el gran acontecimiento eran las exequias de un conocido narcotraficante, sicario del cártel de El Chapo Guzmán; jefe, desde el penal de La Palma, de la banda de Los Mochadedos, que había secuestrado a muchas figuras importantes de la región, desde el padre de los integrantes de la banda Los Temerarios, hasta el hijo de Vicente Fernández. Se trataba de El Ceja Güera, el nombre por el que era conocido Miguel Ángel Beltrán Lugo. El entierro tuvo un ingrediente político cuando se supo que al mismo había concurrido el entonces candidato a diputado panista Saúl Rubio Ayala, ex presidente municipal de Sinaloa de Leyva, y quien aspiraba a sucederlo en la alcaldía, Will Veliz.

La situación que se generó en Sinaloa es otra historia inadmisible. ¿Qué hacían dos candidatos, uno de ellos destinado a ser el líder de la fracción panista en el Congreso local, a tres semanas de las elecciones, en los funerales de un famoso narcotraficante? Ninguna de las explicaciones que dieron los dos panistas descubiertos en el funeral de El Ceja Güera tienen el menor sentido: que fueron a saludar a la familia y no a honrar al narcotraficante, que es una costumbre local, que estaban en campaña, «vieron un borlote» y se metieron. Por favor, en un estado como Sinaloa, con tal presencia del narcotráfico, nadie con experiencia en el poder local puede ser tan ingenuo. Lo que no se entiende es la posición del PAN nacional al respecto. Está bien que se haya solicitado la intervención de la PGR para que estableciera si esos candidatos tenían o no relación con el narcotráfico. Pero esa investigación, si hubiera sido seria, no habría podido resolverse ni en días ni en horas.

Además, ésa fue una respuesta legal, no política. En ese ámbito estos dos personajes cometieron un error político tan grave que les tendría que haber costado la candidatura, y de inmediato. ¿Para qué necesita un partido serio como el PAN que sus enemigos lo señalen, injustamente, como un partido de narcotraficantes simplemente por defender a dos personajes que son indefendibles políticamente?

No hay forma de cambiar las cosas cuando las imágenes muestran algo tan contundente como a dos candidatos confraternizando en los funerales de un conocido narcotraficante... salvo que se desee que la sospecha permee al partido y a sus dirigentes.

Para esos temas no hay salidas. No se puede defender a ninguna figura pública del panismo que asista al funeral de un narcotraficante, porque si se les defiende la sospecha, aunque insistimos, sea injusta, estará siempre ahí y horadará la credibilidad en un partido que se ha caracterizado casi siempre por su honestidad. Puede ser discutible la aseveración de que, por alguna razón, la mayoría de los panistas no parecen comprender la dimensión del fenómeno del narcotráfico y su influencia en la política. Lo que no parece discutible es que, por lo menos en percepciones, si no se toman medidas esa ignorancia se confundirá con complicidad.

Cabe señalar, además, que no era el primer problema de Saúl Rubio con la justicia: ya en marzo de 2003 había sido detenido por el ejército, en la localidad de Palos Blancos, con un fusil ametralladora

R-15. En esa misma localidad fue emboscado y ejecutado Saúl Rubio Ayala, a mediados de mayo de 2005, en un clásico ajuste de cuentas del narcotráfico.

El asesinato del diputado panista, que increíblemente fue protegido por los dirigentes de su partido y ni siquiera retirado de la lista de candidatos, presionando a la PGR para que no prosperara la investigación en su contra (una investigación que es considerada otro de los «pecados» cometidos por la administración Macedo de la Concha «en contra» de los panistas) está ligado, como la muerte de El Ceja Güera, con el asesinato, meses atrás, de Rodolfo Carrillo Fuentes. Cuando el hermano menor de Amado Carrillo y su mujer fueron asesinados en Culiacán se rompió la alianza de Vicente Carrillo con el que hoy es el grupo más poderoso del narcotráfico en nuestro país: el que integran El Chapo Guzmán, El Mayo Zambada y El Azul Esparragoza. La respuesta a la muerte de Rodolfo Carrillo fue el asesinato en el comedor del penal de La Palma de El Ceja Güera, uno de los principales operadores de El Chapo Guzmán, y poco después el asesinato, también en La Palma, de Arturo Guzmán Loera, su hermano menor.

Todo indica que la relación de Saúl Rubio Ayala con la familia Beltrán Lugo era más estrecha de lo que decía el ex diputado. Lo cierto es que los primeros días de mayo de 2005 se fugaron del penal de Culiacán, sin mayor esfuerzo, nueve reos, todos ligados al cártel de Guzmán y también a la banda de secuestradores que en su momento había dirigido El Ceja Güera. Entre los fugados se encontraba el presunto asesino material de Rodolfo Carrillo: la respuesta llegó días después con la ejecución de Saúl Rubio, el diputado que había asistido a las exequias del narcotraficante muerto en La Palma.

El Chapo Guzmán logró, con la fuga de Culiacán, volver a colocar en sus estructuras a varios de sus sicarios más importantes.

El caso Nahúm Acosta Lugo

La información sobre la detención de Nahúm Acosta Lugo, director de la coordinación de giras del presidente Fox, por sus ligas con el narcotráfico, es la mejor demostración del grado de penetración de éste en las instituciones del Estado y la forma en que opera. Su liberación, por otra parte, demuestra cómo la justicia puede acomodarse, aun en estos casos, a las necesidades políticas del momento. Como hemos insistido en muchas oportunidades, el crimen organizado no requiere tener en su nómina a los personajes que están en la cima de la pirámide del poder: necesita a los que operan, a los que llaman mucho menos la atención, pero controlan la información fundamental. Y en este caso, con ese relativamente oscuro panista sonorense, lograron tener acceso a la propia Presidencia de la República y a la agenda de giras (y posiblemente también la personal) del presidente Fox. Con la información que proporcionaba Nahúm Acosta Lugo, como dijo Rafael Macedo de la Concha, estuvo efectivamente en peligro la seguridad presidencial, pero las repercusiones del hecho van mucho más allá.

A principios de 2005, cuando se hablaba de la guerra que había declarado el narcotráfico al Estado, decíamos que en realidad la estrategia del enfrentamiento directo, violento, correspondía al cártel de Osiel Cárdenas, asociado, por lo menos en parte, a los Arellano Félix. Decíamos también que mientras esos personajes se enfrascaban en una lucha brutal, que terminaría casi necesariamente, tarde o temprano, con su aniquilación o con el reemplazo de sus líderes, contra el Estado, la principal organización del narcotráfico en México, que es la que encabezan Guzmán, Zambada y Esparragoza, junto con varios de sus asociados en buena parte del país, se dedicaban a lo suyo: a seguir con sus negocios y en lugar de enfrentar en forma violenta a las instituciones del Estado se ocupaban en infiltrarlas. La detención de Nahúm Acosta era una confirmación más de ello: mientras Osiel Cárdenas se enfrenta a disparos en las cárceles y calles, el cártel de Juárez penetra las instituciones y elimina a sus adversarios. Lo decíamos entonces e insistimos: eso es lo que los hacía y hace, para el propio Estado mexicano, mucho más peligrosos, porque no sólo pueden conocer los movimientos y las intenciones del poder, sino incluso inducirlas.

Demuestra también que esa penetración en espacios de poder no respeta ni partidos ni ideologías (Nahúm Acosta, como otros, había pasado por el PRI y el PRD antes de recalar en el PAN), y en el caso del panismo, sobre todo el del norte del país, ha sido demasiado sacudido por este tipo de hechos para que continúe ignorándolos. Acosta fue recomendado por panistas de Agua Prieta, Sonora, donde una y otra vez se ha denunciado la penetración del narcotráfico. Lo llevó al *staff* de la Presidencia Manuel Espino, originario de Durango, pero cuya fuerza política proviene del panismo sonorense, y que a su vez había sido designado coordinador de giras por el ex secretario particular Alfonso Durazo, también originario de Sonora. Cuando Espino, que ahora es presidente nacional del PAN, abandonó esa oficina, dejó en su lugar a Enrique Ruiz Sánchez. Todos fueron ratificados por Emilio Goicoechea, originario de Sinaloa, cuando éste reemplazó a Durazo.

Llama la atención que Espino diga ignorar cómo llegó a ese cargo Acosta Lugo. Dice que lo recomendó «alguien» del PAN de Sonora, donde él fue interventor y dirigente durante varios años. La pregunta es cómo no se realizó investigación alguna sobre Acosta Lugo y cómo una recomendación que ni siquiera puede ser recordada permitió colocar en un área decisiva para la seguridad presidencial a un personaje de estas características. Además de preguntarnos en cuántos otros casos se está repitiendo la misma situación, el hecho confirma algo en lo que también hemos insistido. En muchos sectores del panismo no se entiende qué es la seguridad, en términos de su relación con el crimen organizado, y la penetración del mismo en algunas de sus estructuras es francamente preocupante.

El caso de Acosta Lugo debe sumarse a muchos otros. El gobernador de Morelos, Sergio Estrada Cajigal, tenía como jefe de seguridad a un hombre relacionado con el narcotráfico y lo defendió hasta que la PGR decidió detenerlo; en Chihuahua, durante el gobierno de Francisco Barrio, la penetración alcanzada por el cártel de Juárez fue enorme (y en buena medida se mantiene); Fernando Canales Clariond propició la derrota del panismo en Nuevo León porque jamás supo entender cómo había penetrado el crimen organizado en la ciudad, afectando sobre todo la seguridad pública; en las pasadas elecciones de Sinaloa, dos candidatos fueron a brindarle su saludo a la familia del famoso narcotraficante Miguel Beltrán Lugo, El Ceja Güera, en sus exequias. Durante la anterior gestión de la SSP federal se mantuvo a Carlos Tornero como director de prisiones federales pese a que había pruebas contundentes de que las cárceles estaban fuera de control desde tiempo atrás. En La Palma, en otro episodio ligado al narcotráfico y Sonora, se designó a Guillermo Salazar Montoya como director del penal pese a que estaba acusado de haber permitido la fuga de dos reos del penal de Hermosillo. Antes, en enero de 2001, se había fugado de Puente Grande El Chapo Guzmán, pese a que en numerosas oportunidades se había advertido a las autoridades estatales y federales de cómo controlaba éste ese penal de supuesta máxima seguridad. Ninguno de los personajes políticos involucrados en éstas y muchas otras historias han sido apercibidos por su partido ni por las autoridades. Todos han continuado con sus carreras, varias de ellas muy exitosas, por lo menos en el escalafón del poder. O sea que no han tenido costos por esos presuntos errores. ¿Implica eso que ellos mismos están relacionados con el crimen organizado? Probablemente no, pero sí implica que desde el partido en el poder y desde el gobierno esos temas no están siendo valorados en su justa dimensión.

Vayamos a lo inmediato. Lo ocurrido (independientemente de la liberación de Acosta por supuesta falta de pruebas) debe obligar a revisar, con profundidad, la planta laboral en el equipo presidencial desde una nueva óptica. Debe obligar a que finalmente se acepte algo que casi siempre se ha rechazado: que el crimen organizado y el narcotráfico sí han logrado penetrar las estructuras del Estado, que su capacidad de operación se basa en la penetración más por la base que por la cúpula y que, además, sí tiene intereses políticos y puede actuar con base en ellos: ¿para qué quería el cártel de Juárez la agenda presidencial? ¿Qué hubiera ocurrido (recordemos 1994) si el presidente o alguien de su equipo hubiera sufrido un atentado? ¿Se olvida y se seguirá considerando que fue un simple hecho aislado lo ocurrido durante una gira por Ciudad Juárez, cuando la camioneta en la que viajaba el presidente Fox fue interceptada por un grupo de manifestantes que terminaron zarandeando el vehículo presidencial ante la impotencia de los miembros del Estado Mayor Presidencial presentes? Si no se comprende y asume que para los distintos grupos del narcotráfico la desestabilización política es un arma mucho más útil que el enfrentamiento abierto y público con las autoridades, no se estará comprendiendo en absoluto cuál es la forma de operar y el tipo de desafío que plantea el crimen organizado. Y en este esquema se da la relación de esos grupos con algunas organizaciones armadas: lo que ocurre en Guerrero (lo mismo que algunos secuestros todavía en curso) es una nueva demostración de que esas organizaciones están recibiendo oxígeno financiero y operativo de algún lado.

Por lo pronto, una consecuencia tangencial pero ineludible de lo ocurrido con Acosta Lugo se tendrá que dar en otros ámbitos. Independientemente de la valoración personal, el solo hecho de que una de sus personas cercanas, a quien Espino designó para un puesto necesariamente delicado como la coordinación de las agendas de las giras presidenciales, estuviera, según la acusación original, trabajando para el principal grupo de narcotraficantes del país, tendría que haber sido suficiente para que, por lo pronto, el propio Espino se hubiera retirado de la contienda interna del PAN para ocupar la presidencia nacional de ese partido, que en esa época se estaba llevando a cabo, o para que el panismo le hubiera hecho comprender que no podía continuar en ella.

La «conexión Sonora» puede poner de cabeza a Los Pinos y debería hacer reflexionar seriamente al gobierno y al panismo sobre su forma de entender y ejercer el poder. El caso Acosta Lugo, el presunto infiltrado en Los Pinos para el cártel de Juárez (que en realidad es la organización más poderosa del narcotráfico en el país, con ramificaciones en prácticamente todos los estados de la república), demostró la facilidad con que se puede llegar a posiciones clave en el gobierno sin tener un perfil alto, pero también cómo los intereses políticos pueden hacer perder de vista incluso algunas de las medidas de seguridad más elementales en un gobierno.

En la PGR se habla de la «conexión Sonora» porque el caso de Nahúm no puede desligarse de dos notables sonorenses que fueron sus jefes directos y quienes lo trajeron a Los Pinos: Alfonso Durazo, secretario particular del presidente durante los cuatro primeros años de su mandato, y Manuel Espino, entonces coordinador de giras de la presidencia, luego secretario general del PAN y ahora presidente del CEN panista.

¿Están relacionados con estas historias Durazo y Espino? Entendidos como cómplices no, pero de lo que no cabe duda es de que ellos llevaron a este personaje a Los Pinos y lo avalaron, tanto que en 1996 el propio Nahúm Acosta, que había sido acusado de vender documentos de Migración a narcotraficantes y traficantes de personas, pudo ingresar a esa responsabilidad por los avales con los que contaba. Pero como en el caso de Guillermo Montoya, el ex responsable del penal de La Palma que estaba acusado de permitir la fuga de reos ligados al crimen organizado en la cárcel de Hermosillo y que fue «promocionado» a director de La Palma, los avales políticos sirvieron más que las investigaciones. La información que pudiera haber proporcionado Acosta Lugo al cártel de Juárez es inestimable: no se trata sólo de la agenda pública del presidente, que puede ser obtenida en los periódicos. Este hombre se encargaba, como cualquiera en esa responsabilidad, de las rutas del primer mandatario; de la logística de las giras; era el que sabía si, por ejemplo, iría en un carro blindado o no; por dónde, con quiénes, si se bajaría del transporte o no. No es un tema menor: allí está el caso del asesinato de Luis Donaldo Colosio para comprender cómo un cambio en la logística (alejar de la salida el lugar del mitin y no tener control sobre los asistentes) puede ser determinante para que se realice un crimen. Fue evidente que una filtración permitió que se emboscara por un grupo de manifestantes extremadamente radicales la camioneta del presidente en Ciudad Juárez, y ello provenía de una falla de seguridad: así se dijo una y otra vez. Pues bien, ahora se puede presumir de dónde salió esa filtración y por qué falló la seguridad.

Si las fuentes consultadas no se equivocan, la investigación sobre este caso provino de tres vertientes diferentes: por una parte, de las filtraciones de la agenda presidencial en sí. Una y otra vez en Los Pinos se sorprendían de cuánto se sabía de la agenda pública y privada del presidente, de la forma en que se filtraba esa información e incluso de las rutas de sus traslados, tanto como para encontrarse una y otra vez con grupos opositores que los interrumpían. Era evidente que allí había una filtración importante. En las mismas áreas de la Presidencia de la República se ha comentado que buena parte de esa filtración provenía del anterior secretario particular, Alfonso Durazo, y tenía como destinatario, en muchas ocasiones, al gobierno capitalino. También se habló de que la animadversión del secretario particular y del entonces encargado de las giras presidenciales, Manuel Espino, hacia la señora Fox podía ser el catalizador de esas filtraciones. Podría ser verdad, pero Durazo y Espino dejaron sus cargos y las filtraciones continuaron. A ello se sumó otro tema, otra investigación: en viviendas cateadas a narcotraficantes se comenzó a encontrar información, incluso agendas telefónicas de la Presidencia de la República. No hablamos de una tarjeta de presentación, sino de copias de agendas completas. Al mismo tiempo, la DEA habría informado de la intercepción de la llamada telefónica de un cercano operador de Joaquín El Chapo Guzmán a Nahúm Acosta, quien posteriormente fue incluso filmado junto con ese hombre del narcotráfico. Fue la conjunción de esas tres líneas de investigación lo que permitió descubrir al «topo» en Los Pinos. Para la justicia esas pruebas, sin embargo, fueron «insuficientes».

Esa investigación no era reciente, tenía ya tiempo. Lo que no se sabe es desde cuándo se llegó a identificar a Nahúm Acosta y si, como se dice, el catalizador de la detención fue una advertencia estadounidense. Todo indica que fue así. Recordemos, por ejemplo, que en marzo de 2006 el presidente Fox se reuniría con su homólogo George Bush. Y en plena lucha antiterrorista, en la Casa Blanca debe de haber causado algo más que preocupación que un encargado de la logística del presidente estuviera ligado con el narcotráfico en México.

Las autoridades estadounidenses repentinamente parecen haber retomado durante todo 2005 esas preocupaciones respecto a México.

Hubo varias advertencias solapadas, algunas denuncias indirectas, pero en ese año fueron mucho más directas: el famoso caso de la carta de Tony Garza en enero del 2005 es evidente. Sin embargo, nunca se ha explicado con claridad qué fue lo que ocurrió para que el Departamento de Estado advirtiera en forma tan dura y pública al gobierno mexicano sobre lo que estaba ocurriendo, ni tampoco el porqué de la sobrerreacción de la administración Fox que, poco después, se aplacó en forma súbita. ¿Habrá sido el caso Nahúm Acosta el que provocó esas acciones?

Recordemos que el cártel de Juárez ha sido muy exitoso en la infiltración de personajes del poder. Saben cómo hacerlo y desde donde operar. Algunos casos han sido notorios: el del ex general Jesús Gutiérrez Rebollo fue de los más dolorosos. Gutiérrez Rebollo había sido contactado por el narcotráfico en Culiacán, a principios del gobierno de Carlos Salinas. Al ex general lo compraron con dinero y con información contra los grupos rivales del propio cártel, misma que le permitió hacer crecer su carrera con notables éxitos hasta llegar a ser el responsable de la lucha antidrogas. Cayó porque su forma de vida excedía sus posibilidades y aquel viejo consejo de *cherchez la femme* en su caso demostró ser muy acertado. Pero días antes el propio Departamento de Estado se había congratulado de su designación. Luego de su detención el seguimiento que ha hecho Estados Unidos de los personajes del gobierno mexicano relacionados con cualquier ámbito de la seguridad ha sido mucho más extremo.

Otro personaje importante de la política nacional que está acusado de haber trabajado para el cártel de Juárez fue el ex gobernador Mario Villanueva Madrid. Hubo acusaciones de que cometió todo tipo de delitos, desde chantajear a banqueros como Roberto Hernández hasta involucrarse con funcionarios cubanos en el comercio sexual entre la isla y Cancún. Pero cayó porque en uno de sus frecuentes ataques de furia Villanueva decidió «expulsar» de Cancún a un cónsul estadounidense que había tenido el mal tino de denunciar las frecuentes muertes por sobredosis de jóvenes de su país, de vacaciones en ese balneario. Poco después, cuando estaban investigando esa situación, a Villanueva se lo acusó de ordenar secuestrar, torturar y matar a un miembro de inteligencia militar y dejar gravemente heridos a otros, lo que activó la investigación de la Defensa y de la PGR que terminó con su huida y detención. Pero Villanueva, como muchos otros ligados a la misma conexión, tenía lazos que se habían tejido años atrás en Sinaloa y Guadalajara. Entonces preocupó la llamada conexión Sonora porque, además del caso de Nahúm Acosta, la frontera sonorense parece haberse convertido en una de las más porosas, no sólo para el tráfico de personas, sino también para el de drogas. ¿Tienen responsabilidad en ello personajes como Durazo o Espino? Sí tienen responsabilidad política y deben asumirla: ellos, por error, por mal cálculo, por equivocación, llevaron a un hombre acusado de tener vínculos con el narcotráfico a las oficinas de Los Pinos. Así también López Obrador debe asumir que sus dos principales colaboradores en el gobierno del DF se hayan corrompido y nadie en esa administración lo haya querido saber. Si no se comienza a asumir responsabilidades por los errores cometidos, seguiremos siendo un país marcado por la impunidad.

En este orden de ideas cabe mencionar que los lazos de Nahúm Acosta con el narcotráfico y particularmente con los grupos relacionados con los hermanos Beltrán Leyva, Héctor y Arturo, dos de los principales operadores del cártel de Juárez, que ahora encabezan El Chapo Guzmán, El Mayo Zambada y Juan José Esparragoza, no son nuevos. Venían, según las investigaciones realizadas por la PGR y por agencias de inteligencia estadounidenses, desde, por lo menos, 10 años atrás, cuando el destituido director de giras presidenciales era delegado del Instituto Nacional de Migración en Torreón, Coahuila, y desde allí «agilizó» trámites para personajes ligados al crimen organizado, lo que llevó a que desde 1998 el gobierno estadounidense le retirara la visa, lo cual no le impidió que desde ese mismo año se incorporara al PAN en Agua Prieta y saltara desde la modesta plaza de secretario de comunicación del comité directivo municipal del PAN en esa localidad a coordinador de logística de la campaña presidencial de Vicente Fox. Y desde allí, luego de otro corto paso por el PAN de Agua Prieta, a la dirección de giras de la Presidencia de la República.

Los hermanos Beltrán Leyva tenían, tienen, una historia larga en el mundo del narcotráfico, pero sobre todo comenzaron a ser conocidos e investigados en esos mismos años en los cuales Nahúm estableció las primeras relaciones, en este ámbito, con ellos. El 11 de octubre de 1997 se catearon en la ciudad de Querétaro 10 inmuebles que eran propiedad del mayor de esos dos hermanos, Arturo. En una de esas propiedades se había realizado una de las fiestas con mayor participación de narcotraficantes de aquellos tiempos: ahí estuvieron El Mayo Zambada, El Azul Esparragoza y el jefe de todos ellos en aquella época: Amado Carrillo Fuentes, entre muchos otros. De esos cateos, entre otras cosas, quedaron los rastros de innumerables fotografías de los participantes en la fiesta y el nombre de los Beltrán Leyva se inscribió entre los operadores importantes del narcotráfico en México, con intensas investigaciones en nuestro país, pero también en Estados Unidos.

Varios años después, a comienzos de 2005, otra casa de los Beltrán Leyva, en este caso de Héctor, apodado El Ingeniero, fue cateada por las autoridades, con base en información proporcionada por inteligencia estadounidense y como parte de una investigación de la AFI. Era una enorme mansión de seis niveles ubicada en Cerrada de la Loma 17, en Huixquilucan, en el estado de México. Allí vivían Clara Laborín y su compañero, Héctor Beltrán. En esa casa se encontraron, además de copias de las mismas fotos de aquella fiesta de Querétaro, grabaciones de muchas de las conversaciones telefónicas que Beltrán Leyva mantenía cotidianamente, una vieja costumbre de muchos capos del cártel de Juárez (costumbre que en su momento había iniciado el propio Amado Carrillo, como una forma de control y también de presión contra colaboradores olvidadizos de la relación que habían establecido con esa organización). En el cateo llamaron profundamente la atención dos cosas: primero, en una agenda, junto con otros nombres, todos manuscritos por Héctor Beltrán, se encontraba uno que decía «Nahúm Acosta: 5552932184 (su teléfono particular) y cel: 5550685225». También en un tarjetero destacaba la tarjeta de identificación de Nahúm Acosta Lugo, director de giras de la Presidencia de la República. Pero al escuchar las cintas halladas la relación fue más evidente: en varias de ellas, un hombre al que luego se identificó efectivamente con Acosta llama al Ingeniero con todo tipo de comentarios sobre sus actividades y un poco en clave, en ocasiones con total transparencia, habla de las giras presidenciales, de los lugares visitados, de contactos familiares e incluso le dice a Beltrán que en el contexto de una gira presidencial un día sobrevoló en helicóptero su casa y le habla hasta de las enfermedades de sus hijos. Pero también se habla de una entrega de dinero en el departamento de Acosta. En el cateo se encuentran planos y datos sobre un *spa* en construcción en Acapulco, llamado Debanhy, para el que se había contratado (y ya estaba en el país) a un masajista búlgaro que se encargaría del personal. En las llamadas telefónicas descubiertas, quien aparentemente es Acosta insiste con el Ingeniero sobre terminar el negocio en Acapulco.

Una de las personas interrogadas en el contexto del cateo en una muy lujosa residencia de Lomas de la Herradura (una casa que los vecinos decían que había pertenecido a Amado Carrillo) fue el guardia de seguridad (el hombre que cuidaba la pluma de la entrada a la privada), de nombre Bernardino Fernández. Éste explicó que allí efectivamente vivía el señor Beltrán con su mujer y que le parecía un hombre serio y muy rico. Le llamaba la atención la enorme seguridad que los protegía a él y su esposa. Numerosos escoltas armados, en ocasiones hasta cuatro carros de custodia, los acompañaban en todos sus movimientos. Le llamó la atención también que portaran en ocasiones (sobre todo cuando salían en la noche en forma «apresurada») armas largas, pero también que la mayoría fueran norteños, de Sinaloa y Sonora, y que muchos de los carros que llegaban a ese domicilio portaran placas de esa zona del país. El testigo agregó que ahí siempre iba gente muy importante, incluso acababa de ir, dijo (recordemos la fecha: el primero de febrero), «alguien de la Presidencia de la República, de nombre Nahúm», que aseguró, para poder pasar, ser del Estado Mayor Presidencial. A partir de allí, poco quedaba por hacer antes de ordenar la detención de Acosta Lugo. Cuando éste estaba ya detenido y se le interrogó sobre por qué había visitado la casa de Héctor Beltrán Leyva, el ex funcionario aseguró que había ido a ver si la misma se rentaba. El problema es que nadie con un salario de 79 000 pesos podía siquiera pensar en rentar esa residencia, ubicada en una cerrada, donde no alcanzaba a verse desde la calle y que, según testigos y vecinos, jamás había estado, desde que ellos recordaban, en alquiler.

Pero había más. Con base en las conversaciones telefónicas decomisadas se obtuvo otro testimonio muy importante. En una de las cintas se hablaba de un dinero que sería entregado en la casa de Acosta, pero éste decía que estaría fuera, aunque agregaba que no había problema, que el encargado del edificio era una persona de confianza y que se lo podían dejar a él. Se trataba de 5 000 dólares. El 30 de diciembre de 2004, Acosta llamó al encargado del edificio donde vivía y le dijo que llegaría una persona con 5 000 dólares en efectivo, le dio instrucciones para que 1 000 dólares los depositara en una cuenta bancaria y el resto lo conservara hasta su regreso. Y así fue: un día después llegó alguien con esa cantidad (la mayoría en billetes de 20 y 5 dólares) y el encargado cumplió con su encomienda: depositó una parte y guardó la otra para Acosta. El detalle es que el encargado recuerda, además, que el mensajero le dijo que ese dinero era para el señor Acosta y que lo enviaba Héctor Beltrán. En una llamada telefónica posterior, también en manos de las autoridades, Acosta le agradece al Ingeniero haberle hecho llegar esa cantidad.

Y todo esto era sólo la punta del iceberg de los testimonios que estaban, en la mayoría de los casos, en el pliego para la solicitud de arraigo y que se sumaron a la investigación que realizó la PGR para la consignación del ex funcionario. Había mucho más, pero por lo pronto se tenían datos de una relación con los hermanos Beltrán Leyva desde por lo menos 1996. Se tiene grabación de numerosas llamadas telefónicas de Nahúm a Héctor Beltrán (paradójicamente casi siempre el que llamaba era Acosta al Ingeniero y no, como se podría suponer, al revés), que fueron autentificadas con peritajes dentro y fuera del país. Se tenían por lo menos dos testimonios, anteriores a la detención, que hablaban de la relación del ex funcionario de la Presidencia con Beltrán Leyva, incluyendo la visita a su casa y también cómo el conocido narcotraficante le hizo llegar a Nahúm, por lo menos, 5 000 dólares. En el cateo, también anterior a la detención de Acosta Lugo, se encontraron las tarjetas de presentación y los teléfonos particulares del entonces funcionario. Y Acosta y su abogado defensor insisten en que todo es un «complot», que no tenía relación con Beltrán, que no había ninguna prueba en su contra. Lo que resulta inexplicable es que se les haya hecho el juego, quizá porque en la llamada «conexión Sonora», los hilos de Nahúm iban, todavía, mucho más allá del parlanchín, por lo menos por teléfono, ex director de giras presidenciales.

¿Quién es realmente Nahúm Acosta? ¿Era un «topo», recordando el título de la clásica novela de espionaje de John Le Carré, en Los Pinos, como le llamó José Luis Santiago Vasconcelos? ¿Era realmente un infiltrado con capacidad de meterse hasta la cocina en los asuntos de la Presidencia o se trata de un típico vivillo que simplemente lo que quería era, apoyado por quien fuera, escalar un poco en la escalera social y política? Es probable que haya sido una mezcla de ambas cosas, y en su capacidad para conocer los interiores de Los Pinos haya querido basar una carrera que no tenía más logro que ése: haber logrado instalarse en un puesto en la Presidencia.

Una de las cosas más asombrosas de esta historia es que, hasta el día de hoy, nadie sabe cómo llegó Nahúm Acosta a la dirección de giras presidenciales. Ninguno de los que han sido sus jefes directos o indirectos ha querido reconocer que ellos lo recomendaron o lo llevaron a ese puesto. Nadie tampoco ha podido explicar cómo pasó los mecanismos de control tanto de las autoridades mexicanas como de las estadounidenses que le habían retirado la visa de ese país desde 1998 precisamente por las actividades sospechosas que realizó en Migración. Es evidente que quien lo instaló en Los Pinos fue Manuel Espino, con la autorización de Alfonso Durazo. Ninguno de los dos tendría por qué ser considerado cómplice ni nada por el estilo. Pero lo que llama la atención es otra cosa: la pregunta es por qué llevar a Los Pinos a un funcionario de tan bajo perfil. Eso es lo inexplicable, sobre todo si analizamos los diferentes currículos que él mismo entregó en distintas épocas de su trabajo en la administración pública.

Tenemos copias de dos diferentes hojas de vida que elaboró Nahúm: una es de 1996, cuando fue designado delegado de Migración en Coahuila (el puesto más alto en la administración o la política que había tenido antes de su cargo en la Presidencia de la República) y cuando aún era priista. La otra es la que presentó precisamente en la Presidencia al asumir la última de sus responsabilidades. Las dos tienen cambios notables entre sí, pero permiten mostrar la personalidad y la carrera del personaje en cuestión.

Nahúm es maestro. Estudió, dice, la Escuela Normal Básica en Gómez Palacio, en Durango. En el currículo que entregó a Gobernación en 1996 dice que también estudió una licenciatura en ciencias sociales, pero no en una universidad, sino en la Escuela Normal Superior de Especialidades Benito Juárez, en Ciudad Madero, Tamaulipas, entre 1986 y 1989, un dato que desaparece en el documento que entregó en 2001 a la administración Fox. Quizá porque al mismo tiempo que se suponía que estudiaba esa licenciatura en ciencias sociales en Tamaulipas, también era, según el mismo documento, maestro en la escuela rural El Quinto en Etchojoa, Sonora, y secretario de organización de la modesta seccional 9 del PRI en Agua Prieta. Posteriormente fue presidente de esa seccional y finalmente subdirector de Relaciones Públicas en el ayuntamiento local. Los siguientes años ocupó diferentes cargos, todos en propaganda, prensa o relaciones públicas, oscilando entre el comité municipal del PRI en Agua Prieta y el ayuntamiento local.

Llama la atención en esa primera hoja de vida que, después de supuestamente concluir una licenciatura, me imagino que a distancia en Ciudad Madero, Tamaulipas, iniciara el bachillerato en la escuela preparatoria de Agua Prieta, que no concluyó, dice el documento, sino hasta 1994. En todo ese periodo lo único que destaca en esa hoja de servicios es que fue «coordinador general del voto electoral en el municipio de Agua Prieta para la campaña a gobernador del licenciado Manlio Fabio Beltrones», una actividad que dice le ocupó dos años, de 1990 a 1992. Después fue secretario particular de la diputada Beatriz González Juárez, en el distrito electoral con sede en Cananea, aunque seguía teniendo un cargo, según el mismo documento, en el comité municipal del PRI en Agua Prieta. Hasta 1994 allí llegaba su historia. Sorprende que con una hoja tan escasa en actividades políticas y administrativas haya sido designado, repentinamente, en la delegación de Migración en Coahuila.

Sin embargo, Nahúm dura poco en el Instituto Nacional de Migración. Sale de él por los problemas descritos con la autorización de documentos falsos, destinados a personajes relacionados con el narcotráfico, según las autoridades de Estados Unidos, que por ello le retiran la visa. Entonces abandona el PRI, tiene un corto paso por el PRD y cae en el PAN de Agua Prieta. Tres años después, cuando ingresa a Los Pinos en 2001, su currículo ya es completamente diferente. Por una parte desaparece en forma absoluta cualquier mención a sus cargos en el PRI, aunque se mantienen los que tuvo en el ayuntamiento local. En el área de estudios se da un cambio notable: aquella licenciatura en Ciudad Madero y el bachillerato en Agua Prieta entre 1986 y 1994 desaparecen como si nunca hubieran existido, pero ahora registra una licenciatura en ciencias sociales cursada entre 1994 y 1999 en la Escuela Normal Superior de Especialidades de Chihuahua, en la capital de ese estado, precisamente en los años en los que se supone estaba en Torreón en Migración y luego, desde 1998, en el mismo cargo de información y propaganda del comité municipal de Agua Prieta, pero en esta ocasión en el del PAN, no el del PRI. En ese comité municipal panista pasa dos años hasta que en 1999 da un salto, sin explicación, aparentemente monumental: dice el currículo que ese año trabajó como «coordinador de logística de la campaña presidencial». Sorprendentemente, en 2000 regresa a Agua Prieta como «coordinador de enlace gubernamental» con el municipio. Y de 2001 en adelante se presenta ya como «director de giras presidenciales de la secretaría particular de la Presidencia de la República».

Quedan muchas preguntas por realizarse. Por ejemplo, ¿estudió alguna vez de verdad Nahúm Acosta en Ciudad Madero o en el bachillerato de Agua Prieta o en la Escuela Normal de la ciudad de Chihuahua o sus amigos y contactos le fueron consiguiendo diferentes certificados para apuntalar su carrera? Dice también que es pasante de derecho en la Universidad Mesoamericana en la Ciudad de México. Sobresale, sobre todo, que un hombre con una carrera tan pobre termine en Los Pinos: si vemos el currículo se comprobará, trampas y ocultamientos aparte, que Nahúm a lo largo de toda su vida política de 20 años, lo único que fue es funcionario de prensa o información del municipio de Agua Prieta y desempeñó esas mismas funciones en el PRI y el PAN locales, excepto la desafortunada experiencia en Migración en Coahuila. No tenía una carrera política relevante, había estado en el PRI y se incorporó al PAN apenas en 1998, luego de pasar por el PRD. No tiene estudios destacados y algunos incluso no son verificables. Tampoco tenía experiencia en tareas de logística y organización (salvo esa mención, que no se explica, en 1999, de «coordinador de logística de la campaña presidencial»: ¿de quién, de Fox, que ese año todavía no estaba en campaña presidencial por la sencilla razón de que ella comenzó en enero de 2000, cuando Nahúm ya estaba otra vez en Agua Prieta?). Pero con ese escaso bagaje llegó a un puesto importante, de segundo nivel a Los Pinos, trabajando junto al presidente, aunque fuera en tareas logísticas. La suya obviamente no fue una designación de *head hunters;* entonces ¿cómo llegó Nahúm a Los Pinos y por qué? ¿Quién, en el gobierno federal, puede explicarlo?

Y mientras tanto, Nahúm Acosta quedó en libertad. De nada sirvieron las advertencias ni el cruce de información con los organismos de inteligencia estadounidenses que avisaron oportunamente sobre sus relaciones con el narcotráfico. Tampoco sirvieron las pruebas encontradas en la casa del narcotraficante Héctor Beltrán Leyva. Ni las grabaciones, que en cualquier otro caso hubieran sido un elemento demoledor, de las llamadas del ex jefe de giras de la Presidencia de la República con el propio Beltrán Leyva, donde éste le preguntaba, entre otras cosas, dónde le podía pasar a dejar su «navidad». De nada sirvieron los testimonios de los trabajadores de la casa de Acosta, que aceptaron haber recibido dinero de parte del «ingeniero Beltrán» para el ex jefe de giras y haberlo depositado en una de sus cuentas. Menos aún fueron tomados en cuenta los datos sobre el negocio de la «playa» (así lo denominaron en una conversación telefónica) entre Beltrán y Acosta, que era en realidad un *spa* que estaba en construcción en Acapulco.

No era sólo eso: había mucho más y la investigación podía llegar mucho más arriba, pero un juez, apenas unas horas después de la consignación, con todo ello decidió que «no había elementos», que todo esto, incluyendo pláticas grabadas con un capo del narcotráfico, era insuficiente para juzgar a Acosta por delincuencia organizada y decidió dejarlo en libertad.

Es una de esas decisiones que sólo pueden generar sospechas, a horas de que, argumentando razones escrupulosamente legales (que insisto que en este caso, desde mi punto de vista, están fundamentadas), se decidió el desafuero de Andrés Manuel López Obrador y cuando el propio presidente Fox se vanagloriaba en Roma de los altos niveles de calidad de nuestro sistema legal y nuestra justicia. Si con todo ese cúmulo de pruebas un juez decide que no hay lugar siquiera para continuar con la investigación de Nahúm Acosta, que no hay elementos para juzgarlo, tenemos que preguntarnos, entonces, qué es lo que está pasando con la justicia y cuál ha sido la verdadera intención de esa decisión. Sobre todo porque involucraba a un hombre que trabajó durante cuatro años con el presidente Fox: ese solo dato obligaba a llevar la investigación y el caso hasta sus últimas consecuencias. No se hizo así.

De todo esto hay tres beneficiarios indudables: uno, sin duda, es el propio Acosta, que queda en libertad; el otro es López Obrador, que podrá, con o sin razón en su caso, fortalecer su tesis de la justicia selectiva; el tercero es el presidente nacional del PAN, Manuel Espino, que comenzó su gestión al frente del panismo en medio de las sospechas del caso Acosta, un hombre que él había llevado a trabajar a Los Pinos y, de seguir adelante la investigación, podría haber terminado siendo involucrado en la misma. Manuel Espino, en pleno proceso de desafuero, dijo una y otra vez que la PGR estaba torciendo las investigaciones, favoreciendo la causa de López Obrador al tiempo que trataba de defender a Acosta; finalmente vio la liberación de su ex empleado como un triunfo personal: lo es, porque con Acosta juzgado y en prisión, la legitimidad de Espino, de por sí muy golpeada por sus propias declaraciones y errores al frente del PAN, hubiera estado aún muy lejos de consolidarse.

¿Se trató de la decisión de un juez o hubo también operación política para liberar a Acosta y con ello quitarle presión a Espino? Nadie puede asegurarlo, pero lo segundo es casi inocultable: cuando Espino criticó a la PGR en pleno desafuero de López Obrador, fue recibido en Los Pinos y nadie en el equipo gubernamental siquiera lo reconvino. Cuando el juez aceptó la orden de aprehensión de Acosta, se sabía que la investigación podría llegar a más de un miembro del panismo de Sonora, pero aceptada la orden de aprehensión parecía evidente que el juicio debía continuar, y si era así, en la propia

Presidencia de la República sabían cuál sería el horizonte que se tendría que abordar. Y todo hace pensar que en los principales ámbitos de decisión política del país tuvieron, una vez más, miedo de las fuerzas que ellos mismos habían desatado. Una falsa *Realpolitik,* que confunden con pragmatismo, los hace pensar que lo mejor es no ahondar en las cosas, no profundizar en su propia cirugía del sistema político, o hacerlo sólo cuando les es favorable.

Por supuesto que la ruta no debe ser retroceder aún más el camino para darles salida política a todas las demandas judiciales, como algunos alegan (o sea, utilizar las impunidades del pasado para justificar las del presente). La ruta debe ser exactamente la contraria: se debe exigir cada vez más a las distintas autoridades que hagan cumplir la ley y que la impunidad desaparezca. No está siendo así. Parece que vamos en el rumbo inverso: desde el gobierno del DF, desde el PRD, pero también desde el gobierno federal y desde el PAN pareciera que quieren una procuración de justicia que sea «políticamente correcta». Que investigue donde deba hacerlo e incluso sea inflexible, pero que no moleste los intereses creados. Que no se toque a López Obrador (vamos, que ni siquiera un subprocurador vaya a misa, como va regularmente, cerca de la casa del ex jefe de gobierno porque eso es considerado una «provocación», según el propio Alejandro Encinas), pero que tampoco se vayan a rozar ni con el pétalo de una rosa los intereses de la nueva dirigencia panista con todo lo que ello implica, aunque en uno y otro casos, con distintas magnitudes y delitos, haya elementos para proseguir las investigaciones.

La justicia habría hecho un notable aporte a la hora que vive el país si además de avanzar en el caso de López Obrador, hubiera aceptado que continuaran las investigaciones hacia arriba del caso Nahúm Acosta, con todas sus implicaciones. El gobierno y las instituciones podrían haber mostrado que, ahora sí, en los temas de justicia no habría fueros políticos, directos ni indirectos, que no habría decisiones políticas en los casos judiciales. En esta oportunidad, cuando todo obligaba a que así fuera, no lo hicieron y pareciera, entonces, que la línea que se quiere imponer es la de organismos de procuración de justicia a modo, cómodos, que no se involucren en asuntos que puedan molestar a los principales protagonistas políticos o que lo hagan sólo cuando ello es conveniente.

La decisión judicial en el caso Acosta es vergonzosa, y la actitud que ante ello han tomado algunos de los involucrados es similar. Los costos serán, en todos los sentidos, muy altos y, para colmo, queda la sensación de impunidad, que no diluye la impresión de la protección política ni reconstituye la legitimidad de los involucrados. Un paso atrás cuando se está tan cerca del despeñadero puede ser demasiado peligroso.

Sonora: la ruta del narco

Ciudad Obregón: narcomenudeo y corrupción

En la ruta de la guerra del narcotráfico prospera el narcomenudeo. A las vidas truncadas de los jóvenes consumidos por la adicción tiene que sumarse el saldo de muertes dejado por el control de las plazas y las rutas del narcotráfico. El narco de la calle, el narcomenudeo, se ha convertido en uno de los principales negocios del crimen organizado.

Como en muchas ciudades del norte, como en muchas ciudades del país, las tienditas, los aquí llamados tiraderos del narcomenudeo, se multiplican en Ciudad Obregón.

Luis Alfonso López es director del proyecto DARE de la policía local, un programa surgido en Los Ángeles, que busca alejar a los niños de las drogas. López es un joven entusiasta, convencido de que hay que dar la batalla, de que se puede hacer mucho para evitar que la violencia socave la vida en los barrios. Como pocos conoce el problema de la proliferación del narcomenudeo. En Ciudad Obregón se encuentra cristal por todas partes. La droga barata.

«Han venido drogas nuevas que son de fácil acceso, que no son caras, como por ejemplo el cristal, que ahora es el problema número uno que hay en la ciudad. Por decirlo así, se trata de una droga casera. Su fabricación es muy fácil y la encuentras en cualquier lado. Se ha propagado en el ámbito urbano. No se puede tapar el sol con un dedo: el problema es muy grave en toda la ciudad, pero sobre todo en colonias como Cajeme y Villa Fontana.»

La alta incidencia de delitos, como robos y asaltos, mantiene una relación de causa y efecto en cuanto a la proliferación del narcomenudeo.

«Desgraciadamente los muchachos que consumen drogas, para poder comprarlas necesitan delinquir. Roban, asaltan. El problema de los estupefacientes te abre la puerta de la delincuencia.»

De lo que se trata en el programa DARE es de lograr que los niños tengan una imagen distinta de la policía. Un trabajo monumental que se lleva a cabo en las escuelas y que en Ciudad Obregón, dice López, ha dado resultados. Clave para la prevención del consumo de drogas es la llamada «cajita Dare», un buzón donde los niños denuncian lo que ocurre en su barrio. Narcomenudeo y corrupción.

Las cartas son estremecedoras:

Colonia Matías Méndez, reportan a un policía que vende droga en el entronque de la calle Tito Guízar con la calle Joaquín Pardavé. Él mismo pone música a alto volumen y los vecinos le reclaman, pero sólo se burla de ellos y les dice que a él no le hacen nada. Por otra parte también denuncian al comandante Salvador Espinosa de visitar el lugar y eso quita la confianza de la gente hacia las autoridades.

Las cartas están escritas con letra infantil, de trazos bruscos y definidos. La sintaxis poco importa si tomamos en cuenta que se trata de denuncias, de llamados de auxilio. Son conmovedoras; los niños hablan de la violencia que los acecha, abuso sexual, adicciones de los padres. Relatan negras historias de lo que ocurre en los barrios de Ciudad Obregón.

Dirección Obrero Mundial 519, planta baja, entre Paseo Miravalle y Paseo Victoria, apodo El Vaquero, es vendedor de drogas. Le avisan por la ventana delantera para comprar drogas. Yo vi cuando se peleaba con gentes con navajas y palos. Algunas veces llegan señores con armas a preguntar por él. Vienen en carros lujosos.

Sobre el escritorio de López hay decenas de cartas de los niños. Estas cartas, a veces con dibujos incluidos, son testimonio de un proceso de degradación social que el narco impone en esta ciudad.

En la calle Agustín Lara, en la carnicería San Antonio venden marihuana y se la fuman y cada miércoles llega una patrulla y le cobra por taparlo y ahí mismo se chemenan y la policía se la lleva en la patrulla y se la fuma, colonia San Antonio.

Venden de todo. Siempre cuando los niños se van a dormir ellos venden cocaína, Chilpancingo 13.

Hay un hombre que vende droga por la Obrero Mundial, 14098, llamado Quique.

Una de las cartas incluye un plano, rudimentario, infantil. Duelen estas cartas donde no hay dibujos de enormes soles, ni casas, ni barcos en el mar. Tampoco héroes fantásticos promovidos por la televisión. Menos aún familias que sonríen.

Quiero informarle que en las calles Coahuila y Cajeme se venden drogas. Un señor que le dicen El Oso las vende.

Una niña pregunta en la carta que escribió con premura: *¿Qué debe hacer una persona cuando es adicta y no puede controlarse? ¿Qué debe hacer una persona cuando es acosada sexualmente?*

II

Desde hace algunos años las tienditas, los llamados tiraderos del narco, proliferaron en Ciudad Obregón, sobre todo en colonias como

Cajeme, Machi López, Villa Fontana y otras de la periferia de la ciudad.

Al director operativo de la Policía Municipal de Ciudad Obregón, Jesús Estrada Molina, lo sorprendemos a la entrada del edificio policial. Es un hombre mayor con muchos años de servicio. No se siente cómodo con las preguntas y demuestra que los periodistas no le agradan.

«Hace 20 años no existía ese tipo de drogas, ni mucho menos las tienditas. Entonces aquí el uso de pastillas psicotrópicas, de enervantes, era muy poco conocido y estaba reservado a grupos sociales elitistas, económicamente hablando, que tenían recursos para allegarse ese tipo de vicios. Hoy es muy distinto. No tendría elementos para emitir algún comentario sobre la corrupción de la policía municipal, porque podríamos caer en las mismas respuestas oficiosas que se publican en los medios.»

Del narcotráfico se habla en voz baja en Ciudad Obregón. Por aquí andan los Enríquez, conocidos ahora como los Reyes, después de haber impuesto su ley en Sonora y de haber echado a tiros y ejecuciones a las bandas que disputaban la plaza a estos operadores de El Chapo Guzmán.

Según información de la PGR, los Enríquez controlan el tráfico de drogas en buena parte del territorio de Sonora. Son dueños de las pistas clandestinas de aterrizaje del sur del estado; también de las rutas del desierto hasta la frontera y de los embarques en la región del litoral sonorense. Los Enríquez son originarios de Navojoa y Álamos. También son conocidos como los Güeritos y los Números, gracias a un corrido, que nadie canta después de que quien lo compuso y lo interpretaba fue asesinado.

Esta banda logró desplazar de los lugares estratégicos de la geografía sonorense del narcotráfico a sus rivales, como los Salazar, además de mantener a raya a quienes siembran o trafican droga en distintas regiones. No hace mucho aquí en Obregón hombres de los Enríquez protagonizaron un enfrentamiento en el que salieron a relucir no sólo las pistolas y cuernos de chivo, sino también una bazuka. Una patrulla fue impactada por un obús. Este enfrentamiento ocurrió en la colonia Villa Itson.

De acuerdo con información de la PGR, la banda de los Enríquez extiende sus dominios por Agua Prieta, Cananea, Nogales, Sonoyta y Caborca. Se atribuye a éstos la mayoría de las ejecuciones registradas en los últimos dos años, cuando los enfrentamientos por el control de la plaza de Sonora se recrudecieron.

El estado de Sonora resulta estratégico en la nueva geografía del narcotráfico. De acuerdo con información de la DEA, del otro lado de la frontera, Arizona desempeña un papel determinante como puerta de entrada de droga al mercado de Estados Unidos.

En 2004 se decomisaron en ese estado de la Unión Americana 322 toneladas de marihuana y tres de cocaína. Las cifras indican que tiende a desplazar a California en cuanto a operaciones para introducir droga a territorio estadounidense.

Aquí en Ciudad Obregón del narco se habla en voz baja... dicen que los Enríquez imponen el dilema de plata o plomo. Segun el mencionado informe de la PGR, en el municipio de Cajeme reparten entre las autoridades de distintos niveles de gobierno 300 000 dólares mensuales.

Hermosillo: la narcopolítica

En Hermosillo la captura de Nahúm Acosta, el presunto infiltrado del narcotráfico en Los Pinos, liberado por falta de pruebas, desató un escándalo en el que se mezclaron el narco y la política. Francisco Búrquez, presidente estatal del PAN en Sonora, se encontraba en el centro de la polémica cuando conversamos en su oficina.

«Estamos viendo eventos que no estábamos acostumbrados a ver», dice Búrquez, un político experimentado con quien no hay que andar con rodeos, sino plantear de manera directa las preguntas difíciles, a las que responde sin perder el estilo. «El último año y medio ha sido terrible, ha habido ejecuciones, muchas muertes relacionadas con el narcotráfico y eso a nosotros nos tiene muy preocupados. Por eso señalo que la seguridad pública en Sonora es una asignatura pendiente.»

Pero en ese entonces para el panismo sonorense la piedra en el zapato era Nahúm Acosta. Días antes de la entrevista, en un diario local, Evelia Cajigas, la esposa de Acosta, declaró que el hombre acusado de ser infiltrado del narco en la Presidencia, a quien se acusó de trabajar para Héctor Beltrán Leyva (uno de los principales operadores de El Chapo Guzmán en Sonora), era gente de Manuel Espino y Francisco Búrquez.

«Pues yo no sé qué se entienda con eso. Cuando uno es dirigente, cuando se es líder de un partido y hay algún miembro del partido... lo que sí puedo decir es que sí teníamos una relación frecuente. Íbamos a la Ciudad de México y a todos los sonorenses panistas que están allá los veíamos. También puedo decir que tengo un año pasadito como dirigente en el PAN y él tiene cuatro años en la Ciudad de México.»

Búrquez niega que Acosta haya servido al panismo sonorense para ganar espacios políticos. Deslinda a su partido de uno de muchos militantes. Pero la historia de Nahúm Acosta vino acompañada de señalamientos en contra de Búrquez, a quien se acusó de manejar su influencia en los gobiernos panistas, en municipios como Cajeme,

Hermosillo, Caborca y San Luis Río Colorado. Lugares estratégicos para el tráfico de drogas.

«Es una versión de telenovela; cuando participas en política y cuando tus acciones y tu comportamiento no están de acuerdo con vicios, cuando afectas intereses, se vienen los golpeteos políticos. Te puedo decir que en Sonora se conoce muy bien a Manuel Espino y a Pancho Búrquez. Los sonorenses saben quiénes somos, y cuando se presentan ese tipo de telenovelas, caen por su propio peso. Hay muchos golpeteos de este tipo, que tienen el objetivo de desprestigiar a un partido, de desprestigiar a una institución.»

Más allá de lo dicho por Búrquez lo cierto es que uno de los principales apoyos de Manuel Espino en Sonora es el proveniente de San Luis Río Colorado, punto fronterizo clave en el tráfico de indocumentados y drogas. Hay versiones de que funcionarios del municipio apoyaron la campaña de Espino por la presidencia del PAN con 5 000 pesos cada uno.

Por otra parte, el abogado Víctor Acosta, de quien se dice que por años se ha dedicado a la defensa de traficantes de drogas y de indocumentados en San Luis Río Colorado, es primo de Nahúm Acosta. Víctor Acosta era socio de Guillermo Pérez Esquer, un abogado recientemente asesinado en un violento crimen con el sello del narcotráfico. A Pérez Esquer se le relaciona también con Espino.

III

Lejos de los escenarios de la política y de los informes de la DEA sobre la importancia estratégica de Sonora para el narcotráfico, el narcomenudeo es una abrumadora realidad en Hermosillo, donde la droga de mayor consumo es el cristal.

«En Hermosillo se está consumiendo mucho cristal; es casi la droga que más se consume. Hace muchísimo daño», dice Sergio Encinas, jefe de la Policía Municipal de esta ciudad, donde los delitos como el robo han proliferado. «Que su consumo se haya disparado tiene que ver con la facilidad con la que se pueden encontrar los ingredientes que lleva el cristal para su preparación. Es una droga muy dañina, hace mucho mal a la comunidad. El robo se nos ha incrementado de forma muy importante. Además, en los delitos de homicidio graves, sangrientos, violentos, casi siempre o está presente la droga o está presente el alcohol, igual que en la violencia intrafamiliar, la que también se ha incrementado de manera importante.»

En cuanto a la violencia intrafamiliar, sólo un par de datos: de acuerdo con una encuesta realizada por el Instituto Nacional de las Mujeres y el INEGI, Sonora es el estado del país con el más alto índice de casos de violencia doméstica. El 49.8 por ciento de las mujeres sonorenses ha sido víctima de esta violencia, mientras que la media nacional es de 47 por ciento.

Organizaciones como Nosotras Ciudadanas por la No Violencia registran 83 homicidios de mujeres perpetrados en Sonora en los últimos tres años. Al igual que ocurre en otros puntos fronterizos, como en Ciudad Juárez, el narcotráfico impone la ley de la violencia… y muchas de sus víctimas son las mujeres, siempre vulnerables.

Sonoyta: jefe de policía y narco

Ramón Robles Cota fue detenido cuando era director de Seguridad Pública de Sonoyta y se encuentra en una prisión de Tucson, Arizona. Los cargos en su contra son intento de soborno y conspirar para introducir marihuana a Estados Unidos.

Las pruebas presentadas en contra del ex jefe policiaco de Sonoyta son contundentes: la videograbación del encuentro que tuvo con un agente federal del gobierno de Estados Unidos en un estacionamiento público de Tucson el 15 de marzo de 2005. En ese encuentro Robles Cota entregó 80 000 dólares al agente como adelanto del arreglo pactado: permitir el tránsito de vehículos cargados de marihuana al otro lado de la frontera.

Robles Cota ofreció 80 000 dólares por cerrar el trato y 25 000 dólares por cada camión que cruzara la frontera. El negocio era considerable: se pretendía asegurar el paso de 70 camiones mensuales, lo que representaba 1 750 000 dólares al mes como pago.

Se trata de un hecho sin precedentes: un alto mando policiaco mexicano en funciones fue detenido del otro lado de la frontera, bajo la acusación de soborno e intento de tráfico de drogas.

La historia, según informes del Departamento de Seguridad Interna de Estados Unidos, se inició el 5 de enero de 2005, cuando Robles Cota llamó por teléfono a un agente federal estadounidense, no identificado, a quien le propuso su complicidad para cruzar cargamentos de droga por la frontera. El 17 de febrero se encontraron por primera vez, en territorio mexicano. Hubo después otras llamadas telefónicas y más encuentros en Tucson, hasta que el 15 de marzo Robles Cota entregó al agente federal los 80 000 dólares como adelanto del arreglo en un estacionamiento público.

El jefe policiaco mexicano, de acuerdo con información de las autoridades estadounidenses, fue detenido el miércoles 23 de marzo cerca de Gila Bend, Arizona, cuando viajaba acompañado del policía municipal de Sonoyta Julio César Lozano a bordo de una camioneta Cheyenne blanca. La trampa estaba tendida: los policías de Sonoyta iban a entregarle al agente federal estadounidense un radio de frecuencia privada con el que le darían instrucciones para el paso de los vehículos cargados de droga.

La pregunta que puede hacerse después de la captura del jefe de la policía de Sonoyta es hasta dónde llega la red de complicidades y corrupción. En la población corrían rumores de que en ella operaba Ricardo Vásquez Morales, presidente municipal, de extracción priista. Él se dijo sorprendido ante los hechos, pero desde hacía un año tres regidores del municipio, Ernesto Castro, del PAN, Norma Morales, del PRI, y Heriberto Serrano, del PRD, solicitaban la destitución del director de Seguridad Pública.

En Sonoyta corre el rumor de que el presidente municipal contrajo compromisos con los grupos de narcotraficantes que operan en la región para lograr un apoyo que fue determinante en su triunfo electoral. Se le acusa de lavar dinero a través de un modesto negocio dedicado a la venta de enseres domésticos, en el que es imposible obtener ganancias por 80 000 pesos mensuales, como él ha declarado.

Lo que es un hecho es que en Sonora el narcotráfico gana territorio a través de las rutas del desierto en la frontera, de las pistas clandestinas y las operaciones en el golfo de Santa Clara.

Durante 2005 fueron cesados varios mandos policiacos sonorenses. Los casos más destacados son el de José Basilio Obeso Montoya, ex director de Seguridad Pública en el municipio panista de Nogales, acusado de abuso de autoridad y de brindar protección a narcotraficantes, y el de Roberto Romero Sapienes, secretario de Seguridad Pública en el municipio panista de Cajeme, donde hace algunas semanas hubo un enfrentamiento entre integrantes de la policía municipal y miembros de la banda de los Güeritos. Después de un bazukazo, los narcos escaparon. El secretario de Seguridad Pública dijo no haberse enterado de los hechos sino hasta el día siguiente.

San Luis Río Colorado: en cuanto puedes te vas del pueblo

Llegar a San Luis Río Colorado de madrugada; luego viajar de incógnito desde Hermosillo en un autobús que se detiene en cada poblado. Dormitar a ratos, escuchar discos piratas de narcocorridos y su saga de violencia. Soportar los retenes y mirar la interminable carretera. En la última parada bajar a caminar unos cuantos pasos por la terminal del enésimo pueblo. Una Coca fría para espantar la pesadez y el cansancio. De regreso al autobús encontrar el pretexto para por fin hablar con uno de los compañeros de viaje.

Don José cuenta su historia de amor. Llegó con su esposa y el primero de sus hijos recién nacido a San Luis Río Colorado de pasada y ahí se quedó 40 años. Cuando el negocio marchaba mal, cuando los relojes dejaron de descomponerse, don José temió que su tiempo cesara. En medio de la pobreza su mujer se fue. Para entonces los hijos ya vivían del otro lado y sólo cuando se acordaban le mandaban dinero.

Ir por la carretera, en el sinuoso asfalto, en la interminable ruta iniciada en la terminal de Hermosillo muchas horas antes, cuando caía una calurosa tarde, que movía a los recuerdos de los amores idos y la nostalgia del cuerpo de tu mujer. Eran ya demasiados días en la ruta del narco. Don José cuenta que fue a buscar a su esposa a México, donde vive. Regresa a San Luis Río Colorado con la promesa de su regreso. Relata cómo va a arreglar la vieja casa donde vivieron. Un viejo feliz, al que agradeces la charla y que prevenga de lo peligrosa que es la ciudad. Al final del camino espera el peor cuarto de hotel en el que hemos dormido.

Pidieron 700 pesos. Sólo estaba mojada la alfombra, no era nada. Pagamos por adelantado y sin ver el cuarto; después de todo el hotel parecía uno más en el camino. A esas horas nada importaba demasiado, sólo necesitábamos una cama. Del otro lado de la calle no pudimos resistirnos a los tacos de carne asada de un restaurante que permanecía abierto. En San Luis Río Colorado las noches de sábado son largas. Las camionetas van y vienen por el bulevar que desemboca en la carretera. Las mesas de alrededor están llenas; hubo un baile, la fiesta de las bandas, donde el tipo del sombrero, la camisa de seda y las lustrosas botas se ligó a una mujer a la que trata con cierto desprecio. Comer deprisa. En San Luis Río Colorado, nos dijeron, no hay que hacer amigos.

Pasadas las 10 de la mañana, el teléfono por fin suena. El contacto espera en un restaurancito frente al hotel. Informa, cuenta, aconseja salir del hotel, donde opera una banda de polleros y son frecuentes las reuniones de narcos. En cuanto puedes te vas del pueblo.

IV

En San Luis Río Colorado, el negocio del tráfico de drogas y el de indocumentados van de la mano. Las rutas de los polleros son aprovechadas por los narcotraficantes. Se trata de rutas arregladas y eficaces para el tránsito clandestino de personas y toneladas de droga.

Según información oficial, en la colonia del Río existe un narcotúnel equipado con la más sofisticada tecnología, que se extiende por más de 30 metros bajo tierra. La entrada es por una casa cualquiera en la prolongación de lo que puede considerarse la calle del Canal. El lugar es vigilado desde una tienda de abarrotes que está frente a la casa. Una tienda común, una tienda de barrio.

Después de haber cruzado bajo un canal de riego ubicado ya del otro lado de la frontera, la salida es por otra casa particular. A ese lugar llega el transporte, las camionetas en que los indocumentados son llevados hasta Los Ángeles.

Cada día 150 indocumentados cruzan por este túnel. Un túnel usado también para el tráfico de drogas. El lugar está vigilado y nadie ajeno puede acercarse, sólo los que viajan al otro lado, con salida diaria a las cuatro de la mañana, o los que están metidos en el negocio.

El negocio del tráfico de indocumentados, el pollerismo, ha florecido en San Luis Río Colorado. Fuentes de información estiman que por aquí circulan diariamente 350 inmigrantes indocumentados, provenientes en su mayoría de Guanajuato, Guerrero y Chiapas. Algunos de ellos han pagado 1 500 dólares por un viaje arreglado hasta Los Ángeles.

En San Luis Río Colorado, hoteles como el Hacienda, el Continental, el Roma y el Internacional son parte del negocio del tráfico de indocumentados. Hay quien dice que los hoteles de la ciudad viven del pollerismo. Hay tanta demanda que particulares ofrecen hospedaje a módico precio en sus casas a quien va de paso.

El contacto es en el parque Benito Juárez, en el centro de la ciudad, a unos 100 metros de la central camionera. Ahí se encuentra el pollero o se le espera para seguir en el viaje rumbo al otro lado.

V

A San Luis Río Colorado, la última frontera de Sonora, ya cerca de Mexicali, la llaman Narco City. Punto estratégico en la ruta de la droga que viene por mar desde Mazatlán, Narco City se ubica en el corazón de las perdidas brechas de esta extensa frontera y próxima al golfo de Santa Clara, en el mar de Cortés.

Las drogas, cocaína y marihuana, llegan hasta el golfo de Santa Clara por el mar de Cortés en pangas y lanchas, que se aprovisionan de combustible en diferentes puntos costeros del que sin duda es un extenso viaje. La vigilancia es escasa por parte de las autoridades en esta ruta, que se usa ya desde hace varios años.

De acuerdo con información oficial la droga se descarga y en *pick-ups* y vagonetas se lleva a San Luis Río Colorado, donde se almacena antes de cruzarla al otro lado por los caminos y brechas de la región.

En esta ciudad la droga es almacenada en una maderería ubicada en la avenida Tamaulipas, entre las calles 7 y 8, antes de seguir su rumbo al norte y ser distribuida a través de Arizona y California al mercado de Estados Unidos. Según información oficial, del otro lado de la frontera el viaje lo garantizan agentes de la Border Patrol (Patrulla Fronteriza) y de la policía fiscal de Estados Unidos. La maquinaria de la corrupción se aceita con 100 000 dólares mensuales.

En cuanto a corrupción, se señala también al delegado municipal en Santa Clara. De acuerdo con información oficial, para los altos mandos de la policía judicial sonorense en la región hay 5 000 dólares mensuales por mirar para otro lado.

En San Luis Río Colorado, al decir de las investigaciones realizadas por distintas autoridades, opera una célula de El Chapo Guzmán.

La preocupación de Rice:
narcotráfico y grupos armados

El sábado 29 de enero de 2005 desayunaron el canciller mexicano, Luis Ernesto Derbez, y el embajador estadounidense, Tony Garza, y si creemos en las declaraciones oficiales, ahí no había pasado nada. Atrás quedaron las cartas, los comunicados, las declaraciones, los desgarres nacionalistas por la actitud «injerencista» de las autoridades estadounidenses. La verdad es que el problema de fondo subsiste e incluso la advertencia contenida en la famosa carta que envió Garza al canciller mexicano no debería ser ignorada: por una parte, una legítima preocupación por la situación de seguridad de los ciudadanos estadounidenses secuestrados o asesinados en los estados fronterizos (en Nuevo Laredo fueron 27 de estos casos en los últimos cuatro meses de 2004, según el Departamento de Estado); por la otra, en una visión que va, sin duda, más allá, Estados Unidos y particularmente su secretaria de Estado, Condolezza Rice, deben estar profundamente preocupados, quizá incluso más que algunas autoridades mexicanas que no parecen comprender el fenómeno al que nos estamos enfrentando, por el deterioro de la seguridad en México y el desafío del narcotráfico a las instituciones.

No es ningún secreto que no hay tema en la agenda estadounidense que sea más importante que su seguridad interna. En este sentido, desde el 11 de septiembre, su estrategia de seguridad incluye Canadá y México. En los hechos, la colaboración de México con Estados Unidos ha sido buena en el ámbito de la seguridad desde tiempo atrás: por lo menos los tres últimos años del gobierno de Ernesto Zedillo y los de Vicente Fox han mostrado una eficiente colaboración, sobre todo en lo que respecta a alguno de los capítulos más delicados de la seguridad que se tramitan entre las fuerzas armadas de ambos países. Sin duda, los contactos y la colaboración, por ejemplo, de la PGR con distintas instancias estadounidenses, también han sido eficientes.

Lo que sucede ahora es que algunas circunstancias han cambiado. Primero, en la estructura del gobierno estadounidense. La reelección de Bush y los nuevos nombramientos en Washington, que incluyen el cambio de los dos principales interlocutores de México en el gobierno estadounidense: el secretario de Estado, Colin Powell, y el de Seguridad Interna, Tom Ridge, no se deben simplemente a movimientos burocráticos: la segunda etapa de la administración Bush es mucho más homogénea en su integración que la anterior; su filosofía política es aún más marcada y los matices diplomáticos cambiaron. No es lo mismo Powell que Rice, y la preocupación de la nueva secretaria de Estado es la seguridad de su país en su sentido más amplio: Rice es de las personas que primero se preguntan en qué puede afectar algo a Estados Unidos, actúan en consecuencia y luego analizan las repercusiones internacionales que ello puede haber provocado. A la nueva estrategia internacional de la Casa Blanca le pueden importar muy poco las cartas o comunicados de Los Pinos; lo que le interesa es que lo que ellos ven como un desafío, un peligro para su propia seguridad nacional, se solucione.

Pero ¿por qué vieron como un desafío a la seguridad nacional de Estados Unidos lo que sucedió a principios de 2005 en México? Por varias razones; la primera de ellas y la más obvia es porque todo lo que pone en peligro nuestra propia seguridad nacional, lo que puede provocar una desestabilización o una falta de control de las instituciones nacionales en nuestro país, es considerado un peligro para Estados Unidos, sobre todo en la lógica que permea por completo a la administración Bush, que es la guerra contra el terrorismo. Y son varios los temas preocupantes y que podrían dar la razón a los términos de la carta que entregó el embajador Garza a fines de enero: nuestras policías parecen insuficientes para frenar el auge de la violencia derivada del crimen organizado. No nos engañemos: en el ámbito federal tenemos, combinando la AFI con la PFP, menos de 12 000 elementos que puedan cumplir con ésas y todas las otras responsabilidades que se les han cargado. Es verdad, tenemos en total 180 000 policías, si sumamos los municipales y los estatales, que pueden estar en la calle, pero muchos de ellos no tienen preparación alguna para hacerle frente al crimen organizado y, para colmo, la corrupción ha permeado los cuerpos policiales en todos sus niveles, sobre todo en los ámbitos locales. Como sus fuerzas de seguridad no son suficientes para enfrentar al crimen organizado y con la excusa de que éste se considera un delito federal, la mayoría de los gobernadores y presidentes municipales, cuando deben enfrentarse al mismo, prefieren mirar para otro lado y que sean las autoridades federales las que asuman esa responsabilidad.

En el terreno político tampoco hay mucho interés en atacar un fenómeno tan crudo porque ingresamos a un periodo electoral crítico: para algunos, el crimen organizado es una fuente potencial de financiamiento de sus campañas; para otros, un peligro para su seguridad que no quieren azuzar más. El recuerdo de Colosio y Ruiz

Massieu sigue estando muy presente. La justicia también duda: ¿no acaban de otorgarles a Osiel Cárdenas y otros narcotraficantes amparos contra los operativos en La Palma?

Todo eso es preocupante, pero hay algo que debe preocupar mucho más en Washington: esa capacidad de movilización y la violencia de los narcotraficantes comienza a mezclarse con concepciones, con contactos cada vez más formales con distintos grupos armados: quizá lo más significativo, lo que más preocupa de lo ocurrido en La Palma, no haya sido el asesinato de tres reclusos dentro de un penal de máxima seguridad, sino la estrategia adoptada por un grupo de narcotraficantes, los encabezados por Osiel y Benjamín Arellano, que combinaron sus propios y tradicionales métodos con alianzas con grupos delincuenciales de otro tipo (como los de bandas de secuestradores; el caso paradigmático es el de Daniel Arizmendi), y con las estrategias políticas de los grupos armados, a través de los acuerdos que establecieron los presos de estas organizaciones con los líderes del narcotráfico detenidos en esa prisión. Se ha hablado mucho, en este sentido, de los hermanos Cerezo (que sí participaron en ese tipo de relación), pero existen otros personajes mucho más importantes en ese sentido, como el dirigente del EPR, detenido a fines del sexenio pasado en Chilpancingo, Jacobo Silva Nogales, recluido también en La Palma. Lo preocupante es que no se trata sólo de una estrategia común de derechos humanos o de organización de movilizaciones para obtener mayores libertades en un penal. Se presume que existen acuerdos más profundos: muchos secuestros que se han producido en los últimos meses en varios puntos del país parecieran confirmar esa tendencia. La movilización de algunos de estos grupos (y ahí está Tláhuac para demostrarlo) también. Algunas acciones, como los petardos simultáneos que estallaron el viernes 28 de enero en Iztacalco, en el DF, y en un edificio de oficinas en Guadalajara son señales que no se pueden ignorar o seguir investigando como capítulos aislados, que no tienen relación unos con otros. Eso es lo que estaría apreciando el Departamento de Estado en Washington y pocas cosas pueden ser más preocupantes en su lógica de seguridad interna que ver a grupos del narcotráfico ideologizados y coludidos con organizaciones armadas (así sean pequeñas y fragmentadas como las existentes en México) en su frontera sur. Respecto a eso es sobre lo que parece que advirtieron en la carta del embajador Garza.

Y ello debería ser objeto de profunda preocupación para nuestras autoridades y nuestros políticos. Lo grave es que todos declararon, en su mayoría indignados, denunciando el «intervencionismo» estadounidense, pero ninguno asumió públicamente el problema ni propuso estrategias, reformas urgentes para atacar el problema de fondo, el de la seguridad, que será lo único que reducirá esa presión de la Casa Blanca. Absurdamente creen que todo esto no influirá en lo único que les interesa: el 2006.

Los Ángeles: la guerra de las pandillas por el control del mercado de la droga

La droga es la sangre de las pandillas, las mantiene vivas, las alimenta y pone en movimiento. Cae la tarde en alguno de los barrios de Lennox, demarcación de esta ciudad donde los hispanos y los negros se disputan el control del territorio, donde coexisten, más que convivir, donde se vive una violenta tensión provocada por la alta incidencia de delitos. Patrullamos la zona con el agente Jorge Viramontes, de la estación policial de Lennox. Hijo de migrantes zacatecanos, este güero de rancho conoce bien la calle. En algún momento de la charla, que se prolonga por las esquinas grafiteadas, las calles solitarias y los callejones perdidos, dice que «las pandillas están relacionadas con todos los negocios callejeros: la venta al menudeo de drogas, el asalto, el robo de automóviles, la prostitución…».

Sandra S. Hutchens, la encargada de Homeland Security de la Oficina del Alguacil de Los Ángeles, algo así como seguridad interna, lo sabe: «Tenemos poco más de 11 000 pandillas ubicadas, cuyos integrantes son más de 80 000. Es interesante mencionar que 4 000 de ellos son mujeres».

Hutchens abunda en datos para ampliar su diagnóstico sobre la dimensión del problema de seguridad pública que representan las pandillas en una de las urbes más importantes de la Unión Americana. Una ciudad de frontera en el más amplio sentido de las palabras, destino de olas de migrantes del sur a lo largo de muchas generaciones. Una ciudad de ciudades, fragmentada por *freeways,* con claros mosaicos etnográficos, donde abundan los inmigrantes hispanos, asiáticos, con una abundante población negra y donde todavía queda lugar para los anglosajones.

«El año pasado [2004] bajo la jurisdicción del alguacil del condado de Los Ángeles hubo 172 muertes relacionadas con pandillas», apunta Hutchens. Muertes resultado de enfrentamientos por el mercado de la droga, la mayoría de ellas el lamentable saldo de los tiroteos. La encargada de la seguridad interna de la ciudad de Los Ángeles no duda al decir «estamos muy preocupados por lo que consideramos este terrorismo interno». Hay una preocupación de todas las instancias de gobierno de que los miembros de estas pandillas pudieran ser propensos a ser reclutados por organizaciones terroristas internacionales. Las pandillas son un grupo muy atractivo para cualquier organización terrorista o delictiva, ya que tienen armas y están muy enojadas con el gobierno.

Ir por los barrios de Los Ángeles a bordo de una patrulla resulta una aventura extraña. Los grafitos marcan los territorios ocupados por las pandillas; de pronto aparecen en la pared de algún negocio, en la esquina de una bocacalle, en la puerta de una casa abandonada. Son los periódicos de la calle: en ellos se encuentran las noticias de lo que ocurre en el barrio, quiénes dominan el territorio, quién llegó al lugar, quién lanza un desafío. Si alguien se atreve a tachar el emblema de la pandilla, le declara la guerra. «Es una declaración de guerra y lo más seguro es que pronto habrá muertos», dice Viramontes mientras avanzamos despacio por el territorio de los Crips, una famosa pandilla negra que desde hace mucho extiende sus dominios por una importante zona de Lennox.

Más allá del mero dominio territorial, del atavismo de la especie por sentir seguridad dentro de un entorno que se domina, de lo que se trata es de apropiarse de los mejores puntos para la venta de drogas al menudeo en las esquinas y los callejones. De ponerle nombre a la selva de asfalto y convertirla en un coto de cacería exclusivo para un grupo delictivo determinado.

El tráfico y la venta de drogas son determinantes en la organización de las pandillas.

Drew Basey es teniente, uno de los principales mandos en la Fuerza de Tarea de los Crímenes de Odio de la Oficina del Sheriff en Los Ángeles. El hombre tiene un duro rostro, inexpresivo. Habla con la frialdad del policía que cumple con su trabajo sin consideraciones: «Eso ocurre con las bandas que están más organizadas, bandas con una estructura que abarca lo mismo a los miembros que están en la calle que a quienes están en la cárcel. Esa organización definitivamente está muy ligada a la venta al menudeo de drogas y en ocasiones al narcotráfico».

De acuerdo con Basey, en la jurisdicción del Sheriff de Los Ángeles en el año 2004 hubo 11 397 agresiones con arma de fuego.

«La violencia sí se ha intensificado en los últimos años, pero nunca ha sido tan fuerte como es en la actualidad. Vivimos una guerra, una guerra localizada en las calles de esta ciudad.»

«La guerra entre la café y la negra»

Las causas de esta guerra no son raciales; tampoco tienen que ver con circunstancias económicas precarias ni con tensiones sociales derivadas de la singular realidad urbana de Los Ángeles. El origen de la disputa está en el control del mercado de las drogas.

«Definitivamente la venta de drogas es el motivo principal de los conflictos entre las pandillas. El dinero se ha convertido en el principal motivo del conflicto. Antes había problemas por el territorio, pero cada vez más la violencia está relacionada con cuestiones que tienen que ver con el dinero de las drogas», explica Basey.

La guerra en las calles de la que habla el teniente Drew Basey tiene como epicentro la de Florence, en la zona de Century. Una guerra que sólo en los primeros meses de 2005 cobró más de 15 víctimas.

Con la dureza con la que puede hablar un detective de Los Ángeles con más de 20 años en el servicio, Basey relata la historia de esta guerra marcada por el tráfico de drogas:

«La guerra entre la café y la negra empezó por una cuestión que tiene que ver con drogas. La pandilla de Florence dijo que no iba a hacer ya nada si le devolvían sus drogas y su dinero, pero los Cribs East Coast (Costa Este), respondieron asesinando a dos hispanos de Florence. Como resultado de esto la Mexican Mafia, la M, ordenó atacar a todos los negros de la zona. En consecuencia, los Cribs ordenaron lo mismo, que todos los hispanos del otro lado murieran. Mil trescientos miembros de la pandilla Florence y 500 de los Cribs están ahora en combate, aunque trajeron ya a miembros de otra pandilla para que los ayudaran.»

Los episodios más comunes de esta guerra son las emboscadas callejeras. El automóvil que pasa a toda velocidad. Una ráfaga de tiros. La caída de más de un inocente y la muerte en la calle.

«Casi siempre los tiroteos son rápidos, se dan a toda hora del día, pero principalmente en la noche. La mayoría de las veces van tras alguien en específico, le disparan en la calle, o fuera de su casa, también donde se reúne con otros miembros de la pandilla o en su propio automóvil», señala Basey, quien aclara que de los 80 000 miembros de pandillas en Los Ángeles, se encuentran enfrentados sólo 2 000.

«Lo que queremos es prevenir que más miembros de pandillas participen en esta guerra.» Una guerra que ya convoca a los grupos étnicos que tienen una mayor presencia en las pandillas de Los Ángeles, grupos antagónicos que comparten la pobreza de los barrios pobres de esta ciudad y se disputan los precarios empleos, los negros y los hispanos.

Un guerrero del asfalto

El mismo día en que hablamos con Sandra Hutchens y Drew Basey, y conocimos al detective Ralph Martínez, hombre clave en el trabajo de prevención y erradicación de pandillas en Los Ángeles, subimos por primera vez a una patrulla con un par de agentes dedicados a la dura vigilancia de los territorios controlados por las pandillas. El destino no podía ser otro que la avenida Florence, el corazón de la guerra entre los hispanos de esa zona y los negros de la Crib. Uno de los patrulleros, con 10 años en el servicio, treinta y tantos de edad, blanco, convencido de que lo mejor que puede hacer es esperar el retiro en paz y cumplir sus asignaturas con regularidad, dice que más allá de lo que se planea y dice en las alturas de los puestos de mando de la Oficina del Sheriff de Los Ángeles, la delincuencia en la calle es la misma de siempre. Aunque aclara «quizá no sea así; la verdad es que nosotros sólo vemos los árboles y me imagino que ellos pueden ver el bosque».

Los patrulleros saben dónde encontrar a los integrantes de las pandillas, dónde se reúnen y pasan el rato. Un grupo de los de la Florencia Asesinos pasa la tarde fuera de una casa abandonada. Estamos a la mitad de cualquiera de las arboladas calles del barrio. El muchacho con el que hablamos está en silla de ruedas: no hace mucho fue víctima de un tiroteo.

Llegó de Tuxpan, Jalisco, a los cinco años; lo trajeron sus padres. Su español pasa por un ritmo y un acento singulares; lo nutre el caló del barrio. Es la lengua de la raza, a mucha honra.

—¿Qué tal se vive aquí en el barrio de Florence?

—La Florencia es calmada; así como nos ven, somos trabajadores.

—¿De dónde eres?

—Soy de Estados Unidos, pero mis padres son de México. Llegué a los 11 años a la Florencia.

El tiempo vivido en el lugar otorga una calidad de distinción y diferencia. El muchacho es un viejo residente en el barrio, además de miembro de la pandilla de la Florencia Asesinos. Es alguien.

—¿Cómo es para ti la vida?

—Empieza dura y luego se pone peor.

—¿Tienes muchos enemigos, tiene enemigos tu pandilla?

—Eso siempre va a haber, esa violencia entre barrios y todo eso, es el problema que uno tiene. Enemigos siempre vamos a tener. En eso es en lo que estamos embarcados en la Florencia. Es en lo que morimos, en lo que creemos.

El muchacho postrado en la silla de ruedas, víctima de un tiroteo, un mexicano-estadounidense, hijo de inmigrantes de Jalisco, está convencido de ser un guerrero del asfalto.

—¿Qué onda con los morenos?

—Ellos, cuando lo empiezan, lo empiezan, y nosotros respondemos.

—¿Qué te pasó?

—Andando aquí en las calles se te puede acabar la vida nada más al caminar. Unos maleantes me llegaron por la espalda, me dispararon aquí en el otro bloque. Ni siquiera dijeron nada, nada más me tiraron. Se me hace que ya me andaban *zorreando*.

Y la vida transcurre lejos, frente al espectador atrapado en esta silla de ruedas. El espectador es un muchacho víctima de la violencia.

—¿Hay esperanzas de que vuelvas a caminar?

—Los doctores dicen que no son tan buenas, pero sólo Dios sabe.

—¿Hay mucho odio entre las pandillas?

—Eso es algo que estaba antes de que yo naciera. Aunque antes era a mano limpia, y ya ves hoy en día, acá con las *guns.* Ellos contra nosotros, es cosa de nunca acabar.

—¿Qué pasó, qué recuerdas?

—Estaba hablando por teléfono. Me *zorrearon* y dijeron ahí está. Estaba cotorreándola y me pasó eso.

—¿Fue difícil, doloroso?

—Nunca podrían comprender lo que es que tu vida se te vaya en un segundo…

Juanito, el Juanelo, así nada más, es uno de los muchos caídos en la guerra de los Cribs contra los de la Florencia. Tiene apenas 21 años, aunque parece de más de 30; es un veterano de la calle. A la pandilla llegó en busca de respeto, una vaga palabra que representa lo mismo la pertenencia a un grupo que el prestigio heredado por generaciones de guerreros del asfalto. La pandilla es la verdadera dueña del territorio y todos los que habitan en él lo saben.

Antes de que estallara la guerra de la Florencia, los negros de los Cribs y los hispanos de Florencia vivieron sin problemas más de 30 años. A decir del teniente Basey «entre ellos se compraban drogas sin ningún problema».

La droga, según este mando de la Fuerza de Tarea de los Crímenes de Odio, el encargado de sofocar la guerra de la Florencia, cada vez con más frecuencia viene de Arizona y Texas. La cocaína y la marihuana que se trafican desde México y que se venden en las calles de Los Ángeles.

«Siempre va a haber gente que se conoce, que hace transacciones de mano a mano. Hay transacciones de una onza y también gente que trafica por kilo», dice el teniente Basey, quien afirma que Los Ángeles funciona como un centro de distribución para el mercado de las drogas en Estados Unidos.

Los recorridos en patrulla por los barrios, las charlas con las infanterías de la policía, resultan ilustrativas para conocer cómo opera el narcomenudeo en las calles de Los Ángeles.

«Todos tienen su manera de hacerlo, se mueven mucho. Los que tienen un poco más de inteligencia lo hacen en hoteles. Es muy frecuente porque ellos saben que si venden droga en una casa, tarde o temprano alguien les va a echar el dedo y vamos a tener una orden de arresto.»

Jorge Viramontes dice que la droga que más se consume en su demarcación es el *crack*, después la marihuana y las anfetaminas. «A los paisas recién llegados les gusta mucho la coca en polvo. A veces alguien sale del hotel y encuentra en la calle a quien busca drogas. Es fácil saber quién anda buscando drogas; es frecuente que no sean del área y si tienen mucho tiempo usando drogas se les mira flacos y que no se han bañado en varios días. Les dicen "sígueme" y los llevan al cuarto o la parte trasera del hotel.»

Ésta es la lista de precios de las drogas más usadas en las calles de Los Ángeles: «Un pequeño paquete de marihuana puede costar 10 o 15 dólares. La cocaína, depende de qué tan buena esté, te puede salir como en 50 dólares. El *speed* ya es más barato: vale como un tercio de lo que cuesta la cocaína».

«La Mara Salvatrucha nació aquí»

La Mara Salvatrucha no es la única pandilla en el área de Los Ángeles. Desde la perspectiva de las autoridades sólo resulta singular porque la integran pandilleros inmigrantes. Se sabe de su presencia en el este de Los Ángeles, en Century, en Lennox, en Norawalk y en Pico Rivera. Tienen también una creciente presencia en el condado de Orange. Un dato: en este último hay documentados 13 400 casos de violencia perpetrada por las pandillas.

«Ésta es una zona muy diversa, tenemos muchas bandas hispanas. En el suroeste del condado hay una comunidad asiática muy grande, primordialmente vietnamita. En el sur y en la región que está cerca de las playas hay grupos radicales de supremacía blanca. En el condado de Orange tenemos una población negra muy pequeña; sin embargo, sí vienen miembros de otras pandillas, sobre todo de Los Ángeles, a cometer robos de joyerías y comercios. También es muy común, ya que la demografía del condado es tan diversa, que en las mismas pandillas haya distintos grupos étnicos mezclados», dice John S. Anderson, de la oficina del procurador de Justicia del condado de Orange.

Al Valdez es un reconocido investigador del fenómeno de las pandillas en Estados Unidos. Su libro *A Guide to Understanding Street Gangs* es una obligada referencia cuando se habla del tema, y colabora con la policía de dicho condado.

«La Mara Salvatrucha nació aquí, en esta parte del país, más o menos en 1989. La primera gente que la integró era de El Salvador. Vivían en una parte de Los Ángeles que se llama Rampart. Allá estaba también la pandilla 18; originalmente la gente que vivía en la calle 18 se unió para protegerse y después fueron formando su propia pandilla. El enemigo de la MS es la pandilla de la 18. Hay problemas dentro de estas dos pandillas. La Mexican Mafia se involucró y trató de resolver problemas entre la MS y la 18. Con el tiempo la pandilla se desarrolla en distintos lugares, aparece un nuevo grupo en Nueva York y otro en Washington», explica, con información confirmada en el documento *National Gang Threat Assessment*, elaborado con información del FBI, el National Drug Intelligence Center y el Bureau of Alcohol, Tobacco, Firearms and Explosives.

«Tengo la percepción de que probablemente la Mara Salvatrucha busca formar un corredor para el tráfico de drogas e indocumentados por el continente, un corredor que vaya de Colombia a Los Ángeles. Es muy probable que lo que está siendo utilizado para lograrlo sea el sistema ferroviario en México, los trenes.»

Por aquí y por allá surgen datos sobre la intención de la Mara Salvatrucha de establecer su propia ruta para el tráfico de drogas y de indocumentados. Es un hecho que ya controlan rutas existentes desde Nicaragua, Costa Rica y Panamá hasta México, donde cruzan vía ferrocarril el país por la ruta del Golfo y por la del Centro-Bajío. Hay reportes de la Border Patrol de su creciente presencia en Texas, y no hace mucho un marero fue detenido en Altar, Sonora, cuando guiaba a un grupo de indocumentados.

En Los Ángeles, donde de acuerdo con información del gobierno mexicano se encuentran los líderes de la MS 18 y la MS 13, se tiene poca información sobre cómo operan los mareros en el continente, aunque su presencia transfronteriza inquieta a las autoridades.

«No se puede saber si se establece una dirección desde otros países o desde aquí. Todo depende de las mismas pandillas, de cómo están organizadas. Hay ciertas pandillas que sí tienen un grupo de líderes que a lo mejor están dirigiendo ciertas acciones, quizá no tanto a nivel transfronterizo, aunque eso es posible y nos preocupa», dice Sandra Hutchens, encargada de la Oficina de Seguridad Interna en el Departamento del Sheriff de Los Ángeles.

Malvivir en la cárcel

A las autoridades de la cárcel del condado de Los Ángeles les gusta decir que en su prisión se concentran los delincuentes más peligrosos del mundo. Quizá sea cierto. En este lugar se encuentra Benjamín González, el único asesino serial que ha confesado que su único propósito en la vida es matar al mayor número de seres humanos que le sea posible. La población en el sistema carcelario de Los Ángeles, a la que pertenece la Cárcel Central, está formada por 18 000 internos, la mitad de los cuales están relacionados con pandillas. El 60 por ciento de estos internos son hispanos, de los cuales 4 500 son miembros de pandillas, muchos de ellos ligados a la famosa Mexican Mafia, la M, que desde la prisión controla buena parte de las operaciones del narcomenudeo en las que participan las bandas de origen latino. Desde hace mucho los de la M son el fiel de la balanza; sus meros jefes deciden lo que ocurre en las calles.

Las pandillas operan dentro de la cárcel; las más importantes surgieron ahí. Allá dentro el poder es importante, el respeto, la fortaleza y la reputación. Los soplones, los *green laughters*, viven amenazados. La información que ellos han proporcionado a las autoridades ha permitido saber cuáles son los códigos de las pandillas, cómo operan desde la cárcel. René Enríquez es un *walk alone*, el que camina solo. Un viejo pandillero que se pasó al otro lado y ahora vive sumido en su arrepentimiento en la prisión del condado de Los Ángeles.

Recorrer el penal resulta aterrador, pequeñas celdas donde agonizan con sus culpas los internos. A nadie le importa la rehabilitación, la cárcel sirve para la segregación y el castigo. Los internos malviven en sus pequeñas celdas, de unos cuantos metros de largo por otros de ancho, algunas de ellas con varios reclusos, y esperan la hora en que puedan tomar una ducha y llamar por teléfono. Los que usan uniforme verde claro trabajan dentro del penal; los de azul son considerados los reos menos peligrosos. La mayoría luce un uniforme naranja; son los de más alta peligrosidad y sólo pueden subir a la azotea del edificio, donde pueden tomar el sol dos veces por semana. Para ellos las visitas familiares están restringidas. En esta cárcel han ideado un sistema para mantener separados a los integrantes de pandillas que se puedan enfrentar: comen en horarios distintos, ocupan diferentes dormitorios. Hacen la vida muy lejos de sus oponentes en las calles.

Otra vez en la patrulla. El recorrido inicia en la estación Lennox. Han pasado sólo unos cuantos minutos cuando el auto se detiene y los policías corren tras un par de sospechosos. Someten a dos muchachos negros. Uno de los policías, de origen asiático, me enseña el arma que ocultaba uno de los detenidos: «traía un cuete», me dice en un pésimo español. Otro día en las calles de Los Ángeles.

Las pandillas hispanas en Chicago: drogas y violencia

La primera causa de muerte violenta en Chicago entre la población menor de 34 años es por arma de fuego; después, con una mucha menor incidencia, por accidentes automovilísticos. La mayoría de estos homicidios son perpetrados con pistolas. Más de la mitad de los involucrados en estos hechos, como víctimas o victimarios, son integrantes de pandillas como Latin Kings, Party Boys, Satan Disciples (Discípulos de Satán), Imperial Gangster…

Juan llegó de Nicaragua a los 13 años, convencido de que se encontraba en el país de las oportunidades. Vivía con su padre, con quien trabajaba todo el día. Estaba solo en un país distinto del suyo. No pasó mucho tiempo antes de que se encontrara con la pandilla, con la familia de la calle, donde lo aceptaron, encontró su lugar y pudo llegar a ser alguien.

«Dicen ellos que es la familia de uno, pero te das cuenta de que con ellos no hay nada bueno. Supuestamente son tus amigos, tus hermanos, pero cuando hay un problema no están ahí para ayudarte», dice Juan.

—¿Cómo llegaste a las pandillas?

—Mi vida era así, no quería estar sujeto a ningún reglamento supuestamente, pero me di cuenta de que estar en las pandillas era peor que estar en mi casa. Hay más reglas ahí dentro que las que me pedían en mi casa.

A Juan lo conocemos en la oficina de Cease Fire (Cese el Fuego), en el barrio de South West. El asunto era de vida o muerte: huyó a Nicaragua después de que trataron de asesinarlo.

Juan recuerda aquella época, los colores en la ropa, la manera de caminar o hablar le confirmaban que había encontrado su lugar y a los suyos. Por fin pertenecía a algo en un lugar en el que hasta entonces era ajeno. La pandilla le ofreció también una vida excitante, valía la pena correr todos los riesgos por ser alguien en este país. Pero el precio resultó muy alto: a Juan lo trataron de matar, le dispararon en la calle. El automóvil venía a toda velocidad, sobre la marcha sacaron las armas. Los tiros se escucharon. Otro tiroteo en el barrio. Este muchacho, de apenas 18 años, salvó la vida de milagro.

El siguiente es el testimonio de Ana, una chica de 16 años, habitante del tradicional Pilsen, un barrio de inmigrantes hoy convertido, valga la expresión, en territorio mexicano, con imágenes de la Virgen de Guadalupe por todas partes y en la plaza Tenochtitlán una estatua de bronce del águila devorando a la serpiente

—¿Se vive bien en Chicago?

—No por las *gangas*. Son demasiado peligrosas, destruyen familias. Matan gente en las esquinas.

—¿Qué pandillas son las que andan por aquí?

—Los Party People, los Ambrose, los D, hay muchas.

—¿Has visto algún enfrentamiento entre pandillas?

—Cuando balacearon a mi mejor amiga y a otra muchacha. Estaban ellas en la esquina saliendo de una fiesta cuando comenzaron los *gangueros* a tirar balazos y les dieron a tres muchachas.

Las pandillas y el narcomenudeo

De acuerdo con información incluida en un documento preparado por distintas agencias, como el FBI; el National Drug Inteligence Center, y el Bureau of Alcohol, Tobacco, Fire Arms and Explosives, la delincuencia generada por las pandillas en Estados Unidos es un serio problema de seguridad pública. Actualmente estos grupos son los primeros distribuidores de drogas al menudeo en las calles. Algunas pandillas han establecido nexos con organizaciones mexicanas dedicadas al tráfico de drogas y con grupos ligados al crimen organizado de Asia y de Rusia.

Frank Limón, encargado del programa Caps de la policía de Chicago, señala que «según reportes de inteligencia del Departamento de Policía de Chicago, se ha tenido contacto visual con posibles integrantes de la pandilla de la Mara Salvatrucha en la parte norte de la ciudad, pero no hay una *ganga* grande aquí».

Tanto para el Departamento de Policía de Chicago como para las organizaciones civiles abocadas a erradicar la violencia, la Mara Salvatrucha no tiene muchas posibilidades de penetrar en esta ciudad, ya que pandillas como Latin Kings tienen desde hace años un fuerte arraigo y una significativa presencia en los barrios.

Sin embargo, en los últimos años las pandillas formadas por hispanos se han incrementado en Estados Unidos. Según información de The National Youth Gang Survey, en 2001 el 49 por ciento de integrantes de pandillas tenían ese origen.

Francisco Pérez, de Cease Fire, habla sobre las drogas que consumen con más frecuencia quienes aquí en Chicago llaman *gangueros*. «Consumen marihuana, alcohol, algo de cocaína, tú sabes, porque la mayoría de las *gangas* no quieren que los miembros usen drogas fuertes. No se inyectan, si te envicias te botan de la banda porque ya no eres confiable.»

Los delitos que las pandillas cometen con más frecuencia son los asaltos y los robos. La mayoría de las *gangas,* de las pandillas de las calles de esta ciudad, está ligada a lo que en México llamamos narcomenudeo.

Cease Fire es una organización civil abocada a erradicar la violencia en la ciudad de Chicago. Si los pandilleros provienen de la exclusión social y de la marginación y su presente son las drogas y los tiroteos, en su futuro hay muy pocas alternativas.

Parece absurdo, pero la manutención de un pandillero en la cárcel tiene un costo de 40 000 dólares al año, y el que podrían tener sus estudios en la prestigiada Universidad de Chicago sería de 30 000 dólares.

El incremento de pandillas de origen hispano, muchas de ellas formadas por inmigrantes, es una de las nuevas realidades en cuanto al fenómeno de estos grupos criminales en Estados Unidos. Pero más allá de ese origen geográfico y étnico, ¿de dónde vienen los pandilleros, esos personajes que desde hace años imponen la violencia en las calles?

Elena Quintana, de Cease Fire, responde que «hay tanta gente olvidada, hay tanto racismo, hay mucha inequidad en este país. Lo que pasa es que hay gente que viene aquí o están aquí y no tienen las mismas oportunidades, porque las escuelas no son iguales en unos vecindarios que en otros; en un área hay escuelas bonitas, hay puros güeros que van allá y luego en otro rumbo, pues las escuelas no tienen libros, no tienen maestros, entonces ¿qué chance, qué oportunidad van a tener ellos para tener éxito?»

Gangueros *armados*

En 2003 hubo 598 asesinatos en Chicago. Según documentos oficiales, por lo menos la mitad de estas muertes estaban relacionadas con las pugnas entre las pandillas. Casi el 80 por ciento de los homicidios son resultado del disparo de un arma de fuego.

Frank Pérez, de Cease Fire, habla sobre el origen de los conflictos en las pandillas formadas por hispanos y las integradas por negros. «Los latinos, las pandillas de latinos, nosotros nos matamos porque mi padre y el tuyo tenían diferencias, porque tú eres miembro de otra *ganga,* porque vives en otra calle y no me gustas. Tú le faltaste al respeto a mi mujer. Los morenos, los negros, es más por el negocio, por droga, por dinero. Aunque los latinos estamos yendo ya en esa dirección.»

En Chicago las pandillas están organizadas de modo vertical; muchos de sus líderes están en prisión y desde ahí controlan una compleja estructura que puede abarcar su presencia en varios barrios. El asalto, el robo y la venta de drogas en la calle son su fuente de ingresos.

Germán Vázquez, detective del décimo distrito de la ciudad, recuerda el más reciente enfrentamiento que su grupo, formado por 10 hombres abocados a la erradicación de las pandillas, tuvo con los temibles *gangueros.* «La semana pasada trabajamos de noche, de cinco de la tarde a la una de la mañana. Ese día mi jefe, el teniente, nos dijo: "ustedes tienen que ir a la calle 13 porque hace poco hubo un tiroteo y una señora inocente recibió unos disparos". Había una guerra entre ellos mismos. Esta *ganga* era de negros. La guerra era porque querían el dinero de la droga. Estaban luchando por una esquina donde hay mucha venta de drogas. En ese lugar cuatro de los oficiales de mi equipo llegaron cuando había un tiroteo, salieron de su auto gritando que eran policías. Les dispararon, pero no hubo heridos. Al final detuvimos a dos de ellos armados. Los acusamos de tratar de matar policías.»

El National Youth Gang Center estima que el número de pandillas existentes en Estados Unidos es de 21 500 y están integradas por más de 731 000 miembros, *gangueros* como los llaman en Chicago.

Germán Vázquez conoce las calles de esta ciudad. Fue agente de narcóticos y desde hace años trabaja en el décimo distrito de la policía local, donde se encuentran el barrio Pilsen y La Villita, territorio de la 26 y la famosa Latin Kings, dos de las pandillas más peligrosas y conocidas en esta ciudad. «Ellos sobreviven con la venta de la droga, con el robo de automóviles y robando a la gente en la calle.»

El sargento Vázquez está convencido de que Chicago se ha convertido en el principal centro distribuidor de drogas en el medio oeste de Estados Unidos. «La mayoría de la droga que aquí se consume viene de México, la cocaína, la marihuana. Si en los 80 en Florida estaba el gran dinero, ahora está aquí en Chicago y también en Texas. Chicago es conocido como el centro de distribución de la cocaína y la marihuana en toda esta área del medio oeste de Estados Unidos. Hace poco en una casa aquí muy cerca, cerca de la calle 26, agarramos 1 700 kilos de marihuana, que tenían escondidos en una sola casa.»

En los barrios de Chicago, como North West, los negros hacen el negocio, son los *dealers* de las esquinas, pero las pandillas de los hispanos, como Latin Kings o los de la 26, cobran el derecho de piso para que los narcos operen en esta zona, para que desde aquí se distribuya la droga que viene de México.

«Las pandillas aquí quieren cobrar un *tax* para que la gente que viene de allá pueda trabajar. Éste es nuestro territorio, ustedes tienen que trabajar para que puedan venir aquí, les dicen», apunta Vázquez.

Dos prioridades: las pandillas y el narco

Las pandillas de los Latin Kings y los de la 26 están arraigados en el barrio de La Villita.

Uno de los dos principales asuntos que animan el trabajo de la organización civil Little Village Community (Comunidad La Villita) es la necesaria construcción de un parque en La Villita (a la que llaman capital mexicana del medio oeste) y terminar con la violencia. Un lugar adonde los niños, los jóvenes y las familias puedan ir después de la escuela y el trabajo. El Central Park de este barrio mexicano no basta. El otro asunto son las armas, las muchas armas que con frecuencia disparan los *gangueros*. Esas armas se esconden bajo el colchón y donde se puede. Ellas han convertido a La Villita en territorio peligroso, un lugar donde quien es tiroteado y logra sobrevivir puede volver a ser víctima de un nuevo tiroteo hasta caer y convertirse en uno más de la lista de los muertos en las calles, de las víctimas de los enfrentamientos entre las pandillas.

Juan, el ex pandillero de Nicaragua, lo dijo en pocas palabras: muchas veces la guerra tiene como causa la preservación del territorio. Un atavismo de la especie en la selva del asfalto. «Peleábamos por una calle, por una esquina, por un montón de viejos edificios, sólo por eso.»

Little Village Community aprovecha el almanaque de las fiestas tradicionales mexicanas para realizar campañas para recoger armas, para que las madres, sobre todo, a veces los muchachos arrepentidos, pongan en una caja la pistola o hasta el rifle automático que esconden bajo el colchón. El Día de las Madres, el 15 de septiembre o el Día de la Raza se realiza la recolección de esas armas, que terminarán en el Departamento de la Policía de Chicago.

Los vínculos entre el crimen organizado y las pandillas son evidentes, sobre todo en cuanto al narcotráfico. Los *gangueros* son los principales distribuidores de drogas en las calles.

Los domingos en la calle 26 de La Villita son de fiesta; al lugar llega mucha gente. Algunos de ellos vienen en grandes *trocas*, usan ostentosas joyas como pulseras y cadenas de oro. Camisa de seda, pantalón de mezclilla y cinturón piteado, el viejo y conocido *look* del narco mexicano. El sargento Germán Vázquez, quien nació en la Ciudad de México y llegó aquí de niño, un ex agente de narcóticos, conoce bien a esos personajes. «Se les mira los domingos, vienen a la 26, algunas veces los detenemos, tienen todo en regla pero llevan encima demasiado dinero en efectivo, muchos dólares. Cuando les preguntamos a qué se dedican siempre dicen que a la construcción.»

A los llamados miqueros, los falsificadores de documentos de identidad que se venden en la calle 26, esos documentos tan necesarios para trabajar aquí, Vázquez asegura que las pandillas les cobran hasta 10 000 dólares al mes para poder trabajar en la zona que tienen controlada.

Un dato que resulta revelador sobre la importancia que tienen las pandillas para la seguridad pública en Chicago: en el décimo distrito de la policía de esta ciudad existen dos prioridades: las pandillas y el narcotráfico.

Cae la noche en South West. Hemos recorrido con Miguel, uno de los promotores de Cease Fire, quien sobrevivió a las pandillas y a la cárcel, las calles de esta zona, donde hoy se vive una singular guerra librada entre cuatro distintas pandillas. Ralfi, otro trabajador comunitario, dice convencido que «aquí muchos sienten que la cárcel es una prolongación del barrio o lo contrario, que el barrio es una prolongación de la cárcel».

Ralfi, así como quienes trabajan en Cease Fire, hace sentir que no todo está perdido, que más allá de la violencia y los disparos está la vida. De hecho el trabajo de esta organización ha generado que el índice de homicidios disminuya de manera considerable.

Ralfi tiene una historia: trabaja por sacar a los muchachos de las pandillas porque vivió en ellas. Fue a la cárcel y ahí conoció a un hombre, otro veterano de la calle, un convicto como él, quien había entendido que la vida no tiene sentido cuando transcurre con la amenaza de matar o morir, cuando se ve desde la turbulencia de las drogas. Este hombre llevaba encima una sentencia de 2 700 años de cárcel. Él fue quien le pidió a Ralfi que hiciera algo por los suyos, por los muchachos de las pandillas.

Las redes del narcotráfico en Estados Unidos: entre el componente étnico y el poder del dinero

Cuando en los primeros días de agosto de 2005 la policía española detuvo en Madrid a Israel Farfán Carreño y Joel Ramos Gómez, dos narcotraficantes mexicanos ligados al cártel de Juárez, muchos se sorprendieron porque esa aprehensión se había dado como parte de una investigación realizada por fuerzas antinarcóticos de Estados Unidos y la policía nacional española. No sólo no habían intervenido oficialmente fuerzas mexicanas, sino que el procurador, Daniel Cabeza de Vaca, aceptó que no existían datos ni mucho menos órdenes de detención en México para esos hombres. Nadie tendría por qué sorprenderse: el negocio del narcotráfico hace ya muchos años que se maneja con criterios trasnacionales y estructuras horizontales. Y los narcotraficantes mexicanos han sido de los más hábiles para acoplarse a esa transformación.

Y es que la imagen del negocio del narcotráfico como una estructura con departamentos estancos, donde distintas organizaciones —los cárteles— llevan a cabo tareas «nacionales» completamente aisladas una de la otra, sigue imponiéndose, incluso entre algunos de los que se consideran especialistas en el tema. No se comprende ni se asume que el narcotráfico es un negocio multinacional, que se mueve con base en redes horizontales y mandos relativamente descentralizados, y en el cual la producción, el tránsito y la colocación en el mercado minorista se basa en los mismos criterios que entre las grandes empresas trasnacionales: nada está concentrado en un solo lugar ni bajo una misma responsabilidad.

Hay mexicanos que participan en la producción de cocaína pura en Colombia, Ecuador y Perú, como hay redes colombianas que operan en forma autónoma en el traslado de la droga en el Caribe y en México. Y en Estados Unidos las redes de distribución tienen, como en alguna oportunidad nos dijo el ex zar antidrogas de la Casa Blanca Barry McCaffrey (en realidad el que mejor ha comprendido el fenómeno global del narcotráfico entre quienes han ocupado ese cargo desde que se creó, en 1988), un «alto contenido étnico»; es decir, que hay mexicanos, colombianos, cubanos, puertorriqueños, jamaiquinos, japoneses, chinos, que han establecido extensas redes que se conectan directamente con sus países de origen, donde se produce la droga, para traficar en territorio estadounidense. En parte es verdad, pero incluso un hombre como McCaffrey no podía ignorar que, en un negocio que moviliza millones de personas en Estados Unidos, el componente étnico es más un artículo de consumo interno que un dato duro de la realidad.

El grave error de visión que tienen las autoridades de ese país es creer que, cuando la droga cruza la frontera, como decía el propio McCaffrey y como han insistido sus sucesores, «se pulveriza», o sea que pasa directamente de los grandes cárteles a las redes de distribución minorista, tratando de ignorar que existen etapas intermedias, tantas como las que se pueden imaginar por el simple hecho de que la distancia para llevar la droga, por ejemplo, de El Paso a Nueva York, es mucho mayor que la que se debe transitar para hacerla llegar de la costa norte de Colombia al Caribe mexicano. Quizá por eso mismo es poco lo que se sabe de cómo operan y hasta dónde llegan esas redes en el propio Estados Unidos. Sin embargo, el tema tendría que ser de una importancia central: como negocio, la cifra más conservadora de las utilidades que deja el tráfico de cocaína (no incluye las demás drogas) en Estados Unidos es de 60 000 millones de dólares, aunque algunos especialistas la elevan hacia los 300 000 millones; lo más probable es que estemos hablando de una cantidad superior a los 100 000 millones. Y según la Casa Blanca, 90 centavos de cada dólar generado por la droga en Estados Unidos entran en el sistema financiero de ese país, lo cual implica que esas decenas de miles de millones de dólares deben ser lavados y, evidentemente, eso no puede realizarse, como se ha dicho muchas veces, a través de las casas de cambio fronterizas.

Hay unos 20 millones de consumidores constantes de drogas en Estados Unidos, de los cuales 6 millones son adictos. Un tercio de la población mayor de 16 años acepta que ha consumido marihuana, las redes de distribución involucran a millones de personas y en algunas zonas del país la producción ha desplazado, por ejemplo, a la industria del tabaco; pero, cuando se le preguntó en alguna ocasión al laureado periodista Bob Woodward por qué nunca había trabajado sobre el tema del narcotráfico en su país, se limitó a decir que no lo haría «porque es muy peligroso». Por eso descorrer el velo sobre las redes del narcotráfico en Estados Unidos es tan complejo, tan difícil: ni las autoridades ni los medios quieren pasar de la información de superficie y de los más graves síntomas del tráfico (que saturan el mercado informativo) y el consumo, para ahondar en las profundidades de un negocio que puede financiar todo lo imaginable.

Desde el 11 de septiembre la administración Bush ha descubierto un nuevo elemento que la ha llevado a comenzar a prestar atención a esas redes internas del narcotráfico: la posibilidad de que sean utilizadas por grupos terroristas para introducir gente o armas a su territorio. En este sentido, los más recientes informes del departamento de Seguridad Interior estadounidense y de la DEA sostienen que, mientras otras organizaciones del narcotráfico se han encargado en forma cada vez más intensa de colocar sus cargamentos en México, en Centroamérica y el Caribe (según los datos oficiales de las fuerzas de seguridad de Colombia y de Estados Unidos), se calcula que, sólo de la región norte de Colombia, comprendida entre Santa Marta, Barranquilla y Cartagena, parte un promedio de una tonelada de cocaína diaria: el 70 por ciento llega a Estados Unidos previo paso por México, con escalas anteriores en Centroamérica y algunas islas del Caribe, desde Haití hasta Jamaica. Pero son los cárteles mexicanos los que están cubriendo cada vez más el mercado con sus redes de distribución minorista en la propia Unión Americana.

Las redes comienzan en 14 ciudades del sur de EU, según la oficina antidrogas de la Casa Blanca: Albuquerque, Brownsville, Dallas, El Paso, Houston, Laredo, Los Ángeles, McAllen, Oklahoma, Phoenix, Tulsa, San Diego, San Antonio y Tucson (Miami y las demás ciudades de la península de Florida, lo mismo que Nueva Orleans, siguen siendo territorio ocupado, sobre todo, por organizaciones caribeñas). De la misma forma que en México, en Estados Unidos los cargamentos no se pulverizan en cuanto cruzan la frontera, como decía el ex zar antidrogas. En realidad ocurre exactamente lo contrario: pasan la frontera, sobre todo en trailers, automóviles, mediante mulas (cruzan la línea común, cada año, 90 millones de automóviles, 4.5 millones de camiones y 48 millones de peatones), y también a través de los túneles que franquean la frontera en prácticamente todos los puntos imaginables (se estima que actualmente siguen en operación unos 40). Ya en territorio estadounidense, la droga se guarda en grandes depósitos y desde ellos se van aprovisionando los mercados, con redes controladas por las propias organizaciones, que luego sí pulverizan el producto cuando llegan al nivel de la calle. Los grupos que controlan el negocio del otro lado de la frontera son los mismos que lo controlan en México: el que encabezan Joaquín El Chapo Guzmán, Ismael El Mayo Zambada y Juan José El Azul Esparragoza (con una participación cada vez mayor de los hermanos Beltrán Leyva). Estos grupos dominan prácticamente toda la frontera, con excepción, por una parte, de la zona de Tijuana y, por la otra, de Tamaulipas, donde los Arellano Félix y los sucesores de Osiel Cárdenas, respectivamente, siguen teniendo una fuerte presencia. La diferencia es que en la frontera Tamaulipas-Texas se está escenificando una guerra (ésa es la causa real de los enfrentamientos en Nuevo Laredo) que cada día deja la región bajo mayor control de los operadores de El Chapo Guzmán. Los bajacalifornianos han resistido ese embate en su territorio (aunque perdieron Sinaloa y Sonora, y por lo tanto Arizona y Nuevo México) y se han consolidado ya no sólo en las rutas de distribución en California, sino que también se han apoderado, incluso, de buena parte de la producción de marihuana y metanfetaminas en la costa oeste de Estados Unidos, además de proveer a esos mercados de cocaína y heroína (las redes mexicanas ocupan ya el segundo lugar en la venta de esta última droga en el mercado estadounidense).

Las redes que operan controladas por estos grupos tienen un componente, como dicen las autoridades estadounidenses, «étnico», pero es falso que estén integradas básicamente por mexicanos o latinos en general. La integración con la sociedad es completa (¿podría no serlo con 20 millones de consumidores habituales de sus productos?), y eso es lo que las hace tan difíciles de destruir. Se sabe poco de la forma en que operan actualmente los grupos de lo que alguna vez fue el cártel de Juárez con sus redes en EU, aunque queda claro que controlan prácticamente todo el centro del país y la costa este, con el eje en Chicago y Nueva York, mientras que la costa oeste (San Francisco, Los Ángeles y Seattle) estaría abastecida por grupos ligados a los Arellano Félix. Éstos han podido permanecer y prosperar, a pesar de los golpes que han sufrido en México, por la penetración que lograron en el mercado estadounidense, incluyendo la corrupción de los cuerpos policiales locales, sobre todo en la frontera. Resulta asombroso que la oficina para el control de drogas de la Casa Blanca apenas el año pasado haya «descubierto» que los narcotraficantes mexicanos están presentes en la producción de drogas dentro de Estados Unidos. Y es asombroso porque, desde hace ya varios años, la mitad de la marihuana que se consume en Estados Unidos se produce dentro del país, y lo mismo sucede con la mayoría de las drogas sintéticas. Pero además, desde 2001, CBS presentó en horario estelar un gran reportaje que mostraba algo que es un secreto a voces: que buena parte de los parques nacionales de Estados Unidos están siendo utilizados para producir marihuana a gran escala, con plantíos sólo comparables a los que se pueden observar en algunas zonas de Sinaloa. La diferencia es que son plantíos mayores, mejor planificados, cuidados con técnicas más sofisticadas y que producen drogas de mayor calidad y en mayor cantidad. Lo que no es diferente es quienes los cuidan y los hacen producir: en la mayoría de los casos son campesinos mexicanos indocumentados, que cobran unos 500 dólares mensuales por esa labor. Una vez que cruzan la frontera son llevados a los plantíos, duermen en tiendas de campaña en general bien aprovisionadas y no pueden abandonar el lugar hasta terminar su labor. Cuando concluyen son llevados de regreso. Según las propias autoridades estadounidenses, sólo en California están sembradas, en esos terrenos, unas 800 000 plantas de alta producción de marihuana que se vende, el kilo, a 8 000 dólares en el mercado californiano. Estamos hablando de una producción que deja, tan sólo en ese estado y según cifras oficiales, unos 10 000 millones de dólares de utilidades.

El jefe de la oficina antidrogas de la Casa Blanca y ex director de la DEA, John Walters, dijo que esa producción se daba en áreas remotas, protegidas en forma casi militar por grupos de narcotraficantes, pero el hecho es que están presentes en lugares mucho más accesibles y con menor protección de lo que dicen las autoridades estadounidenses. ¿Por qué no existe una labor de erradicación como la que se realiza, por ejemplo, en México o en Colombia? Por dos razones: el gobierno estadounidense no tiene destinada una fuerza militar para esa labor, y tampoco parecen decididos a utilizar la Guardia Nacional para ello, sobre todo con las actuales necesidades de su política exterior. Además, los gobiernos locales y los poderosos grupos ecologistas se niegan a que se utilicen los mismos desfoliantes, como el paraquat, que el gobierno estadounidense proporciona a países como México o Colombia para realizar ese trabajo: los consideran altamente tóxicos, dañinos del medio ambiente e incluso peligrosos para los potenciales consumidores de la droga allí producida. En 2005 el gobierno estadounidense estaba planeando por primera vez realizar una campaña de erradicación de drogas, aunque todavía no ha decidido qué método utilizar.

La tarea no es menor: la oficina antidrogas de la Casa Blanca identifica 26 zonas del país como centros para la producción, distribución y consumo de drogas. Esas zonas, en el lenguaje burocrático de Washington, son llamadas High Intensity Drug Trafficking Areas (Zonas de Tráfico de Drogas de Alta Intensidad, HIDTA), y la del área de Los Ángeles está considerada como la más importante: las mismas autoridades de ese país identifican la existencia de unos 145 cárteles locales que se dedican a producir y comercializar drogas en el sur de California. En Nueva York, la HIDTA considera que existen 260 organizaciones criminales trabajando simultáneamente, muchas de ellas dedicadas, sobre todo, al lavado de dinero. Otra HIDTA está ubicada en Washington y Baltimore. Más al sur, otra región ocupa toda la zona costera del Golfo de México. Los propios documentos estadounidenses sobre la HIDTA del área denominada de los Apalaches decían, ya en 2001, que en Kentucky, Tennessee y Virginia, la producción de marihuana ha desplazado al tabaco como componente esencial de la economía de la región, con altos índices de cultivo, distribución, venta y consumo. Lo mismo ocurre en la zona de las montañas Rocallosas, incluyendo los estados de Colorado, Utah y Wyoming, el último de los cuales ocupa el segundo lugar nacional en consumo de cocaína per cápita en la Unión Americana. En Seattle, en el estado de Washington, los índices de consumo son también muy altos, lo mismo que la producción tanto de marihuana como de metanfetaminas, ligada, como la mayoría de las redes de California, al cártel de los Arellano Félix. En Houston existen unos 169 grupos dedicados al tráfico de drogas, abastecidos por el cártel de Juárez. Mientras tanto Iowa, Kansas, Missouri, Nebraska y Dakota del Sur se han especializado en producir y distribuir metanfetaminas. No faltan nombres, aunque para la opinión pública sean desconocidos, sobre los principales capos de muchos de los cárteles que funcionan dentro de territorio de Estados Unidos. La justicia estadounidense tiene una lista de unos 300 jefes de esas redes, pero la enorme mayoría se encuentran prófugos. Su «contenido étnico» es discutible: un tercio son estadounidenses y anglosajones, y la enorme mayoría están en libertad.

Al mismo tiempo, según lo describió con exactitud Gore Vidal después de los atentados de 2001, actualmente en su país hay más jóvenes detenidos por asuntos relacionados con las drogas, sobre todo por consumo o venta al menudeo, que estudiando en la universidad.

Una buena demostración de cómo operan estas organizaciones la tuvimos con una escueta noticia aparecida en el *Los Angeles Times* en una fecha ya tan lejana como 1998. El FBI informó que había descubierto en Los Ángeles una red de narcotraficantes que trabaja para los Arellano Félix (una familia que, por cierto, suele vivir desde hace años en San Diego, y cuyos integrantes jamás son localizados por las fuerzas de seguridad estadounidenses). Esa red fue descubierta por casualidad cuando un perro amaestrado olió restos de cocaína en una camioneta estacionada frente a la oficina antinarcóticos de Los Ángeles. Se descubrió que la camioneta era propiedad de Richard Wayne Parker, que durante los ocho años anteriores había sido calificado como el mejor policía antinarcóticos de la oficina antidrogas de Riverside. En realidad trabajaba para los Arellano Félix desde 1991. ¿Le llegaba la droga desde México? Una parte sí, pero el grueso provenía de los depósitos de la propia policía de Los Ángeles en Riverside. Se pudo comprobar por lo menos un robo de media tonelada de cocaína pura realizado por Wayne de ese depósito en 1997. Hasta que comenzó el juicio contra el ex agente antinarcóticos, nadie había divulgado que hubiera ocurrido un robo de drogas de esa magnitud en Los Ángeles. La red que manejaba Wayne abarcaba el sur de California y llegaba hasta Detroit.

Poco después, en noviembre de 1998, se descubrió otra red de narcotraficantes que trabajaba para los Arellano Félix. Pero éstos eran oficiales y marines de la base naval de San Diego, una de las más grandes del mundo y considerada un punto neurálgico de la seguridad nacional estadounidense. Evidentemente los detenidos no eran de origen mexicano. La armada de EU no proporcionó mayor información sobre el incidente, fuera de explicar que de los 10 000 oficiales y marines que trabajaban en la base «sólo 50» estaban involucrados y habían sido detenidos. Se pudo saber que estos oficiales y marines recogían la droga en alta mar, la llevaban a la propia base y desde allí la entregaban a los distribuidores de San Diego. Un año después, un vocero del Departamento de Defensa aceptó que unos 5 000 elementos, hombres y mujeres, del ejército estadounidense estaban siendo procesados tanto por consumo de drogas como por participar en redes de tráfico de la misma.

¿Cómo romper esas redes? Con las actuales estrategias es prácticamente imposible. Durante la administración Clinton, por primera vez, Washington comenzó a tratar de atacar seriamente el consumo no sólo con una lógica policial. Al mismo tiempo, trabajó en romper redes en México para evitar que llegara la droga a Estados Unidos y, finalmente, complementó esa estrategia con el Plan Colombia, que en ese ámbito tiene como objetivo acabar con el problema desde la base: destruyendo los plantíos que ocupan casi un tercio del territorio colombiano y que en su mayoría son manejados por los grupos armados como las FARC, el ELN y los paramilitares de la AUC. La administración Bush se ha concentrado en este punto. El problema es que los resultados son pobres por una sencilla razón: en el resto de la zona andina se sigue produciendo coca, lo mismo que en amplios territorios de Colombia bajo control de los grupos armados. Por otra parte, existen depósitos con cientos de toneladas de coca pura escondidos en las montañas o en algunas de las ciudades donde no se escenifican los principales combates. Esos depósitos se construyeron durante el periodo de negociaciones llevado a cabo con el ex presidente Pastrana y constituyen hoy la mayor fortaleza de los grupos armados como las FARC: tienen droga, y mucha, como para financiarse y aprovisionar durante años el mercado estadounidense. Por otra parte, la estrategia del Plan Colombia, aunque en parte ha sido exitosa, sólo ha podido reducir en un porcentaje mínimo la llegada de droga a territorio estadounidense, lo que se demuestra con datos sencillos: no ha bajado el consumo, no han subido los precios y no hay escasez en el mercado. Aseguran en Washington que eso comenzará a suceder en los próximos años como consecuencia de la actual estrategia, y es probable que así sea, pero ello implica aceptar años de gastos y desgaste sin éxitos que mostrar. Y en todos los países involucrados esos resultados se necesitan exhibir cada vez que hay elecciones. A lo que sí ha obligado el Plan Colombia es a realizar un traslado de droga en menores cantidades, sobre todo a través del Caribe (el Atlántico se sigue utilizando para cargamentos de varias toneladas) y usando cada vez más a México como punto de entrada a Estados Unidos. Pero esos grupos colombianos en buena medida ya han dejado en manos mexicanas la distribución de la droga del otro lado de la frontera, y los cárteles de México están ofreciendo un coctel de ofertas que incluye desde la cocaína (donde se han centrado los esfuerzos gubernamentales antidrogas) hasta la heroína, pasando por la marihuana y, sobre todo en los últimos años, por las drogas sintéticas, cuyo consumo crece en forma geométrica.

En esta lógica, las redes mexicanas no se debilitarán, aunque sufran fuertes golpes en nuestro país: están destinadas a fortalecerse porque el mercado y los recursos financieros que éste les ofrece continúan siendo altamente redituables. Y con sólo el traslado a México de menos de un 10 por ciento de sus utilidades, unos 6 000 millones de dólares anuales, están en posibilidad de mantener aceitado el mecanismo de la violencia y la corrupción que les sigue dando vida.

Ciudad Juárez

El descubrimiento de las narcofosas en Ciudad Juárez a principios de febrero de 2004 parece confirmar el diagnóstico realizado por un grupo de especialistas de la ONU al analizar qué sucede en esa ciudad fronteriza: simplemente se han roto los espacios institucionales. Las instituciones han sido penetradas, carcomidas, corrompidas, rebasadas por el crimen organizado y por ende la violencia y la falta de control se han convertido en la norma. El tristemente célebre caso de las muertas de Juárez es una demostración de misoginia y el resultado de una terrible desatención de las autoridades respecto al tema, pero visto desde una perspectiva más amplia es, también, un capítulo más de un deterioro del tejido social que ya es inocultable: en Juárez se secuestra, viola y mata a jóvenes, pero también desaparecen hombres y mujeres sin dejar rastro y, algunos, aparecen, como en esa ocasión, en unas narcofosas ubicadas en el patio de viviendas de los propios policías judiciales.

El caso de las narcofosas ha demostrado también, de acuerdo con sus diferentes mecanismos de operación, cómo concibe cada uno de los grandes grupos del narcotráfico su accionar y cuáles son sus fortalezas y debilidades. Es evidente que el cártel (*holding* le hemos llamado por las características tan especiales de su conformación) de Juárez es con mucho el más poderoso del país: allí se coaligan desde Vicente Carrillo (el hermano de Amado) hasta El Mayo Zambada y El Chapo Guzmán, pasando por un hombre que parece tener mucho más que algunos hilos de control de estos grupos: Juan José Esparragoza, El Azul.

¿Qué es lo más notable de las narcofosas? En primerísimo lugar demuestran el esquema de protección que tiene esta organización. ¿Por qué caen los Arellano Félix, los Osiel Cárdenas, son golpeados tan duramente los Valencia, pero el cártel de Juárez parece permanecer incólume? Porque han logrado avanzar en forma notable en un esquema donde la protección se la brindan los propios cuerpos policiales que, a la vez y como se demostró en el caso de las narcofosas, actúan como sicarios en la zona de protección de los propios capos de la organización. El principal involucrado en el caso de las narcofosas es Miguel Ángel Loya, un comandante de la Policía Judicial Estatal con 10 años de antigüedad como jefe de grupo. Los 17 integrantes de su equipo trabajaban sin excepción para el narcotráfico y en particular para Humberto Portillo, apodado El Sadam, un operador ligado a Vicente Carrillo. Ellos investigaban los casos y ellos mismos les «daban solución». Las narcofosas servían por una parte para deshacerse de enemigos y competencia, pero también para robarles la mercancía a otros grupos pequeños que pasaban por la zona. El mecanismo era simple: estos comandantes localizaban cargamentos (en general de operadores de Osiel Cárdenas que querían abrirse un espacio en Coahuila y Chihuahua), en muchas ocasiones señalados por los propios narcotraficantes a los que protegían, «detenían» a los responsables (en realidad los secuestraban, mataban y enterraban) y se quedaban con la droga, que pasaba a manos de sus auténticos jefes.

El método era tremendamente eficaz porque la propia autoridad estaba involucrada en todo el proceso. Ésa es otra de las diferencias entre los distintos grupos: mientras que los Arellano Félix en Tijuana utilizan un esquema de protección similar en su zona de influencia, pero sobre todo sicarios para operar fuera de la misma (o para los ajustes de cuentas que consideran más importantes en su propio territorio) y la gente de Osiel Cárdenas optó por convertir a un grupo de élite, los ahora conocidos como los Zetas, en parte de su organización, desligándolos de las autoridades, los de Juárez trabajan en los distintos puntos de la república en los que operan con las autoridades locales e imponen una suerte de supracontrol de sus territorios. Por eso parecen menos violentos (los Arellano y sobre todo la gente de Osiel Cárdenas hacen exhibición de la violencia) e incluso más peligrosos, cuando en realidad ninguna de esas organizaciones puede compararse a la fortaleza conjunta de los diversos narcotraficantes que se aliaron en el grupo de Juárez. Las diferencias van incluso más allá: mientras para desaparecer a sus víctimas los de Carrillo utilizaron la técnica de las narcofosas, los Arellano trataban de hacerlas desaparecer con ácido y los de Cárdenas quemándolas. En todo sentido, los de Juárez eran, son, más eficientes. El grado de penetración de este grupo en las policías no sólo se comprueba con historias como la de las narcofosas: según una estimación de las propias autoridades, el fallecido Amado Carrillo Fuentes tenía bajo sus órdenes al momento de morir unos 1 200 agentes entre judiciales federales y estatales. De ahí su grado de protección: cuando por los problemas internos del cártel y su sobreexposición pública se vulneró esa red protectora, Amado Carrillo fue asesinado desde dentro del propio cártel.

Otro dato importante que se ha desprendido de las investigaciones relacionadas con las narcofosas es la forma en que se está transportando la droga: una vez que es localizada en el país, se la lleva, en general, en automóviles. Todas las víctimas encontradas en las narcofosas, según sus familiares, se dedicaban a la compraventa de automóviles usados (¿recuerda usted que los agentes de la antigua PJF y el capitán del ejército ligados al narcotráfico y asesinados en la carretera México-Toluca acababan de comprar en 55 000 dólares el BMW blindado en el que viajaban cuando fueron interceptados?). Todo indica que, ante el enorme flujo vehicular en las fronteras, ése es el mecanismo más socorrido para el tráfico, sobre todo, de cocaína. Por eso también, muchos de los extraños casos que se han estado dando entre Monterrey y Reynosa podrían, directa o indirectamente, tener relación con ello.

Con un agravante: si bien los grupos de Juárez no han recibido golpes muy duros, sus competidores sí. Es el caso de los Zetas, que pudieron realizar operaciones tan espectaculares como la toma del penal de Apatzingán, pero que, al mismo tiempo, están dedicando cada vez mayores recursos y tiempo a secuestros y robos y concentrándose en el tráfico de marihuana (por eso la guerra con los Valencia en la zona de producción de Michoacán), porque por los golpes recibidos en torno a Osiel Cárdenas han perdido sus relaciones con los principales grupos colombianos que los proveían de cocaína. El tipo de crisis que viven estos grupos se escenificó con el aparente suicidio en Monterrey (que sigue siendo un lugar clave para estas organizaciones en términos de lavado de dinero, zona de paso y de residencia de muchos de los principales capos o sus familias) de uno de los jefes de los Zetas, apodado El Winnie Poo.

La situación en términos de seguridad es, por lo tanto, paradójica: si bien algunos cárteles han salido efectivamente afectados por los golpes recibidos en México (y también por una coordinación operativa que ha permitido reducir en 17 por ciento la superficie cultivada de coca en Colombia y ha aumentado en 200 por ciento las intercepciones de envíos marítimos de ese país hacia Centroamérica y México), al mismo tiempo se mantienen estructuras muy férreas, muy sólidas como la de Juárez, y los grupos golpeados han redoblado su violencia, primero entre ellos, para recuperar posiciones, pero también contra la sociedad en general para, simplemente, ganarse la vida. En otras palabras: probablemente la violencia derivada de esta guerra interminable entre los grupos del narcotráfico y entre éstos y las autoridades (muchas de las cuales, sobre todo locales, terminan siendo parte de los propios grupos delincuenciales, como hemos visto) aún dará mucho de qué hablar y generará más violencia y más víctimas. Pero los partidos, el Congreso y muchas de las autoridades siguen sin considerarlo un tema prioritario en la agenda nacional.

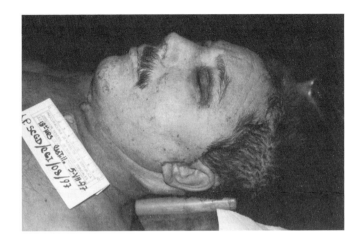

Autopsia de Amado Carrillo Fuentes.

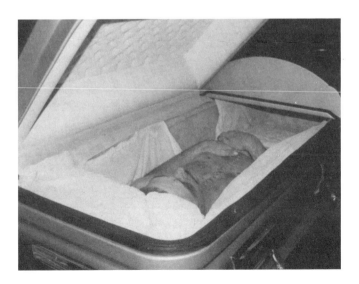

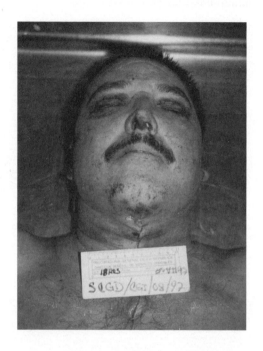

Autopsia de Amado Carrillo Fuentes.

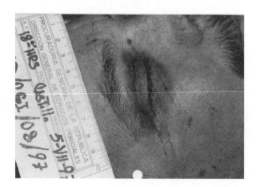

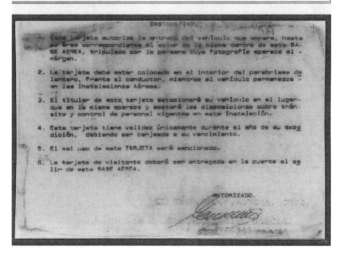

ANVERSO Y REVERSO DE UNA CREDENCIAL A NOMBRE DE ENRIQUE GONZALEZ QUIRARTE, EXPEDIDA POR EL GRAL. GONZALO CURIEL GARCIA, CMTE. DE LA B.A.M. No. 5 (ZAPOPAN, JAL.)

González Quirarte era uno de los principales operadores del cártel de Juárez en Guadalajara. Esta credencial lo autorizaba a entrar a la base militar de Zapopan. González Quirarte es considerado uno de los responsables del asesinato de Amado Carrillo en 1997.

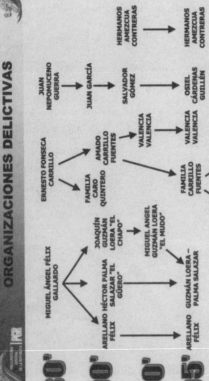

ORGANIZACIONES DELICTIVAS

80'

MIGUEL ÁNGEL FÉLIX GALLARDO

ERNESTO FONSECA CARRILLO

JUAN NEPOMUCENO GUERRA

PEDRO DÍAZ PARADA

90'

ARELLANO FÉLIX

HÉCTOR PALMA SALAZAR "EL GÜERO"

JOAQUÍN GUZMÁN LOERA "EL CHAPO"

FAMILIA CARO QUINTERO

AMADO CARRILLO FUENTES

JUAN GARCÍA

00'

MIGUEL ÁNGEL GUZMÁN LOERA "EL MUDO"

GUZMÁN LOERA – PALMA SALAZAR

VICENTE CARRILLO FUENTES

FAMILIA CARRILLO FUENTES

VALENCIA VALENCIA

SALVADOR GÓMEZ

HERMANOS AMEZCUA CONTRERAS

05'

ARELLANO FÉLIX

RODOLFO CARRILLO FUENTES (+)

RICARDO GARCÍA URQUIZA

VALENCIA VALENCIA

OSIEL CÁRDENAS GUILLÉN

HERMANOS AMEZCUA CONTRERAS

PEDRO DÍAZ PARADA

HERMANOS ARELLANO FÉLIX

OSIEL CÁRDENAS GUILLÉN

JOAQUÍN GUZMÁN LOERA "EL CHAPO"

FAMILIA CARRILLO FUENTES

ARMANDO VALENCIA CORNELIO

FAMILIA AMEZCUA CONTRERAS

DÍAZ PARADA

PRINCIPALES DELINCUENTES DEL NARCOTRAFICO EN MEXICO

JOAQUÍN ARCHIVALDO GUZMÁN LOERA (A) EL CHAPO

JESÚS HÉCTOR PALMA SALAZAR (A) EL GÜERO PALMA

FRANCISCO JAVIER ARELLANO FÉLIX

IVAN ARCHIVALDO GUZMÁN SALAZAR

MIGUEL ANGEL GUZMÁN LOERA (A) EL MUDO

ISMAEL ZAMBADA (A) EL MAYO

ARTURO HERNÁNDEZ GONZÁLEZ (A) EL CHAQUÍ

ALCIDEZ RAMÓN MAGAÑA (A) EL METRO

ARTURO BELTRÁN LEYVA

HECTOR BELTRÁN LEYVA

IGNACIO CORONEL VILLARREAL (A) NACHO CORONEL

EDGAR VALDÉS VILLARREAL (A) LA BARBIE

OTTO HERRERA GARCÍA (A) EL LICENCIADO, PROFUGO

JESÚS LABRA AVILÉS, (A) EL CHUY LABRA

ALBINO QUINTERO MERAZ (A) EL BETO

ARMANDO VALENCIA CORNELIO

BENJAMÍN ARELLANO FÉLIX

OSIEL CÁRENAS GUILLÉN (A) EL MATAMIGOS

CARLOS ROSALES MENDOZA (A) EL CHUTA

ROGELIO GONZÁLEZ PIZAÑA (A) EL KELÍN

GILBERTO GARCÍA MENA (A) EL JUNÉ

PRINCIPALES DELINCUENTES DEL NARCOTRAFICO EN MEXICO

JORGE EDUARDO COSTILLA SANCHEZ (a) EL COSS

VICTOR MANUEL VAZQUEZ MIRELES (A) "EL MEME LOCO"

VICENTE CARRILLO FUENTES "EL VICEROY"

VICENTE CARRILLO LEYVA

GREGORIO SAUCEDA GAMBOA "EL GOYO" YIO "EL CARAMUELA"

HERIBERTO LAZCANO LAZCANO (a) LAZCA O VERDUGO

MANUEL AGUIRRE GALINDO (A) EL CABALLO

ISMAEL HIGUERA GUERRERO (A) EL MAYEL

ENEDINA ARELLANO FÉLIX

EDUARDO ARELLANO FÉLIX

GUSTAVO RIVERA MARTÍNEZ (a) Gus, Pancho y/o chuck

JORGE ALBERTO BRICEÑO LÓPEZ (a) El cholo Briceño

ANTONIO EZEQUIEL CÁRDENAS GUILLÉN (a) Tony tormenta

JOSÉ GIL CARO QUINTERO

GIBERTO HERRERA GUERRERO (A) EL GILILLO

CARLOS ROSALES MENDOZA (A) EL CARLITOS O EL NEGRO

JAVIER TORRES FÉLIX (A) EL JT

MARIO VILLANUEVA MADRID (A) EL CHUECO

ADAN AMEZCUA CONTRERAS

LUIS IGNACIO AMEZCUA CONTRERAS

PEDRO DÍAZ PARADA

RAFAEL CARO QUINTERO

MIGUEL ÁNGEL FÉLIX GALLARDO

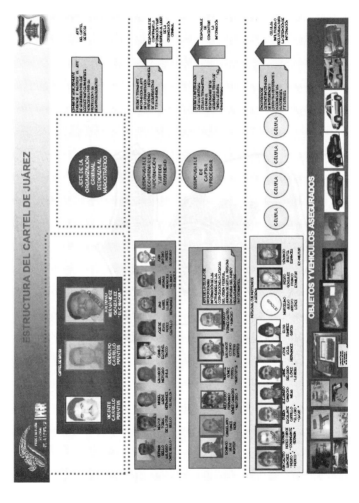

ESTRUCTURA DEL CARTEL DE JUÁREZ

OBJETOS Y VEHICULOS ASEGURADOS

FEBRERO-MARZO 2002

2002-2005

VICENTE CARRILLO FUENTES (a) "EL GENERAL"

RODOLFO CARRILLO FUENTES (a) "RODOLFILLO" ASESINADO EL 11 DE SEPTIEMBRE DEL 2004

ARTURO HERNÁNDEZ GONZÁLEZ DETENIDO POR AFI EL 4 ABRIL DEL 2003

RICARDO GARCÍA URQUIZA (A) "EL DOCTOR"

JEFES DEL CARTEL DE JUÁREZ

VICENTE CARRILLO FUENTES (a) "EL GENERAL"

RICARDO GARCÍA URQUIZA (A) "EL DOCTOR"

RECOMPOSICIÓN ORGÁNICA

FICHA CRIMINAL

RICARDO GARCÍA URQUIZA (a)
"EL DOCTOR"

RICARDO GARCÍA URQUIZA (a) "EL DOCTOR"

■ RICARDO GARCÍA URQUIZA SOCIO DE RODOLFO CARRILLO FUENTES, A PARTIR DEL ASESINATO DE ÉSTE ÚLTIMO, SE ASOCIA CON VICENTE CARRILLO FUENTES PARA LAS OPERACIONES DE TRASLADO Y DISTRIBUCIÓN DE DROGA, ASÍ COMO EL RETORNO DE LOS FLUJOS FINANCIEROS DEL NARCOTRÁFICO.

■ GARCÍA URQUIZA CONTROLABA LA RELACIÓN COMERCIAL Y FINANCIERA CON LOS PROVEEDORES COLOMBIANOS.

■ CONTACTO PARA EL SUMINISTRO DE DROGA HACIA LOS ESTADOS UNIDOS.

ESTRUCTURA ACTUAL CARTEL DE JUÁREZ

2003-2005

PRIMER NIVEL

SEGUNDO NIVEL

OPERACIÓN

JEFES DEL CARTEL DE JUÁREZ

VICENTE CARRILLO FUENTES (a) "EL GENERAL"

RICARDO GARCÍA URQUIZA (a) "EL DOCTOR"

COORDINADORES OPERATIVOS

① MARIA NEREYDA GARCÍA VILLAPUDUA (A) "LA CONTADORA"

② JESÚS OMAR GARCÍA VILLAPUDUA (A) "CHETOS"

③ RODOLFO DAVID DÁVILA CÓRDOVA A "EL CÓNSUL"

- OPERADORA FINANCIERA
- ENLACE DEL TRASIEGO DE DROGA
- ENLACE CON COLOMBIA

ALBERTO CHÁVEZ LÓPEZ (a) "BETO" / "BLANCO" — JUAN IGNACIO — JOSÉ MANUEL LÓPEZ CHU — JERÓNIMO ABEL SALAZAR CABAÑILLAS — AGUSTÍN ESPINOZA OAXACA — IVÁN MEDINA CASTRO — ANA MARÍA GARCÍA VILLAPUDUA

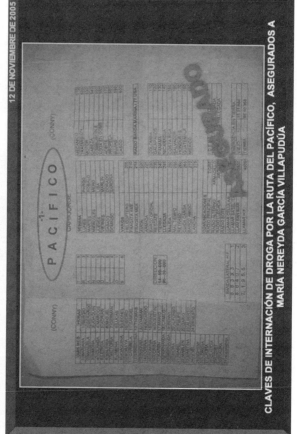

CLAVES DE INTERNACIÓN DE DROGA POR LA RUTA DEL PACÍFICO, ASEGURADOS A
MARÍA NEREYDA GARCÍA VILLAPUDÚA

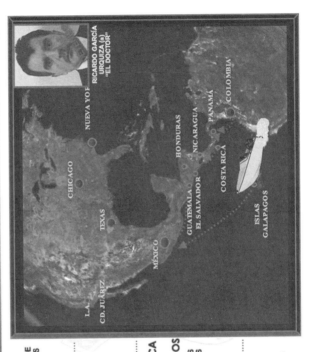

RICARDO GARCÍA
URQUIZA (a)
"EL DOCTOR"

NUEVA YORK

CHICAGO

TEXAS

MÉXICO

CD. JUÁREZ

L.A.

COLOMBIA

PANAMÁ

NICARAGUA

HONDURAS

COSTA RICA

GUATEMALA
EL SALVADOR

ISLAS
GALÁPAGOS

EUA

PRINCIPALES DISTRIBUIDORES DE
DROGA EN LOS ESTADOS UNIDOS

MÉXICO
ENLACES PARA ENVIO A
ESTADOS UNIDOS

- GUATEMALA • PANAMÁ
- EL SALVADOR • COSTA RICA
- HONDURAS
- NICARAGUA
- ISLAS
  GALÁPAGOS

RESPONSABLES DE RECIBIR LOS
CARGAMENTOS Y DE ENVIARLOS
A MÉXICO VÍA MARÍTIMA

COLOMBIA
RESPONSABLES DE LA
PRODUCCIÓN Y ENVÍO DE LA
DROGA

CÓDIGOS Y CLAVES ASEGURADAS

12 DE NOVIEMBRE DE 2005

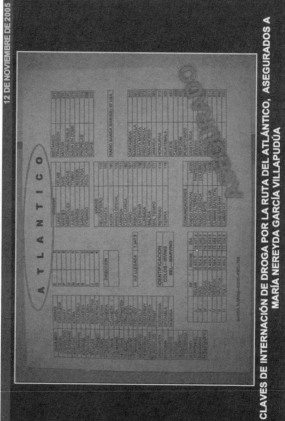

CLAVES DE INTERNACIÓN DE DROGA POR LA RUTA DEL ATLÁNTICO, ASEGURADOS A MARÍA NEREYDA GARCÍA VILLAPUDÚA

RESPONSABLE DE LA
RUTA: ATLÁNTICO

RICARDO GARCÍA
URQUIZA (a)
"EL DOCTOR"

CD. JUÁREZ
L.A.
TEXAS
CHICAGO
NUEVA YORK
MÉXICO
GUATEMALA
NICARAGUA
COSTA RICA
BELICE
HONDURAS
ISLAS CAIMÁN
SWVEGA
JAMAICA
STA. MARTA
PROVIDENCIA
SAN ANDRES
PANAMÁ
PUERTO RICO
REPÚBLICA
DOMINICANA
ARUBA
BARRANQUILLA
CARTAGENA
VENEZUELA

EUA
PRINCIPALES DISTRIBUIDORES
DE DROGA EN LOS ESTADOS
UNIDOS

MÉXICO
ENLACES PARA ENVIO A
ESTADOS UNIDOS

- GUATEMALA • PANAMÁ
- NICARAGUA • COSTA RICA
- HONDURAS • BELICE
- JAMAICA • PUERTO RICO
- ISLAS CAIMÁN • REPÚBLICA
- VENEZUELA   DOMINICANA

RESPONSABLES DE RECIBIR LOS
CARGAMENTOS Y DE ENVIARLOS
A MÉXICO VÍA MARÍTIMA

COLOMBIA
RESPONSABLES DE LA
PRODUCCION Y ENVIO DE LA
DROGA

12 DE NOVIEMBRE DE 2005

IDENTIFICACIONES DIVERSAS, ORIGINALES Y FALSIFICADAS ASEGURADAS A MARÍA NEREYDA GARCÍA VILLAPUDÚA

Organización de Ricardo García Urquiza.

Organización de Ricardo García Urquiza.

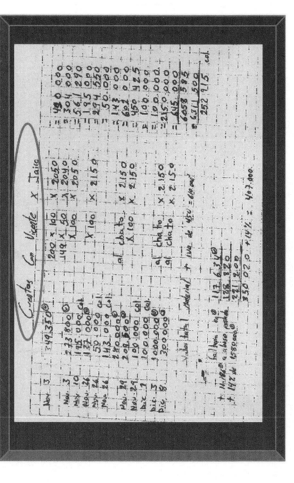

Pagos de droga. Organización de Ricardo García Urquiza.

DETALLES DE FECHAS Y ENTREGAS.

SE PAGARON 3500 K.

03/sep/05 -sabado - 23.120.800 +
que se le mando con vd. 410.000 bov.

$1451 K \times 8300\# = 12.043.300$ pagada

se compro → $3500 K \times 3165\# = 11.077.500$ pagado

Lo que se llevo -3/09/05 — 23.120.800 sabado
el lunes 5/sep/05 — 832.325 Del 3°
que se llevaros que no habíamos-rnadido

$2213 K \times 8200\# = 18.146.600$
Esto fue Lo que Se vendio en Mx

31-Ago-05 -miercoles - 2.000.000
04-sep-05 Domingo - 3.000.000
08-sep-05 Jueves - 3.100.000
09-sep-05 Viernes - 1.950.000
13-sep-05 Martes - 2.150.000
14-sep-05 miercoles - 1.240.000
21-sep-05 miercoles - 3.800.000
07-oct-05 Viernes - 8.000.000
18.046.600

Pagos de droga. Organización de Ricardo García Urquiza.

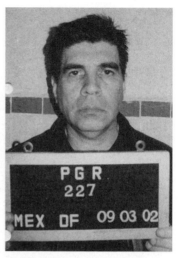

Benjamín Arellano Félix,
detenido en Puebla.

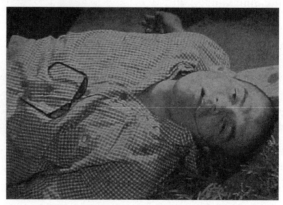

Ramón Arellano Félix, asesinado en Mazatlán.

RIFLE AR-15 SEMIAUTOMÁTICO, CAL. .223, MATRÍCULA FA0837, CROMADO Y
CON CHAPAS EN COLOR AMARILLO, AL PARECER ORO

Organización de Joaquín el Chapo Guzmán.

ARMA DE FUEGO CALIBRE .38 SÚPER, MATRÍCULA ELEMB261, CON CACHAS
DE METAL AMARILLO EN AMBOS LADOS, AL PARECER ORO, CON
INCRUSTACIONES DE PEDRERÍA

Armas aseguradas a la organización de Joaquín el Chapo Guzmán.

Armas aseguradas a la organización de Joaquín el Chapo Guzmán.

Droga asegurada a la organización de Joaquín el Chapo Guzmán.

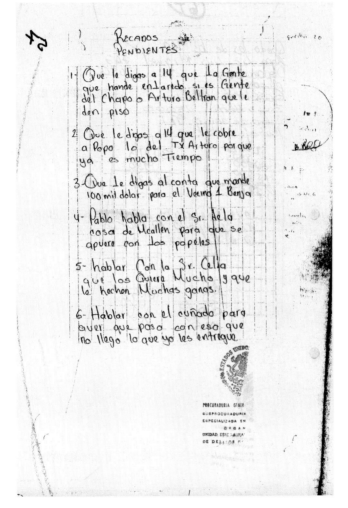

RECADOS PENDIENTES

1 - Que le digas a 14 que La Gente que hande entsarado si es Gente del Chapo o Arturo Beltran que le den piso

2 - Que le digas a 14 que le cobre a Popo lo del TX Arturo porque ya es mucho Tiempo

3 - Que le digas al conta que mande 100 mil dolar para el Vecino 1 Benja

4 - Pablo habla con el Sr. de la casa de Mcallen para que se apure con los papeles

5 - hablar Con la Sr. Celia que los Quiera Mucho y que le hechen Muchas ganas.

6 - Hablar con el cuñado para aver que paso con eso que no llego lo que yo les entregue

PROCURADURIA GENER
SUBPROCURADURIA
ESPECIALIZADA EN
ORGAN
UNIDAD ESPE ALIZA
DE DELITOS F

Cartas de Osiel Cárdenas requisadas en casas de seguridad en Lomas de-Chapultepec y Metepec.

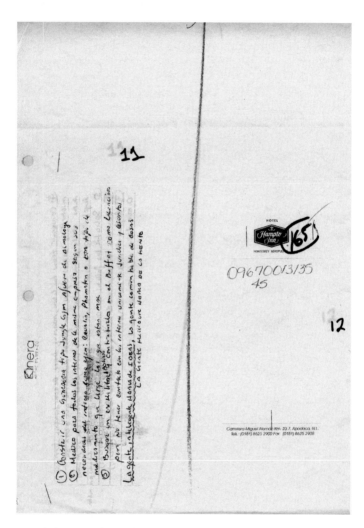

Otra de las cartas de Osiel Cárdenas.

4) Conseguir todas los libros marinos, leyes, Derechos humanos, Servicios militares y sociales (tópicos) Como pueden llamarme que o sea en aún No se pierde años de contrato sirve para atraer con su mismo leyes "P30" explicación militar etc.

5) Solicitar las faltas de Derechos Humanos, Extranjeros etc. (Dibuki) — detenciones por militar y GASTOS

6) Someter las trampas de crimen de mínimos en México (Dibuki)

7) Reglamento nuevo del Territorio

Diario oficial de la Federación — 15 de Enero 2000

ASE CUATRO DIAS
YA SE FUE COMO
TESTIGO AL OTRO
LADO
PIDIO Licencia porque
VILLA LO Queria
MATAR
SR ALICIA AMIGA DE
ANGOS 19 y ELLA COMPROBO
TODO LO Que dice VILLA
FABIAN CAMPOS CON H.M
Ese le MANDA MENSAJE
A DOBLE CUIDADO CON
MAGE PEÑA
BIMBO REUNION VILLA, XX

Informe de los Zetas a Osiel Cárdenas, preso en La Palma,
sobre actividades del cártel del Golfo.

EN LA REUNION estubo
ORLANDO ROMEL MAGE
PEÑA
TONY ROMAS MACALEN
LE CONTO EL ESPOJ
DE LA AMIGA DE VILLA
H ROMEL

DESPUES UBO OTRA
JUNTA CASA DE Mc ALEN
EN ESA JUNTA LA ISO
ORLANDO CON LA FAM.
DE ROMEL PARA INFORMALES

LES DISE DE VILLA TODO
LOS MOVIMIENTOS de UEV
VILLA ESA INFO SE la
da MAGE PEÑA

2

sto se comento ase
o 10 mesos y llecaba
omisilios de la gente
e usted
a esposa del hermano
de Romel le dise
que tenga cuidado de
Romel porque tiene una
investigacion contra
la gente

XX
Metio2
14
VILLA
Jacke
UBO UNA REUNION CON
ARMANDO MUÑOS en el
otro lado Agente FBI
Puesto Bueno

3

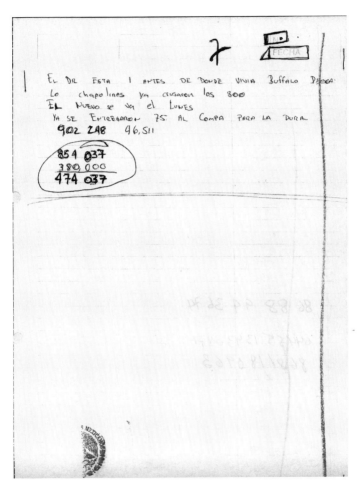

EL DR ESTA 1 ANTES DE DONDE VIVIA BUFFALO DESA
LO chapolines ya crusaron los 800
EL NUEVO se va el LUNES
YA SE ENTREGARON 75 AL COMPA PARA LA DURA
902 2A8   96,511

854 037
380,000
474 037

Informe a Osiel Cárdenas.

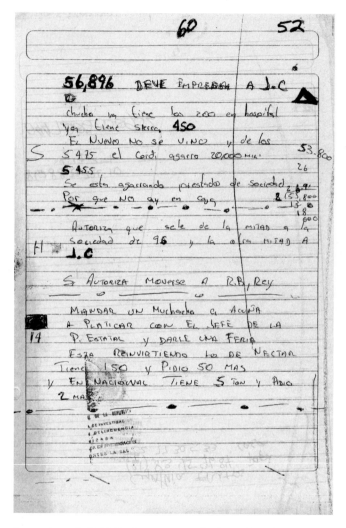

56,896 DEVE EMPRESA A J.C

chucho ya tiene los 200 en hospital
ya tiene sierra. **450**
El Nuevo No se vino y de los   53.800
5 475 el Cordi agarro 20,000 mil   26

5 455
Se esta agarrando prestado de sociedad 2 9
Por que No ay en cag   2 (53,800
   13 8
   18
   900
Autoriza que se le de la mitad a la
sociedad de 9§ y la otra mitad a
J.C

Si Autoriza moverse a R.B, Rey

Mandar un Muchacho a Acuña
a Platicar con El Jefe de la
P. Estatal y darle una Feria
Esta Reinvirtiendo lo de Nectar
Tiene 150 y Pidio 50 mas
y En Nacional Tiene 5 Ton y Pidio
2 mas

Instrucciones de Osiel Cárdenas —por medio de sus abogados— a los
Zetas.

(67)   1

Quedo las de los 100
Ropa Lic. Luis Miguel   242
Depositos   20500
Placas
Gasolina 480
Enve Electra 15000
Caso de envio 971
Hotel 2 Noches

    242   37213
    480   980
    20500   ------
    15000   38193
    971

    37213

JAVI, MARIANO 2J ~~EL IGUANO~~
EL IGUANO EL PROFE
Ⓞ el Flaco

Informe a Osiel Cárdenas.

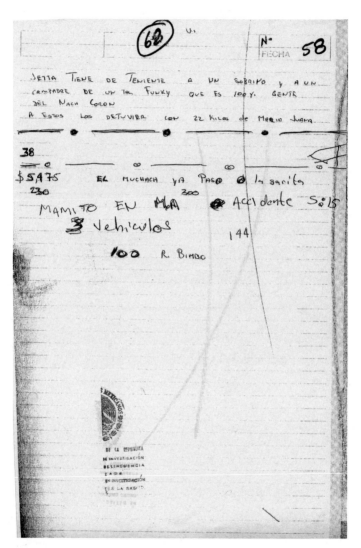

JETTA TIENE DE TENIENTE A UN SOBRINO Y A UN
COMPADRE DE UN TAL FUNKY QUE ES 100 Y. GENTE
DEL NACH COLON
A ESTOS LOS DETUVIER CON 22 KILOS DE MARIO JUANA

38

$5,975   EL MUCHACHA YA PASÓ a la sanita
230

MAMITO EN MOA   300   Accidente 5:15

Vehiculos   144

100 R. BIMBO

Informe a Osiel Cárdenas.

Laboratorio de cocaína perteneciente al cártel de Osiel Cárdenas descubierto en una casa de Lomas de Chapultepec.

Cajas fuertes con documentación y dos millones de dólares en efectivo hallados en el mismo laboratorio de cocaína. Con esos recursos se pagaba la protección de Osiel Cárdenas en el penal de La Palma.

Sicarios ajusticiados en Nuevo Laredo por los Zetas, con carteles de advertencia a los Beltrán Leyva por tratar de penetrar su territorio.

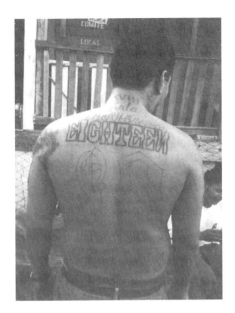

Miembros de la Mara Salvatrucha detenidos en operativo en Tapachula.

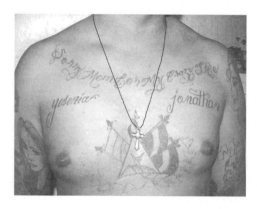

Miembros de la Mara
Salvatrucha deteni-
dos en operativo en
Tapachula.

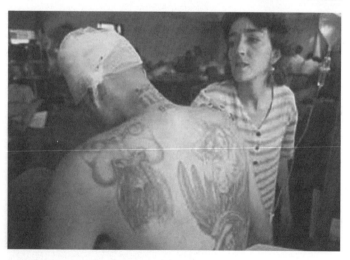

Miembros de la Mara Salvatrucha en Chicago.

Miembros de la Mara Salvatrucha en El Salvador.

Migrantes en Tijuana.

Migrantes en Tijuana.

Adictos al *crack* y a la heroína en las escalinatas de la sede del PRI en Tijuana.

Tijuana y Mexicali

Mexicali: el perfil de los ejecutados

Mexicali es de manera recurrente escenario de ajustes de cuentas y enfrentamientos. Los muertos del narco presentan características comunes: las de las ejecuciones, de la muerte violenta. Francisco Acuña, director del Servicio Médico Forense del estado de Baja California, sabe muy bien cuando el cuerpo encontrado en algún paraje corresponde a una víctima más de la guerra del narco.

«Los cuerpos tienen el disparo en el cráneo, con entrada a nivel occipital, a nivel posterior. Son amarrados de pies y manos. Con frecuencia son arrojados con algún motor, con algo pesado, en un medio líquido, ya sea en un canal o en una pequeña laguna. A veces se encuentran los restos después de un año o más tiempo de forma accidental. Otra de las características que presentan son básicamente las agresiones, los golpes, los hematomas, las contusiones, que son producto de que previamente han sido hostigados físicamente.»

Además de ser jóvenes, de entre 25 y 45 años, la mayoría de las veces los ejecutados por el narco resultan positivos en los exámenes toxicológicos. Antes de morir consumieron cocaína, metanfetamina, cristal, alcohol…

«Tenemos un índice considerable de personas que fallecen con ese perfil y que no son identificadas. Son las que se encuentran no en el lugar en que fueron asesinadas, sino en otro lugar. Van y los arrojan en espacios que al hacer la peritación no concuerdan con los elementos que se encuentran en el cadáver en materia de heridas y lesiones. Hay una mecánica que se pierde a veces porque tratan de enmascarar los sitios en que fueron asesinados.»

Muchos de estos muertos vienen de lejos, llegaron a Mexicali a operar el negocio, a concluir con la ruta seguida por la droga, por el dinero. Javier Salas, director de Seguridad Pública, intenta una radiografía en pocas palabras de la delincuencia común en esta ciudad fronteriza: «La delincuencia derivada del crimen organizado nos ha impactado muy fuerte por las características que tiene nuestra ciudad, donde tenemos tres garitas internacionales, cosa que ni Tijuana tiene. Además, está su cercanía con San Diego y Los Ángeles. Nos impactan el tráfico de personas, el tráfico de indocumentados a nivel de delincuencia organizada, también el tráfico de armas y el tráfico de drogas. Mexicali es también una ciudad que se presenta interesante para el lavado de dinero. Todo eso genera una problemática, ya que aquí hay gente que viene de Jalisco, de Sinaloa, o de Durango, por mencionar algunos estados, con la única intención de cometer algún delito. Quizá no tienen pensado venir a radicar a Mexicali de manera permanente, pero sí utilizar la ciudad como centro de operaciones.»

II

Sorprende que de acuerdo con datos de la Procuraduría General de Justicia del estado de Baja California, los homicidios que pueden ser considerados como vinculados al crimen organizado no llegan a un punto en la estadística de criminalidad. Antonio Martínez Luna, procurador de Justicia en Baja California, donde se encuentran Tijuana y Mexicali, en las que las ejecuciones del narco son cosa de todos los días, trata de explicar y justificar estas estadísticas. «De todos los homicidios dolosos que se presentan, el 80 por ciento, más o menos, son del fuero común. Son delitos ocasionados por cuestiones pasionales, por negocios o por alguna borrachera. Si se contempla lo que son los levantones, las privaciones ilegales de la libertad, lo que aquí ya es una modalidad que tenemos que incluir como tipo penal, junto con los homicidios en relación al crimen organizado, éstos no significan ni el 0.5 por ciento de las averiguaciones previas, pero como son altamente espectaculares, representan una percepción importante para nosotros: la percepción de que te pueden dar un balazo en cualquier esquina.»

Para Martínez Luna el grave problema en la entidad, el efecto más doloroso del narcotráfico, son las adicciones. El número de adictos se incrementa día con día y cada vez son más jóvenes. «Hemos detenido a gente de recursos económicos bastante desahogados, pero los detenemos en asaltos, porque ni modo de que le pidan a su familia, que le digan ahora dame más porque no me alcanza porque soy adicto.»

Ante una situación que sin duda es una emergencia de seguridad y salud públicas, las autoridades buscan aislar a los adictos a las drogas, recluirlos… Para ello, afirma el procurador Martínez Luna, ya se trabaja en las necesarias modificaciones a la ley.

«Lo primero es tener la oportunidad de recluir a estas personas forzosamente en algún lugar, como si fuera un Cereso, o en alguna isla de donde no se puedan escapar.»

Parece imposible, quizá sea una medida desesperada, pero para entender la idea de llevar a los adictos a las drogas a «alguna isla»,

211

como dice el procurador, hay que entender que en Mexicali una dosis de cristal puede conseguirse en ocasiones nada más que por 10 pesos.

Narco callejero en Tijuana: la pesadilla del cristal

El cristal inunda las calles de Tijuana. La droga no sólo se consume, sino que también se fabrica en las más de 700 colonias que conforman la abigarrada geografía de esta ciudad fronteriza. Hay droga por todas partes:

«En dondequiera la consigues», dice Ramón García, quien intenta liberarse del fardo de una adicción de 16 años. «Yo puedo asegurar que en cada colonia hay dos o tres casas en que venden droga. Hay mucha drogadicción en todos los barrios de la ciudad.»

El narcomenudeo impacta de manera dramática a la seguridad pública: «En su lucha por conseguir la droga que requieren tienen que delinquir, cometiendo robos o asaltos», afirma el subcomandante de la Policía Municipal de Tijuana, Miguel Mesina, quien insiste en que los adictos son contratados como sicarios. «Hemos registrado casos donde muchas veces los adictos se prestan para cometer homicidios por ciertas cantidades de dinero para obtener droga.»

Desde las primeras experiencias que se tienen con el cristal, la droga somete a quien la consume a una cruel adicción. «Es altamente adictiva. Las lesiones que provoca en el sistema nervioso central son irreversibles», señala el doctor Manuel Hernández, quien por años ha enfrentado los efectos devastadores de las adicciones a las drogas en la casa de rehabilitación Tesoros Escondidos. «El efecto que produce es la euforia, la excitación, la falta de sueño. Si ves a un joven pálido, con pronunciadas ojeras, en extremo delgado, con miedo en la mirada, ves a un adicto al cristal. Su personalidad se transforma en pa-

212

ranoide; pueden hacerle daño a cualquier persona al imaginarse que esa persona los va atacar.»

Se estima que en Tijuana viven entre 90 000 y 100 000 adictos a las drogas. El perfil más común de ellos es el de jóvenes que pertenecen a la clase social de los supervivientes… habitantes de las modestas y pobres colonias de esta ciudad fronteriza, supuestamente al lado pero muy lejos del sueño americano.

«Vamos a decirlo, subrayado y entre comillas: la ventaja del cristal es que éste no tiene que ser importado, sino que se hace en las calles de Tijuana», dice con un dejo de dolor Manuel Hernández, a quien le ha tocado reconocer los estragos dejados por el excesivo consumo de esta droga sintética, una droga de diseño.

De acuerdo con la experiencia de Hernández, actualmente de cada 10 pacientes que revisa a su ingreso al centro de rehabilitación Tesoros Escondidos, ocho son adictos al cristal, que se elabora en los muchos laboratorios clandestinos de los barrios de la ciudad.

«Nosotros estamos viendo una gran afluencia de personas que están abusando de esta droga. El cristal tiene como base la seudoefedrina o la anfetamina, que para su elaboración es combinada con otros elementos nocivos para la salud, como es el ácido sulfúrico, el azufre mismo, y algunos otros compuestos que dañan de manera irreversible el sistema nervioso de los muchachos.»

Lo mismo en la zona norte, que en la de Chapultepec, en Lomas Taurinas o en La Mesa… en todos los barrios y colonias de esta ciudad fronteriza proliferan las llamadas tienditas, lugares donde por 30 o 50 pesos se puede comprar una dosis de cristal… el llamado globito. El globito de la triste euforia.

«El cristal provoca una sensación de fuerza, una sensación de vigilia, se acaba el cansancio», apunta Hernández.

Tienditas y droga hay por todas partes. Cuando se le pregunta al subcomandante Mesina, de la Policía Municipal, cuántas hay en la ciudad, su primera respuesta es un largo suspiro, que denota un enorme número que se multiplica sin cesar. Las razones para la prosperidad de este negro negocio tienen que ver con su movilidad; no hace falta mucho para convertir lo mismo una tienda de abarrotes que una casa habitación o un cuarto erigido con materiales de desecho en cualquier baldío, en un expendio dedicado a la venta de drogas.

«Realmente tenemos una cantidad muy grande, pero muy grande de tienditas en la ciudad. Todas las colonias están plagadas de estas famosas tienditas», apunta el subcomandante Mesina.

Víctor Clark Alfaro, del Centro Binacional de Derechos Humanos, organización dedicada en un principio a velar por los derechos de los inmigrantes, con el tiempo ha desarrollado un análisis de los problemas sociales surgidos en la frontera. Del narcotráfico callejero, de las tienditas, dice que es un negocio atomizado, horizontal, a nivel de barrio, sin grandes organizaciones como ocurre con el narcotráfico... pero un negocio de millones de dólares que prospera en cerca de 5 000 tienditas diseminadas en las más de 700 colonias de Tijuana.

«En esta ciudad con 729 colonias, con unos 3 millones de habitantes, nuestra oficina estima, porque es información que hemos cruzado con la Policía Municipal y con vendedores de droga en las calles, que hay de tres a cinco tienditas y picaderos por colonia. Estamos hablando de más de 3 500 tienditas en la ciudad.»

Las estimaciones por parte de Clark Alfaro sobre el monto del negocio del narco callejero en Tijuana estremecen: «Sacando cuentas con vendedores de droga al menudeo, se trata de datos que no tienen ninguna metodología científica para obtenerlos, sino sólo el hacer cuentas con los vendedores de la calle, preguntándoles cuánto ganan; así calculamos que la venta de la droga al menudeo en Tijuana mensualmente puede reportar ingresos de alrededor de 35 millones de dólares.»

Sólo en una colonia, la ganancia estimada de los distribuidores de droga es de miles de dólares a la semana.

David Solís, presidente del Comité Ciudadano de Seguridad Pública, calcula los montos del negocio del narcomenudeo. Solís conoce bien los barrios de la ciudad; por años trabajó con las organizaciones de grafiteros locales. «Tijuana tiene menos de 750 colonias. Vamos a tomar como ejemplo a la Infonavit Presidentes. En la Infonavit Presidentes hemos calculado ya el número de usuarios de heroína, el número de usuarios de cristal y el número de usuarios de marihuana. Sumadas todas esas personas, consumen a la semana un promedio mínimo de 10 000 dólares en drogas. Ésa es la magnitud del negocio. En otra colonia, la Sánchez Taboada, el consumo semanal puede alcanzar los 40 000 dólares.»

Solís describe cómo operan las tienditas del narcomenudeo bajo la protección de las grandes corporaciones del crimen organizado: «El cristal no es una droga que quede fuera del control de los grandes cárteles. Las personas que participan en lo que es el negocio del narcomenudeo se han estructurado en formas de organización similares a los corporativos. De esta manera, en Tijuana se están haciendo los *kluster* del crimen organizado, *kluster* de los Arellano Félix, *kluster* de El Chapo Guzmán, *kluste*r de El Mayo Zambada, *kluster* de los Valencia. En fin, de los diferentes cárteles. Hay gente que les está trabajando a ellos en el narcomenudeo. Así es como ha evolucionado la venta de drogas al menudeo en esta plaza.»

III

A pesar del incremento en cuanto al número de aseguramientos de droga realizados por la Policía Municipal, las tienditas funcionan al amparo de la corrupción. Es frecuente ver patrullas cerca de los lugares donde se vende droga.

«Todo el mundo sabe que la vigilancia y el control de este tipo de problema son muy limitados», señala el doctor Manuel Hernández. «Nosotros podemos ver con frecuencia alrededor de los lugares donde se vende droga la aparición de algunas patrullas. Inferimos por qué andan por ahí. Aunque no nos consta, el motivo de esas visitas es la corrupción.»

La protección con la que trabajan las tienditas se multiplica y crece en recursos que suman enormes cantidades de dinero.

«La autoridad de todos los niveles está articulada a través de la protección y el cobro semanal o diario de esa protección», apunta Víctor Clark Alfaro. Hay tienditas que pueden proporcionar 50 o 100 dólares diarios, lo que en conjunto suma fuertes cantidades.

La suma de esos 100 dólares diarios multiplicados por 3 000 tienditas arroja 300 000 dólares al día. Ése es el precio de la protección que el narco callejero en Tijuana paga para seguir operando.

IV

Si el negocio del narcotráfico a gran escala ha hecho de Tijuana una de sus principales plazas, el del narco callejero, el del narcomenudeo, ha impactado en la vida de la ciudad.

El subcomandante Mesina reconoce que el narcomenudeo ha hecho de Tijuana una ciudad insegura. «Algunas de las jurisdicciones con mayor índice delictivo son La Presa y La Mesa. Lo mismo algunos lugares como el conocido Camino Verde o Grupo México, como se le denomina, colonia ubicada en La Presa. Tenemos La Morita, donde ha habido también muchos problemas. Lo que es el sector Buenos Aires, el sector Matamoros. Hay muchas áreas con problemas en la ciudad. Realmente el problema del narcomenudeo lo podemos encontrar en cualquier lugar.»

La diferencia entre el narcotráfico a gran escala y el narco callejero es la visibilidad. Aunque es cierto que la disputa por la plaza de Tijuana ha dejado en los últimos años un saldo de 500 muertos en ajustes de cuentas y ejecuciones, también lo es que la urgencia de la próxima dosis lleva a muchos a delinquir y los hace visibles. La adicción se convierte entonces en un problema de seguridad pública.

Los viejos adictos como Ramón García saben bien lo que muchas veces es necesario hacer para tener los 200 pesos para la siguiente dosis de heroína o los 30 pesos para la de cristal:

«Estuve en las prisiones en una y en otra, por asalto, por la misma necesidad. No te satisfaces con lo poco que puedes ganar y por eso tienes que andar haciendo fechorías.»

De los 25 años vividos por García en la adicción, cuenta que pasó 16 en distintas cárceles. Hoy trata de dejar atrás las drogas; ha encontrado una manera distinta de vivir en el centro de rehabilitación Tesoros Escondidos.

Miguel Béjar tiene 32 años de edad y ha vivido 15 en la adicción a la heroína. Llegó a pincharse 12 veces al día.

—¿De dónde venía el dinero para la droga?

—Cuando podía, de mi oficio: soy carrocero [hojalatero de autos], trabajaba para mi vicio. Después empecé a robar; fui a dar tres veces a la cárcel.

Los 90 000 adictos que viven en esta ciudad fronteriza son parte de los 3 millones de habitantes de Tijuana. Pueden ser el hijo de la vecina, de la comadre, el muchacho o la muchacha de enfrente… quizá el propio hijo, quien necesita con urgencia dinero para acallar las exigencias del vicio y pronto saldrá a la calle para conseguirlo.

«A diferencia de los cárteles de las drogas, de los grandes empresarios de las drogas, que son invisibles, las tienditas son visibles porque están instaladas en todas las colonias de la ciudad», dice Clark Alfaro. «Es un círculo vicioso porque los adictos son los mismos jóvenes que viven en la colonia. La gente les tiene miedo; además, no los denuncia porque muchas veces los conoce desde niños. Como las dosis son muy baratas, 30, 40 pesos, cuando mucho 50, entonces roban lo que pueden, lo mínimo, para conseguir ese dinero.»

V

El cristal se fabrica de manera masiva en cientos de laboratorio clandestinos diseminados por la ciudad.

El subcomandante Miguel Mesina describe los laboratorios caseros donde se fabrica esta droga: «Generalmente son cuartos que ellos habilitan. Tienen una pequeña estufa donde hacen sus mezclas. Los implementos que usan son baldes y botellas, todo muy rústico; ninguno de ellos es un laboratorio en forma.»

La base de la fabricación del cristal, una pasta que puede fumarse, inhalarse o inyectarse, cuyas dosis se venden en bolsas de plástico y se conocen como globitos, está al alcance de la mano en cualquier farmacia en medicamentos como el Actifed, de donde puede extraerse la seudoefedrina.

«Esas sustancias son de uso medicamentoso», dice Manuel Hernández, «pero se han especializado en depurarlas de los medicamentos, en decantar y seleccionar la sal que requieren. En el mercado negro se consigue con facilidad la base de esta droga.»

El mercado negro de medicamentos como el Actifed se extiende en Tijuana a través de las muchas farmacias que hay en la ciudad. Basta con atar cabos, con sumar. En Tijuana hay 1 400 farmacias, un enorme número. Sólo en la avenida Revolución, la famosa zona turística de la frontera, hay 84 farmacias.

Clark Alfaro, gracias a testimonios, conoce de primera mano la preparación del cristal: «En todas esas farmacias venden el Actifed, por ejemplo, que tiene efedrina. Entonces compran miles de cajitas de ese medicamento. Lo que hacen después es poner en ollas las pastillas. Le ponen alcohol, acetona, *broil,* el líquido para encender el carbón. El caso es que lo que hacen con las pastillas es quitarles el dulce, dejar que la metanfetamina se asiente. Hay todo un proceso en el que al final queda una pasta como de requesón, de color blanco; ése es el cristal. Se vende como pasta. Los que lo producen lo venden a los que van a venderlo al menudeo.»

Mesina no duda de que el negocio del narcomenudeo, de la fabricación y la venta de cristal, va de la mano con la falta de regulación de las numerosas farmacias de la ciudad. «Vemos un enorme descontrol en cuanto a las farmacias. Realmente no están siendo controladas de manera adecuada, ya que no puede ser que vendan cantidades tan exageradas de medicamentos que sabemos son usados para la fabricación del cristal.»

Las ganancias estimadas de quienes emprenden el negocio de la fabricación de cristal son abundantes. «Sólo para que se den una idea, un conocido invirtió 30 000 dólares. Hay que pagar 18 000 dólares al cocinero, 2 000 dólares al ayudante, más la compra de la mercancía. En total invirtió 30 000 dólares y obtuvo una ganancia de 108 000 dólares. Cocina tres veces al año y con eso tiene para vivir tranquilamente», dice Clark Alfaro.

Las tienditas y los laboratorios clandestinos proliferan en Tijuana amparados por la corrupción, además de que poseen una enorme movilidad dadas sus características y de que se trata, por decirlo así, de negocios de barrio. La delincuencia y el narco de la calle.

Al final de la cadena de delitos que permite la fabricación y la venta masiva de cristal en los barrios de Tijuana están los adictos: «Generalmente se trata de gente joven, gente de escasos recursos económicos. Se puede ver que son personas que tienen problemas de índole social. Vienen de matrimonios deshechos o que tuvieron muchos problemas dentro de su ambiente familiar. La mayoría de ellos carecen de estudios», apunta Mesina.

Éste es el perfil de las víctimas de los sueños rotos y las vidas truncadas.

Osiel Cárdenas y Benjamín Arellano Félix

El 16 de agosto de 2004 ocurrió un repentino cambio en la Secretaría de Seguridad Pública federal, por el cual llegó a ser titular de ella el entonces subsecretario de Gobierno de la Secretaría de Gobernación, Ramón Martín Huerta, en reemplazo de Alejandro Gertz Manero que, en la versión oficial (que nadie creyó), obtuvo del presidente Fox la autorización para jubilarse. Meses después, Huerta murió en un accidente aéreo con un grupo importante de sus principales colaboradores y fue reemplazado en el cargo por el ex director del CISEN, Eduardo Medina Mora.

En los hechos la razón de la salida de Gertz y su reemplazo por Huerta es sencilla: el gabinete de seguridad no funcionaba como tal prácticamente desde el inicio del sexenio de Fox por las evidentes diferencias existentes entre el propio Gertz y el ex procurador Rafael Macedo de la Concha, el secretario de la Defensa, general Vega García, el ex secretario de Gobernación, Santiago Creel, y particularmente (en esa dependencia) quien resultó su sucesor, Ramón Martín Huerta. El área de seguridad nunca funcionó en forma homogénea y a eso se agregaron los enfrentamientos con los hombres que habían creado el sistema nacional de seguridad pública: el almirante Wilfrido

Robledo Madrid y el director de la AFI, Genaro García Luna, todo ello en un contexto inocultable: la lucha por el control de un sistema nacional de seguridad pública que luego de un inicio, en el sexenio pasado, con increíble fuerza y enormes inversiones (que se reflejó en resultados), fue decayendo hasta convertirse en una máscara. En medio de esa decadencia, la insistencia desde la SSP en cambiar los equipos de comunicaciones del sistema, que (como los de la PGR y la Defensa e incluso los de las principales instituciones de seguridad estadounidense) son de la empresa francesa MATRA, por los estadounidenses de Motorola. Esa batalla política se decidió con la salida de Gertz. Tan evidente había sido esa lucha que éste, que llegó a demandar penalmente a Robledo Madrid, García Luna y otros funcionarios de la anterior Policía Federal Preventiva, decidió no designar a nadie al frente de esa corporación policiaca y él mismo fungía, simultáneamente, como secretario de Seguridad Pública y como comisionado de la PFP.

Pero si ésos eran los graves problemas estratégicos que se daban en el área de seguridad pública desde el inicio del sexenio foxista, mucho más grave era lo que estaba sucediendo en áreas neurálgicas para la seguridad, particularmente en los penales federales de alta seguridad como el de La Palma. Ya en el semanario *Milenio*, el 19 de enero de 2004, habíamos advertido que en esa cárcel se estaba preparando la fuga de importantes detenidos, como Osiel Cárdenas y Benjamín Arellano Félix, quienes estrecharon una sólida alianza en el penal (ambos fueron detenidos con pocas semanas de diferencia en 2003), a la que se sumaron otros narcotraficantes importantes, secuestradores como Daniel Arizmendi (nadie quería asumir la defensa del llamado Mochaorejas, hasta que Osiel gestionó la contratación de un defensor para el secuestrador, que desde entonces cambió radicalmente su actitud en el penal) e incluso algunos de los detenidos acusados de ser parte del EPR.

La operación política realizada por Osiel, secundado por Arellano, en la cárcel de Almoloya fue notable: crearon una asociación de abogados defensores y de familiares; amenazaron y compraron; adversarios de dentro y de fuera del penal fueron asesinados o intimidados; organizaron las cosas de forma tal de tener el virtual control de buena parte de lo que sucedía en el reclusorio, al mismo tiempo que reclamaban mayores derechos en él como si fueran especialmente hostigados. Cuando se dan las fugas de presos ligados a Cárdenas en los penales de Apatzingán y Matamoros, organizadas por el principal brazo operador de Osiel, el grupo de los Zetas (que ha penetrado ya no sólo en Tamaulipas, sino también en Nuevo León, San Luis Potosí, el norte de Veracruz, Baja California y Michoacán), se comenzó a especular con que éstos intentarían tomar La Palma para liberar a Osiel y Benjamín. Incluso a mediados de 2004 cundió la alarma cuando Cárdenas, Arellano y Arizmendi tomaron las oficinas del director de la cárcel exigiendo mejores condiciones de detención. La advertencia era evidente: si tres de los principales delincuentes podían llegar a las oficinas del director, estaban en condiciones de hacer cualquier cosa dentro del penal. El hecho fue negado por la SSP, pero confirmado extraoficialmente por otras instituciones de seguridad pública federal, incluso con los detalles sobre lo ocurrido, lo que demostraba que el control interno de La Palma se había perdido.

En realidad, las investigaciones realizadas por las autoridades (y que fueron uno de los detonantes para el cambio de Gertz por Huerta) demostraron que si bien se habían realizado numerosos proyectos y ensayos para evaluar la posibilidad de organizar una fuga tomando desde fuera La Palma, la factibilidad de que ésta se diera estribaba, sobre todo, en el control creciente que ese grupo de detenidos tenía sobre el penal. El golpe que recibió una célula del cártel

del Golfo a mediados de agosto de 2004 (un operativo que, insistimos, fue decisivo para el cambio en la SSP federal) con la detención
de 13 personas y la incautación de varias viviendas, incluyendo una
que funcionaba como laboratorio de procesamiento de cocaína en
plena Lomas de Chapultepec en la Ciudad de México, permitió confirmar mucha información sobre cómo funcionaba esa red de comunicación y control dirigida sobre todo por Cárdenas desde la cárcel
supuestamente de máxima seguridad: se descubrieron cartas con indicaciones muy específicas de Osiel para los miembros de esa célula
(que entre otras responsabilidades estaba encargada de la comunicación con el capo en el presidio) y que iban desde órdenes para ciertas
operaciones financieras hasta indicaciones para ajusticiar a determi-
nados adversarios; teléfonos celulares enlazados con el que tenía
Osiel en Almoloya; un par de armas cortas que se pensaba que serían
entregadas al propio jefe del cártel o a su gente dentro del reclusorio;
direcciones de otros miembros de la organización e incluso elementos detallados sobre cómo, con quiénes y a qué costo se estaba tomando el control desde dentro de La Palma, utilizando exactamente
los mismos mecanismos que le permitieron a Joaquín El Chapo
Guzmán tener el poder interno de Puente Grande, hasta que en enero de 2001 decidió fugarse.

Incluso el laboratorio descubierto en las Lomas, lo mismo que la
red establecida en torno a él, permitieron observar cómo funciona
este esquema de protección y control. Para que el mismo sea viable
se necesita dinero, mucho dinero: en la casa se encontraron 2 millones de dólares en efectivo, pero también quedó en claro que la mitad
de la droga procesada en ese lugar era para el mercado, el narcomenudeo, de la Ciudad de México (aquí, donde el procurador Bernardo
Bátiz asegura que no está asentado ningún cártel de la droga), con el
objeto de mantener la organización y obtener los recursos para la

operación local y su enlace con La Palma. Se comprobó cómo desde la cárcel se daban órdenes para ciertos operativos locales y cómo por los mismos mecanismos llegaban indicaciones a los equipos externos para realizar no sólo actividades ligadas al narcotráfico, sino también secuestros y otros «negocios» del crimen organizado.

El dinero es el que mueve los mecanismos de protección: los abogados en muchas ocasiones son los que garantizan la inmunidad de los detenidos, a través, precisamente, de recursos que llegan a los más insospechados lugares (desde jueces y magistrados hasta personajes del palacio legislativo de San Lázaro, cuando ello es necesario), todo mientras los enlaces con los guardias de la prisión, vía la corrupción o el miedo, permite la operación sin mayores dificultades. Ahí está uno de los mayores problemas en términos de seguridad pública y una de las más grandes desventajas de las autoridades a la hora de enfrentar estos desafíos. ¿Pueden romperse esas tramas? Sí, pero uno de los principales instrumentos para hacerlo, como sería la posibilidad de extraditar a algunos de estos personajes para romper de hecho esas redes, es dificultoso legalmente, precisamente por la intervención de muchos de estos intereses. Por lo pronto, una fuga de grandes capos del narcotráfico no es imposible, pero lo que sí es una realidad cotidiana es que ellos, en La Palma y en muchos otros penales del país, simplemente están teniendo el control interno y manejando, desde sus celdas, un buen porcentaje del crimen organizado. En esa historia se debe ahondar para descubrir muchas tramas ocultas o incomprensibles en el México de hoy.

En octubre de 2004, 45 presos considerados de alta peligrosidad fueron trasladados del penal de La Palma al de Puente Grande, en Jalisco. Entre ellos se encontraban el asesino confeso de Luis Donaldo Colosio, Mario Aburto, y el célebre narcotraficante (pero que está a punto de cumplir 20 años en prisión) Rafael Caro Quintero. El traslado había sido decidido por el entonces secretario de Seguridad Pública, Ramón Martín Huerta, varias semanas atrás, pero diversos acontecimientos, incluido el asesinato en el propio reclusorio del narcotraficante Miguel Ángel Beltrán Lugo, El Ceja Güera, y un traslado de presos realizado en Sonora, lo postergaron. Finalmente unas horas antes se convocó a los principales mandos de la PFP para que llevaran a cabo esa operación, que se concretó sin contratiempos.

Para la mayoría ese traslado fue una respuesta a la presión que estaban ejerciendo las organizaciones del crimen organizado que operan dentro del penal de La Palma, encabezadas por Cárdenas y Arellano, y fue una suerte de carta de presentación, como su primera operación en gran escala, de Huerta y de los nuevos mandos de la PFP: el almirante José Luis Figueroa como su nuevo comisionado y el general Tomás Valencia Ángeles como jefe del estado mayor de esa fuerza policial (el primero fue destituido por el caso Tláhuac, donde fueron asesinados por una turba dos agentes de la PFP; el segundo falleció en el accidente aéreo en el que perdió la vida Huerta). Para otros la acción fue importante, pero decían que no alcanzaría a desarticular la organización que se había dado dentro del penal entre miembros de distintos grupos del crimen organizado, e incluso se argumentó que ello podría haber aumentado la presión en Puente Grande.

La impresión de que algo seguía sin funcionar en el sistema penitenciario la tuvimos el domingo 10 de octubre de ese mismo año, cuando ocho miembros de una peligrosa banda de secuestradores pudieron fugarse del penal mexiquense de Neza Bordo haciendo un alarde de fuerza y organización, portando incluso metralletas. ¿Tiene relación esto con lo que sucedió en Almoloya? Es muy probable: se dice que quienes organizaron la fuga de los secuestradores de Neza Bordo eran parte de la banda de los rescatados, apodados los Macizos: éstos estaban relacionados con el famoso secuestrador Daniel Arizmendi, El Mochaorejas. Y éste se había unido muy estrechamente a Cárdenas y Arellano en Almoloya: trabajaban juntos. Casualmente son los Zetas, bajo las órdenes del primero, los que han organizado ya fugas en un penal de Baja California, en el de Apatzingán, Michoacán, y varias otras en penales de Tamaulipas. Así que la fuga de Neza sí podría tener relación con lo que sucede en Almoloya.

No son los únicos casos. Un sobrino de los Arellano Félix, menor de edad pero que ya formaba parte de un grupo de sicarios, fue rescatado por un comando de un centro de reclusión para menores en Nuevo Laredo, apenas unas horas después de haber ingresado en él.

Y la verdad es que la situación sigue siendo preocupante y trasciende lo que sucede en las cárceles, aunque tiene relación con ello. Ese mismo fin de semana de octubre de 2004, también en Nuevo Laredo, que ha sido uno de los centros de los mayores ajustes de cuentas entre grupos del narcotráfico, se encontraron cinco personas asesinadas en una casa. Por si quedaran dudas sobre el móvil de las muertes, se hallaron cartulinas que advertían a los narcotraficantes Joaquín El Chapo Guzmán y Arturo Beltrán Leyva, del cártel de Sinaloa, que el mensaje era para ellos y que ya no enviaran gente a ese territorio. Los cuerpos de seguridad atribuyeron esos asesinatos a los Zetas, que trabajan para Osiel Cárdenas. Apenas unos días antes, un comando de 18 personas había sido detenido en esa misma ciudad, todos pertenecientes también al grupo de El Chapo, con un formidable arsenal en su poder. La semana anterior otro de los principales sicarios de ese grupo, El Ceja Güera, fue asesinado de cinco tiros en pleno comedor de Almoloya. Antes había sido muerto (estrangulado) otro interno, y un alto funcionario del mismo reclusorio también fue muerto a tiros en uno de los camiones de transporte de la cárcel a Toluca.

En Tijuana esa misma semana hubo otros cuatro ejecutados. Con ellos la cifra de muertos por ajustes de cuentas entre distintos grupos del narcotráfico sumaba, sólo en Tijuana, la escalofriante cifra de 257 muertes, y eso que los Arellano Félix suelen hacer desaparecer a muchas de sus víctimas, con lo que el número podría ser incluso mayor. En Sinaloa no existe una cifra oficial, pero se habla de que las muertes por ajustes de cuentas han superado ya las 600 durante 2004. Algo similar estaba ocurriendo en Tamaulipas; recordemos que en ambos estados hubo elecciones locales y cuando ello ocurre los grupos del narcotráfico entran en un proceso de competencia y desestabilización, buscando ganar o recuperar posiciones.

En el estado de México, el ex procurador de Justicia Alfonso Navarrete Prida ha advertido del problema potencial que se está dando en la zona aledaña a La Palma porque con ingentes recursos las familias, los abogados y los amigos de los principales internos del penal poco a poco están copando la zona, comprando y rentando propiedades.

Las autoridades federales tienen múltiples pruebas de cómo los principales detenidos en La Palma seguían manejando desde la cárcel sus negocios al detalle. Y sólo podían hacerlo teniendo control sobre una parte de quienes prestaban servicio en ese centro y con la colaboración de ciertos abogados y familiares.

Estas historias son parte, una parte espectacular pero mínima, de lo que está ocurriendo en buena parte del país, donde la violencia crece sin que tenga un dique que la contenga: cada vez hay más muertos, cada día el desafío de estas organizaciones a las autoridades es mayor, y a veces pareciera que el Estado, simplemente, está rebasado. Es verdad que se nos dirá que todo lo relatado es parte de un capítulo particular de la vida nacional que podría catalogarse, solamente, como la consecuencia de la guerra entre los distintos grupos del crimen organizado a partir de la detención o muerte de varios de sus principales líderes, o sea como consecuencia de los éxitos obtenidos en la propia lucha contra el crimen organizado. En parte es verdad. También lo es que la situación es compleja porque tenemos un sistema legal que no se ha adecuado con la velocidad necesaria a los requerimientos del crimen organizado.

Por ejemplo, cuando se dice que el traslado de La Palma de esos 45 detenidos pudo no ser relevante, se comete un error: lo es, porque quitó presión a ese penal y si bien no se pudo trasladar en ese momento a los que parecían ser los principales controladores de la cárcel, también es verdad que, al haber menos internos, el control sobre ellos podía ser mayor, lo mismo que la exigencia de rendición de cuentas hacia los propios guardias y funcionarios carcelarios. El punto es que no se podía trasladar a Osiel o Arellano o Arizmendi porque estaban sujetos a proceso y la ley impedía su traslado. Sólo podían ser movidos personajes como Aburto o Caro Quintero, que ya tenían sentencias en firme. Y más de dos tercios de los detenidos en esa cárcel aún estaban en aquella época bajo proceso.

Algunos en el gobierno federal siguen pensando que la solución a estos desafíos sigue siendo la extradición de muchos de estos personajes, que son requeridos por el gobierno de Estados Unidos. Que sólo así, dicen, se romperá la red de complicidades. Muchos reaccionan, automáticamente, con el rechazo a esta medida. Quizá tengan razón, pero se debe reflexionar seriamente sobre las opciones verdaderamente mejores para romper con un cáncer que sigue avanzando.

El lunes 18 de octubre de 2004 el narcotraficante Osiel Cárdenas, jefe del cártel del Golfo, volvió a desafiar a las autoridades y a los «usos y costumbres» de los capos del narcotráfico. Si unas semanas atrás había sorprendido al publicar un desplegado pagado en los periódicos, dirigido al presidente Fox, quejándose de que estaban siendo violados sus derechos humanos y los de sus abogados y familiares en La Palma, entonces llamó, directamente del penal al noticiero de Carlos Loret en Televisa y mantuvo una larga entrevista sin ser molestado. Antes, semanas atrás, junto con Arellano y Arizmendi, habían tomado las oficinas del propio director del reclusorio. En el camino, dos recluidos en La Palma, adversarios de este grupo, fueron asesinados, así como un alto funcionario del penal, y en las afueras del mismo se habían dado otros ajusticiamientos, particularmente de personajes ligados a distintos reclusos, entre ellos un par de abogados.

Todo ello demostraba que Osiel Cárdenas y sus asociados seguían teniendo control sobre el penal y que el capo, además, tenía instinto e intereses políticos que iban más allá de lo que algunos suponen muestran los narcotraficantes tradicionales. Que el eje de la llamada a Televisa haya sido decir que Santiago Vasconcelos le ofreció cambiar su posible extradición a Estados Unidos por el involucramiento en estas actividades del gobernador de Tamaulipas, Tomás Yarrington, podrá mostrar mala fe del famoso detenido, pero demuestra que sabe lo que quiere y cómo generar disputas políticas internas, presentándose como víctima y no como victimario (recordemos que el apodo que tenía Cárdenas antes de caer detenido era El Mataamigos, por su predisposición a deshacerse por la vía violenta de muchos de sus antiguos aliados).

Pero todo eso demostró también el control de Cárdenas sobre su propia organización, un control que ejerce desde el penal en el que está recluido. Esa ofensiva política del narcotraficante tamaulipeco comenzó cuando en dos operativos, uno en Metepec, en el estado de México, y el otro en Lomas de Virreyes, en el DF, se desmantelaron dos células que servían como su enlace, desde el penal, con el resto de su organización y, sobre todo, las cuales actuaban como intermediarios para financiar la costosa operación de mantener los privilegios y el relativo control dentro de la cárcel, lo mismo que las actividades desarrolladas fuera de ésta.

En la casa de Metepec se encontraron numerosos mensajes escritos de Cárdenas con instrucciones para distintos grupos e informes de estas células a su jefe en la cárcel, como se puede observar en los documentos que a continuación presentamos. En uno de ellos se dice (se respeta el texto original): «56 896 le debe empresa a JC; Chucho ya tiene los 200 en el hospital y en Sierra 450, el nuevo no se vino y de los 5 475 el Cordi agarró 20 000 y se está agarrando prestado de la sociedad porque no hay en caja». Luego se asientan las respuestas de, aparentemente, Osiel: «Se autoriza que se le dé la mitad a la sociedad de 96 y la otra mitad a JC; se autoriza moverse a RB, Rey». Pero es más importante la siguiente instrucción, en la que se dice que se debe «mandar a un muchacho a Acuña a platicar con el jefe de la p. estatal y darle una feria. Está reinvirtiendo lo de néctar tiene 150 y pidió 50 más y en nacional tiene 5 toneladas y pidió 2 más». Más claro, imposible.

Otro documento de puño y letra encontrado en la casa de Metepec demuestra la comunicación de Cárdenas con su organización y confirma, también, cómo los lazos de la misma van más allá de nuestras fronteras. Dice el documento (respetamos ortografía y sintaxis original): «ase cuatro días ya se fue como testigo al otro lado. Pidió licencia porque Villa lo quería matar. Sr. Alicia amiga de 14 y ella comprobó todo lo que dice Villa Fabián Campos con AM. Ese le manda mensaje a doble cuidado con Mage Peña, Bimbo reunión con Villa». Continúa en la página siguiente: «en la reunión estubo Orlando Romel, Mage Peña. Tomy Romas Macalen. Le contó el esposo de la amiga de Villa a Romel. Despúes ubo otra junta casa de Mc Alen. En esa junta la iso Orlando con la fam. de Romel para informarles. Les dije de Villa todos los movimientos de Villa. Esa info se las da Mage Peña». Y concluye: «esto se comentó ase y llesaben domicilios de la gente de usted. La esposa del hermano de Romel le dise que tenga cuidado de Romel porque tiene una investigación contra la gente». Va firmada por «XX, 14, Villa, Jackc» y concluye: «ubo una reunión con Armando Muñoz, el otro lado, agente FBI, puesto bueno». Así maneja Osiel Cárdenas su organización desde el penal de máxima seguridad de La Palma. Así corrompe policías a ambos lados de la frontera.

El control de un narcotraficante sobre su organización, en este caso Cárdenas sobre el cártel del Golfo, es difícil de conservar una vez que ha sido detenido. Normalmente tiene gente que le sigue siendo leal, pero, incluso entre éstos, más temprano que tarde se muestra la condición humana y los antiguos líderes que ya no pueden imponer afuera temor o respeto son reemplazados rápidamente. Si existen lealtades se les mantiene el apoyo financiero a ellos y sus familias, se les cuida para que sean respetados en prisión, pero nada más. Mucho menos se les informa qué sucede o se les pide consejo, y menos aún se siguen sus órdenes. Ejemplos hay muchos: narcotraficantes de la primera generación, como Rafael Caro Quintero, don Neto Fonseca o Miguel Ángel Félix Gallardo, que fueron poderosísimos hace 15 o 20 años, hoy significan poco y nada en el mundo del crimen organizado.

Para poder mantener control fuera se requiere de recursos, de eficientes sistemas de comunicaciones y, sobre todo, de demostrar la capacidad de operar y particularmente de intimidar o ejecutar las venganzas. El temor, que se confunde con respeto, es básico en este sentido. Y eso es lo que está tratando de hacer, y hasta ahora lo ha logrado, un narcotraficante tan importante como Cárdenas.

En los documentos citados anteriormente, encontrados en la casa de Metepec, donde operaba una de las células encargadas precisamente del enlace de Cárdenas con su organización y también de financiar los movimientos de su jefe en el entorno carcelario, se encontraron muchas más comunicaciones de Osiel con sus subordinados e informes que éstos le enviaban a la cárcel (obviamente hay que preguntarse cómo les llegaban, y las respuestas son muy obvias: por las mismas vías que le han permitido a Osiel y a muchos otros tener celulares en el penal, o cómo llegó el arma que mató al narcotraficante Ceja Güera: mediante mecanismos de corrupción).

Se encontraron textos con la puntualización detallada de ciertos movimientos. Por ejemplo, en uno de ellos (se respeta la ortografía y sintaxis originales) se dice: «jetta tiene de teniente a un sobrino y a un compadre de un tal funky que es 100% gente de Nacho Coron [se trata de Nacho Coronel, un famoso narcotraficante enfrentado con Osiel]; a estos les detuvieron con 22 kilos de maria juana». Más adelante se lee: «el muchacho ya pasó la garita 300; mamito en MA [¿Miguel Alemán?]; accidente 5:15, 3 vehículos». Otro texto dice: «el Dr. esta 1 antes de donde vivía Búfalo Desga [no se entiende la letra]; los chapulines ya cruzaron los 300; el nuevo se va el lunes; ya se entregaron 75 al compa para la dura».

Y luego existe otro documento muy interesante que parece escrito por el propio Osiel con instrucciones para su gente. Allí dice: «1) construir una guardería tipo Jungle Gym afuera de Almoloya; 2) médico para todos los internos de la misma empresa según sus necesidades del interno, como ejem: *cevalín, pharmaton* u otro tipo de medicamento que urge los que están mal; 3) buscar un ex militar abogado y contratarlo en el buffet como licenciado pero no tener contacto con los internos, únicamente jurídico y escritos». Y agrega una reflexión: «la gente inteligente habla de ideas, la gente común habla de cosas, la gente mediocre habla de la gente». Luego continúa: «4) conseguir todos los libros, manuales, leyes, derechos humanos, servicios militares y sacarles copias como prueba documentar que obren en altos no se pierde nada, al contrario sirve para atraer con sus mismas leyes "P30" legislación militar, etc. La mayoría de todos fuimos detenidos por militares; 5) solicitar los folletos de derechos humanos internacional; 6) solicitar los trípticos de derechos humanos en México; 7) reglamento nuevo del Cereso, diario oficial de la federación 15 de enero del 2004».

Este texto de Cárdenas es muy interesante porque, además de no estar en clave, muestra con claridad una parte de la estrategia que se ha seguido en La Palma: construir una guardería para los hijos de los detenidos en las afueras del penal, otorgar médico a todos los de la «empresa», o sea los aliados o miembros del grupo (antes Osiel había conseguido abogados para todos los de la «empresa»), y es muy interesante cómo propone buscar a un militar abogado para incorporarlo al bufete de defensores, explicando que éste no se debe mezclar con los internos. Lo mismo sucede con la estrategia de buscar una defensa de derechos humanos, incluyendo la justicia militar porque «la mayoría fuimos detenidos por militares». Finalmente, la reflexión última, aunque parezca de libro de superación personal, muestra que Cárdenas es algo más que un narcotraficante que abusa de la violencia.

Pero otro documento es mucho más crudo y parece escrito también por este capo. Dice: «recados pendientes: 1. que le digas a 14 que la gente que hande en Laredo si es gente del Chapo o Arturo Beltrán que le den piso [o sea, que los maten]. 2. que le digas a 14 que le cobre a papa lo de TXArturo [aparentemente el jefe de la banda de los Texas] porque ya es mucho tiempo. 3. que le digas al conta que mande 100 000 dólares para el vecino 1 Benja [¿Benjamín Arellano Félix?]. 4. Pablo habla con el sr. de la casa de Mcallen para que se apure con los papeles. 5. hablar con la sr Celia que los quiere mucho y que le hechen muchas ganas. 6. hablar con el cuñado para a ver que pasó con eso que no llego que yo les entregue». Ahí termina el documento.

Poco después, como consecuencia de la información descubierta en la casa de Metepec, se ubicó otra residencia de una célula de Osiel en Lomas de Virreyes, en la Ciudad de México. Allí lo interesante fue descubrir cómo se financiaba en parte toda esta operación: en la casa, además de encontrarse 2 millones de dólares en efectivo, se halló (junto con mucha documentación relacionada con La Palma y el propio grupo de Cárdenas) un laboratorio para procesar cocaína, dedicado sobre todo a producir esa droga para la venta local, para el mercado interno y así financiar toda la operación en torno a La Palma, incluyendo los pagos de abogados, desplegados y obviamente de conciencias y protección dentro y fuera del penal.

Es la primera vez que se encuentra una célula de primer nivel de uno de los grandes cárteles, dedicada casi exclusivamente a una operación de estas características y produciendo droga, en este caso cocaína, para el mercado interno. Lo que confirma, además, cómo el negocio del consumo de droga en México se ha convertido, incluso para estas grandes organizaciones, en algo tan redituable como para poner sus ojos en ello.

Sin duda, Osiel Cárdenas controlaba el penal de La Palma. No lo hacía con ninguna estrategia especialmente sofisticada. En uno de los mensajes anteriormente citados, encontrado en la casa de Metepec, especificaba las instrucciones a seguir en el caso del penal de La Palma.

Ese texto es especialmente interesante porque confirma la forma en que se estuvo moviendo Cárdenas para asumir el control, aliado con Benjamín Arellano Félix y contando con el apoyo de personajes como Daniel Arizmendi. La idea era controlar a través de la coacción y el apoyo: de la utilización de las propias leyes en su beneficio y de la extensión de la corrupción a todos los niveles. Iba desde colocar guarderías hasta investigar las leyes nacionales e internacionales relacionadas con los derechos humanos; pasando por el regalo

de medicinas hasta la obtención de apoyos legales para los detenidos. Era parte de esa estrategia haber organizado, a través de sus
propios abogados, a buena parte de los demás defensores de narcotraficantes presos en La Palma, para denunciar la violación de los
derechos humanos de los internos del penal, incluyendo el pago de
desplegados en los periódicos, firmados por el propio Osiel Cárdenas. Ese capo ha «politizado» su detención como no lo había hecho
nunca antes un narcotraficante preso porque supone que de esa forma fortalece sus posiciones y sus posibilidades de control dentro y
fuera del propio penal.

A principios de enero de 2005 tuvo lugar otra operación de estas
características: los custodios y trabajadores del penal de La Palma,
«indignados» porque el director de reclusorios de la SSP federal,
Carlos Tornero, habló de una evidente «alta traición» entre los custodios y trabajadores de esa cárcel, que propiciaron el asesinato del
narcotraficante Arturo Guzmán Loera, amenazaron con paros y movilizaciones, denunciando las «presiones» que ejerce la autoridad en
su contra. Si no fuera dramático, sería absurdo: es obvio que pasar un
arma de nueve milímetros como la utilizada para el asesinato de Arturo Guzmán debe de haber requerido la complicidad de varios guardias del penal. Se pasan entre seis y siete controles antes de entrar en
contacto con un preso, y una pistola de esas características no es
precisamente fácil de esconder. Tampoco se puede explicar cómo un
preso puede llegar al área de locutorios con un arma; cómo, él solo y
sin ayuda, puede amenazar e impedir que actúen los guardias de seguridad en la zona; cómo se puede trasladar hasta otro locutorio,
donde estaba su víctima, sin que nadie lo moleste ni trate de detenerlo, y ejecute al sujeto en cuestión descargándole todo el cargador del
arma, antes de ser reducido. Nada de eso se puede hacer sin amplias
complicidades (o sin guardias muertos de miedo).

Porque además existen evidencias y testimonios respecto a la corrupción que prevalece en La Palma, información cierta que incluso estaba en manos de la propia SSP desde muchas semanas atrás. La corrupción incluye, por supuesto, a algunos de los abogados defensores de varios de los principales detenidos, que actúan en muchas ocasiones como conductos para enviar los mensajes de sus clientes a sus organizaciones y también para «contactar» a funcionarios corrompibles (los que no aceptan corromperse son coaccionados). No en vano, la información sobre el paro de los trabajadores de La Palma, argumentando la violación de sus derechos por la investigación de la que son objeto, no fue proporcionada por éstos sino por algunos abogados defensores de los principales detenidos. Por cierto, las organizaciones e instituciones de derechos humanos deben ser especialmente cuidadosas para evitar ser utilizadas por estos grupos, porque su estrategia evidentemente está dirigida en ese sentido.

Y es que los mecanismos de control y corrupción que privan en distintas cárceles del país, incluyendo las de alta seguridad, sencillamente no pueden implementarse sin tener comprados a funcionarios del propio penal. Los custodios de La Palma no sólo deben ser investigados para saber cuáles de ellos trabajan o colaboran con los detenidos, sino que además es imprescindible (lo era desde el asesinato de Beltrán Lugo, El Ceja Güera) remover a la mayoría de esos trabajadores, trasladarlos, romper la estructura, cambiar mandos y establecer controles sorpresivos respecto a sus ingresos y el de sus familiares. De la misma forma, no se comprendía (y allí la estrategia de «derechos humanos» cumple su función) cómo después de todas las denuncias que han existido sobre el control que Osiel Cárdenas y algunos otros narcotraficantes ejercían sobre el penal, no los habían aislado de los demás detenidos y colocado por lo menos bajo una vigilancia especial. Menos aún se comprende (en realidad es inconcebible) cómo Carlos Tornero, ante la medida de fuerza tomada por los custodios de La Palma, se limitó a disculparse con ellos por haber dicho que había habido alguna «alta traición», además de aceptar un pliego petitorio de 40 puntos y un aumento salarial de 4.5 por ciento. Mejor no hubiera podido salir la estrategia para quienes operan, desde dentro, el control.

Algunos analistas van más allá. Todo lo anterior es necesario, pero opinan que la única forma de romper estas redes de protección será con la extradición a Estados Unidos de los principales narcotraficantes detenidos que tengan causas abiertas en ese país. Es la solución que encontraron en Colombia hace años, que suspendieron por presiones políticas y que la administración de Álvaro Uribe volvió a instaurar para enfrentar este mismo desafío. Claro, ésa no es una solución indolora y ha generado en otros países, destacadamente en la propia Colombia, una reacción brutal de los narcotraficantes, que saben el costo personal que la extradición implica. Pero lo cierto es que difícilmente se podrá romper con esas redes de corrupción sin una medida tan dura como ésa.

Porque desde la cárcel se puede controlar prácticamente todo. El propio Osiel Cárdenas, en uno de los escritos citados anteriormente, ordenaba a su gente fuera del penal todo lo que tenían que hacer. Mucha de la información que estaba en estos escritos y más datos se conocían desde mediados de ese mismo año.

Cuando se dieron en febrero de 2005 los cambios en Seguridad Pública y se decidió romper con los círculos de corrupción que permitían a éstos y otros grupos tener el control de La Palma (y de otros reclusorios del país), lo primero que se hizo fue relativamente sencillo: aplicar el reglamento del propio penal de máxima seguridad, que se había ido relajando hasta convertirse en una caricatura. El tono en el que se expresaban y operaban los allí detenidos lo vimos en aquel video en el cual, cuando se les pedía el nombre y el delito por el que purgaban pena, uno de los reclusos simplemente escupió al piso frente a sus custodios. La otra cara de esa operación la vimos un día después, cuando seis trabajadores del penal de Matamoros fueron asesinados de forma brutal.

El 31 de enero de 2005, firmado por los presos de La Palma, se publicó en varios periódicos del país otro desplegado, cuyo texto podría haber sido firmado por los presos políticos de fines de la década de los 60 o principios de los 70. Para cualquier lector desprevenido podría tratarse de una violación más de las garantías individuales similar a las de un pasado que en muchas ocasiones sigue presente. Pero se trata de una suma de distorsiones de la realidad que pone de manifiesto, una vez más, el establecimiento de una estrategia que comienza a ser altamente ideologizada (por lo menos en el discurso), de parte, por lo menos, de estos personajes del narcotráfico.

Sobre el fondo del asunto es fácil llegar a conclusiones: lo que ocurrió en La Palma es que se aplicó el reglamento de la propia prisión; los visitadores de la CNDH estuvieron allí prácticamente todos los días desde que comenzó el operativo para retomar el control del penal y no presentaron ni una sola queja. El propio reglamento podría ser mucho más duro si se lo equiparara, por ejemplo, al de una prisión de máxima seguridad de Estados Unidos o de algunos países europeos. En la prisión de Florence, en Colorado, según un reportaje sobre el tema publicado en el semanario *Proceso*, los detenidos nunca tienen contacto entre sí, están en una celda de 3 por 6 vigilados las 24 horas por tres cámaras de video cada uno de ellos. Pueden salir al patio sólo 15 minutos diarios, con grilletes y acompañados de un guardia, y allí jamás coinciden con otros reclusos. Tienen derecho, si observan buena conducta, a una visita familiar de 45 minutos al mes y no es de contacto (obviamente, lo que aquí conocemos como visita conyugal está descartado). Pueden hacer una llamada telefónica de 10 minutos al mes a un familiar o persona autorizada. Todas las llamadas son grabadas. Pueden leer materiales previamente revisados y autorizados por la dirección del penal: el tiempo de lectura diario no puede exceder los 90 minutos. ¿Son justas o no esas condiciones de detención? Tendrán que establecerlo los especialistas en el tema, pero son condiciones que se cumplen escrupulosamente. Así purga su condena, en ese penal, el antecesor de Osiel Cárdenas en el cártel del Golfo, Juan García Ábrego.

El otro punto es analizar y desmantelar la estrategia impulsada por estos grupos cuando no tienen objetivos legítimos. Estos desplegados que publicaron los presos de La Palma, según fuentes de la SSP, fueron ordenados por el propio Cárdenas; la publicación la solicitó su abogada Marisela Hernández. El costo por plana de un desplegado de estas características oscila como mínimo en unos 160 000 pesos y se publicaron en varios periódicos del país. La pregunta, el hilo del que se puede jalar es casi obvio: ¿de dónde provino ese dinero, quién pagó, a quién se facturó, de qué cuentas salió el dinero, tienen relación esos gastos con los ingresos de las personas encargadas de publicarlos, en el ámbito fiscal también hay coincidencia entre ingresos y egresos? Son preguntas básicas, si se quiere ahondar en el funcionamiento de estas redes de corrupción y complicidad. Sin olvidar, por supuesto, el tono político de la carta, que no puede ser ignorado.

Nuevo Laredo... una ciudad cercada
por la violencia

En Nuevo Laredo la violencia que impone el narcotráfico se traduce
en la constante amenaza de sufrir las consecuencias de estar en el lugar y en el momento equivocados a la hora de un enfrentamiento,
como el ocurrido el domingo 11 de abril de 2004 a las 11:45 de la mañana en la esquina de Guatemala y López Lara, justo frente al centro
comercial Smart. En el lugar de los hechos se encontraron 369 cartu-
chos percutidos de los usados por los rifles R 15, 10 de calibre .38,
dos casquillos de granada y una bazuka. Un comando de más de 30
sujetos atentó contra la vida de Javier Núñez Razo, comandante de la
Policía Estatal Preventiva. Seis de sus hombres resultaron heridos,
además de dos personas que de pronto se vieron atrapadas en el enfrentamiento y los disparos.

Al comandante lo dieron por muerto. Su vehículo, una camioneta *pickup* negra Dodge Ram, de reciente modelo, presentaba más de
45 impactos de bala, pero Núñez Razo corrió con suerte. Las heridas
que sufrió, en un brazo y en una pierna, no fueron de consideración.
La del domingo parecía una mañana tranquila, de acuerdo con su
declaración ministerial, y el comandante salió del hotel en que se

hospedaba en Nuevo Laredo a la Base Uno. Luego de un rato de las actividades de rutina de un domingo por la mañana decidió ir a desayunar al restaurante Los Platos. Otros dos vehículos de la Policía Federal Preventiva formaron el convoy que encabezaba la camioneta negra del comandante. «Primero respondí a la agresión al utilizar mi pistola escuadra y después tomé el rifle, pero fue en esos momentos cuando me sentí herido, observando que mi copiloto también fue alcanzado por los proyectiles», dice Núñez Razo en su declaración ministerial sobre los hechos.

No hay duda de que todo fue planeado, de que los sicarios buscaron el mejor momento y el mejor lugar para atacar. En la emboscada participaron tres camionetas: una Ford Lobo de color negro, una Lobo azul y una *van* negra. Los vehículos tenían las siglas de la AFI y los hombres del comando vestían de azul y llevaban los rostros cubiertos con pasamontañas. Versiones oficiales hablan de camionetas clonadas y agentes de la AFI apócrifos. Lo cierto es que tanto los vehículos como las más de 30 personas que integraban el comando parecen haberse disuelto en el aire. En Nuevo Laredo nadie sabe ni quiere saber nada de quienes perpetraron el atentado.

Núñez Razo y los demás policías heridos fueron trasladados a la Clínica de Especialidades, el mejor hospital de la ciudad, convertido en búnker, con una vigilancia tan extrema que llegó a haber francotiradores apostados en el inmueble y hombres fuertemente armados por todas partes. Desde la cama donde estaba postrado, el comandante declaró al Ministerio Público: «Ninguna corporación acudió en nuestro auxilio, solamente elementos de la Policía Federal Preventiva».

Tal declaración pareció más bien una amenaza. Los refuerzos esperados llegaron al lugar del tiroteo cuando todo había pasado y el comando había huido dando por muerto al comandante, 10, 15 minutos después de la emboscada.

En su huida el comando abandonó una bazuka, un arma que no causó los estragos esperados ya que según fuentes periciales fue disparada a una distancia menor a la necesaria para que el proyectil explotara. La Procuraduría de Justicia del estado de Tamaulipas indaga sobre el intento de homicidio y la PGR sobre las violaciones a la ley en el uso de armas de fuego y explosivos, además de la usurpación de funciones del comando formado por falsos agentes de la AFI.

Una historia de corrupción y muchas muertes

Núñez Razo fue acusado por dos presuntos homicidas, muertos en un sospechoso motín suscitado en el penal local, de recibir 50 000 dólares para dejar operar en Nuevo Laredo a Lucio Manríquez, conocido como El Sol, gente de El Chapo Guzmán. Una turbia historia, denunciada por Guadalupe García, la reportera de Estéreo 91, quien murió después de una agonía que se prolongó por varios días. A Guadalupe la atacó un gatillero a las afueras de la estación de radio donde trabajaba, el martes 5 de abril de 2005.

A Vicente Rangel, amigo y el más cercano colega de García, con quien trabajó por años, coordinador de información del programa *Punto rojo*, le gana la tristeza y la impotencia. Lleva un puntual registro de lo ocurrido días antes del intento de homicidio en el que Guadalupe García fue herida de gravedad. La noche anterior ambos trabajaron en el escenario del atentado donde murió el abogado Fernando Partida. Guadalupe se encargaría de recoger la información necesaria para el segmento de información policiaca del noticiario matutino. Al llegar a la estación la acribilló el sicario, que no se atrevió a darle el tiro de gracia, quizá porque en el momento descubrió que su víctima era una mujer, pero fue capaz de dispararle en 10 ocasiones.

Nos encontramos fuera de la estación Estéreo 91. A Vicente le acababan de dar la noticia de que el programa *Punto rojo*, que realizaba todas las tardes con Guadalupe García, dejaba de salir al aire. No hubo ninguna explicación. Al periodista le ordenaron presentar las notas del noticiero de la mañana con tiempo para ser revisadas. El narco impone mordazas.

Han dejado correr un perverso rumor: se dice que Guadalupe García llevaba consigo una lista de narcoperiodistas en Nuevo Laredo, que era la encargada de repartir los dineros de la corrupción. Que se lo digan a la madre de la periodista, con quien nos encontramos en una salita de espera del hospital. La mujer está destrozada, sé que quisiera decirme mucho, pero enmudece de dolor y pánico. En Nuevo Laredo el miedo impone condiciones. A los periodistas les prohibieron decir o escribir la palabra *Zetas*, y se dice que después de una comida a la que el comandante Núñez Razo invitó a varios de los dueños de los periódicos, todas las notas sobre la Policía Estatal Preventiva tenían que ser «supervisadas».

Pero la violencia no cesa en Nuevo Laredo: en otro episodio de sangre, días después, Juan Antonio Santos Salazar, coordinador operativo de la Policía Municipal de esa ciudad fronteriza fue ejecutado al llegar a su casa. Le dispararon con un arma calibre nueve milímetros. Santos Salazar tenía sólo tres semanas de ocupar el puesto, tres difíciles semanas en las que apenas pudo trabajar, ya que su madre agonizaba. De hecho, hay versiones de que su madre fue sepultada horas antes del asesinato. Nueve disparos y el tiro de gracia, un gatillero al que nadie quiso mirar.

¿Por qué matan policías en Nuevo Laredo?… Tras la respuesta a esta pregunta asoma la corrupción o el temor. Desde hace mucho los agentes de Nuevo Laredo enfrentan la disyuntiva de plata o plomo, desde la época en que las bandas de los Texas y los chachos controlaban la ciudad.

«Yo creo que desde antes, desde la época de los Reyes Pruneda, en los años 70, cuando al policía le entraba por miedo o por lana, o por las buenas o por las malas», dice Raimundo Ramos, integrante de la Comisión de Derechos Humanos de Nuevo Laredo.

Víctor Martell, ex regidor de Seguridad Pública del municipio, conoce bien el problema. Según un estudio realizado durante su gestión, a fines de la década de los años 90, la mayoría de los policías municipales que fueron investigados estaban al servicio del crimen organizado. «Encontramos que la mayor parte de los policías, 400 de los 600 que integraban la corporación, estaban al servicio directo del narcotráfico, el paterismo [tráfico de indocumentados] y la venta de psicotrópicos. Nada ha cambiado, de ahí que nos atrevamos a afirmar que el narcotráfico y el crimen organizado tienen controlada la plaza.»

En Nuevo Laredo el flujo comercial es intenso. Por esta ciudad fronteriza cada día cruzan 2 000 trailers…

«Pero no sólo es la mercancía legal y la permitida, sino que también pasan por aquí la marihuana, la cocaína, las anfetaminas. Esto convierte a la frontera de Nuevo Laredo en uno de los puntos estratégicos más importantes del país en cuanto al tráfico de drogas, lo que trae aparejada una serie de actividades que inciden en la seguridad ciudadana. El narcotráfico ha permeado a la mayoría de las autoridades», dice Martell.

Los tiempos de los chachos y los Texas, bandas locales que por años controlaron las actividades del crimen organizado en la ciudad, quedaron atrás. Ahora la disputa es entre los Zetas, brazo armado del cártel del Golfo, y las huestes de El Chapo Guzmán.

«La plaza se la disputan los grandes cárteles de la droga. Son ellos los que mandan, son ellos los que controlan la seguridad, obviamente una seguridad que obedece a sus intereses, que protege sus intereses, que está a su servicio.»

El homicidio del coordinador de Policía Municipal y el atentado en contra del comandante Núñez Razo tienen como antecedente la llegada a finales del mes de febrero de 2004 de un numeroso contingente de la Policía Estatal Preventiva. Para muchos observadores su presencia rompió el precario equilibrio entre los poderes fácticos del crimen organizado en la ciudad.

«Viene aquí un contingente de la Policía Estatal Preventiva con el propósito de dar tranquilidad a la ciudad, pero no ocurre eso. Antes de que llegaran se registraron 15 homicidios y estando ellos aquí se han registrado 17. Es evidente que no pudieron frenar la violencia. Entonces yo creo que no vinieron a hacer un buen trabajo, porque lejos de frenar la violencia la desataron. No vinieron a hacer un trabajo preventivo, vinieron a perseguir delincuentes, por lo que empezaron a afectar intereses», explica Martell.

Raimundo Ramos, del Comité de Derechos Humanos de Nuevo Laredo, habla de «afectar intereses», de mover las turbias aguas de una sociedad que por desgracia se ha convertido en rehén del crimen organizado.

Las cuotas de «protección» para los negocios

El botín de la guerra del narco, del enfrentamiento por el control de la plaza entre los Zetas y las huestes de El Chapo Guzmán, es la seguridad pública... Lo mismo dueños de bares y restaurantes que de concesionarias de automóviles, dentistas o dueños de agencias de viajes, muchos han sido víctimas de la extorsión directa. Torvos personajes cobran protección en Nuevo Laredo para que en el negocio no haya problemas… es difícil que alguien se atreva a denunciar estos hechos, pero en la ciudad muchos sufren esta cruda realidad.

Higinio Ibarra Murillo, presidente de los Comerciantes del Sector Histórico, teme las consecuencias de la violencia y el temor: «No queremos que Nuevo Laredo se convierta en un pueblo fantasma».

Las ventas en los negocios como el suyo han caído 80 por ciento.

Nadie sabe cuántos negocios han dejado de operar ante las amenazas. Se cuentan historias de exitosas discos, de festivos antros para bailar, que ya no pudieron pagar la cuota y cerraron sus puertas. Alguien recuerda la concesionaria de automóviles que fue incendiada porque su dueño se negó a pagar. Al consultorio de un dentista, como ha ocurrido en agencias de viajes o restaurantes o gasolineras, llegan personajes que exigen el pago de protección para que el negocio quede libre de «accidentes» y balas.

Los cruces fronterizos, fundamentales en la economía de Nuevo Laredo, han sufrido un considerable decremento. «La mala publicidad que estamos recibiendo ya comenzó a impactar en los cruces de vehículos y personas», declaró a la prensa local Rafael García, director del Sistema de Puentes en Nuevo Laredo. «La violencia provoca inestabilidad económica, y esta baja en el movimiento de los puentes es un claro ejemplo. Mientras sigan sucediendo este tipo de hechos tendremos cifras malas.»

Por lo pronto el gobierno del condado de Webb autorizó la inmediata inversión de 1.3 millones de dólares destinados a armamento y patrullas para el Departamento del Sheriff de Laredo, Texas.

«Todos vivimos con un estrés enorme, el estrés que probablemente los capitalinos tienen al vivir en una ciudad con mucho tráfico y muchos problemas, pero acá el estrés es ocasionado por la inseguridad pública extrema; es la inseguridad de la violencia y las balas. Es horrible», dice Raimundo Ramos.

«Definitivamente el estado de derecho, ante la inseguridad que priva en la ciudad, se ha visto trastocado con todos los acontecimientos que han venido sucediendo», señala Elizabeth Hernández, presidenta de la Barra de Abogados de Nuevo Laredo.

«Sí es difícil, es riesgoso ejercer de abogado, pero hasta ahora siento que no ha llegado al punto de que nadie quiera salir de su casa. Aquí estamos, hay que ejercer el trabajo, hay que desempeñarlo.»

El miedo se deja sentir en la ciudad, todos tienen una negra anécdota que contar. A los periodistas les envían mensajes intimidatorios a sus teléfonos portátiles. Hay quien recuerda la noche en que escuchó cerca de su casa, muy cerca, las ráfagas de disparos. Parece imposible, pero muchos les han dicho a sus hijos lo que hay que hacer si de pronto se encuentran a la mitad de un enfrentamiento a tiros, como ya ha sucedido. Hay que tirarse al piso del auto y esperar, esperar a que la pesadilla concluya.

Sólo a una ciudad alertada y atemorizada por la guerra es comparable la realidad que se vive en Nuevo Laredo.

«Estamos estresados, tenemos temor de que al salir a las calles vayamos a quedar atrapados en medio del fuego. No hay un escenario mejor que comparar lo que pasa con una ciudad en estado de guerra, no hay ningún otro escenario», afirma Ramos.

A ratos Nuevo Laredo parece conservar algo de viejo pueblo, las virtudes de la provincia mexicana en algunas de sus plazas y sus calles, pero de pronto la realidad se impone y la vida transcurre con tensión. De noche los patrullajes de la Policía Federal Preventiva... en pleno día, en las principales avenidas de la ciudad, efectivos del ejército circulando en vehículos dispuestos para la acción inmediata... todos saben que en cualquier momento y en cualquier lugar la guerra del narco en Nuevo Laredo puede volver a estallar en un sangriento episodio.

Los jueces indulgentes
con El Chapo Guzmán

Uno de los problemas históricos que como sociedad hemos enfrentado en la lucha contra el crimen organizado es la doble coartada que presentan los jueces y los ministerios públicos: los primeros alegando que han tenido que otorgar la libertad a muchos delincuentes porque las averiguaciones estaban mal integradas o no contaban con pruebas suficientes, y los segundos argumentando que lo que sucede es que por miedo, corrupción o lo que sea, los jueces son demasiado indulgentes con este tipo de delincuentes. Lo grave es que en muchas ocasiones ambos parecen tener razón.

Pero no nos equivoquemos: en ocasiones podemos discernir respecto a dónde ha estado la falla. El tema de los jueces temerosos o corrompidos por el narcotráfico no es nuevo. En los libros *Narcotráfico y poder* y luego en *El otro poder,* enumeramos una larga lista de jueces cuyos fallos resultan increíbles: por ejemplo, Amado López Morales, un juez de Jalisco, resolvió que Héctor Luis El Güero Palma no era narcotraficante. Decidió utilizar una figura ahora en boga: argumentando que los delitos se habían cometido antes de la reforma al Código Penal, sostuvo que no se acreditaba el tipo penal del delito (narcotráfico) y lo absolvió. López Morales, que podía condenar a El Güero Palma hasta a 30 años por el delito de acopio de armas, decidió condenarlo sólo a cinco. Otro juez, Fernando López Moreno, resolvió ser más indulgente y bajó la sanción a dos años y medio. El mismo López Morales juzgó al comandante de la entonces Policía Judicial Federal en Guadalajara, Apolinar Pintor Aguilera, quien protegía a Palma e incluso fue detenido junto con éste. Decidió absolverlo porque si bien aceptó que el comandante de la PJF protegía al narcotraficante, «no lo hacía por dinero, sino por amistad». Hubo una tercera sanción de López Morales de antología: en 1994 había sido detenido en Nuevo Laredo Arturo Martínez Herrera, El Texas, jefe de la banda del mismo nombre. En la casa donde fue apresado se encontraron varios kilos de cocaína pura, 10 de marihuana y 36 armas de fuego. Pero el juez desechó todos los cargos y sólo aceptó el de asociación delictuosa, con una pena de dos años, conmutable por 144 000 pesos de fianza. Cuando la sentencia fue apelada, un tribunal unitario le dio a El Texas una condena, por esos mismos delitos, de 40 años.

Otro juez con fallos que hicieron historia fue Humberto Ortega Zurita, de Oaxaca: en 11 de 17 procesos de narcotráfico que le tocó juzgar, les dio la libertad a los acusados. Todos en segunda instancia fueron condenados a severas penas. Por ejemplo, en 1996, dos hombres fueron detenidos con seis kilos de cocaína pura: los dejó en libertad alegando que la cocaína no era de ellos, que sólo la transportaban. Unas semanas después una mujer fue detenida con tres kilos de cocaína pura pegados al vientre. La absolvió porque alegó que la mujer «no era consciente» de que transportaba la droga. Un par de años después, una escueta noticia en los periódicos locales de Oaxaca anunció que Ortega Zurita se había «suicidado» de una puñalada en el corazón.

Hay muchas otras historias, pero conviene recordarlas porque en los primeros días de junio de 2005 dos jueces se mostraron particularmente sensibles a los reclamos del cártel más poderoso del país, el que encabeza Joaquín El Chapo Guzmán, en sus fallos judiciales. Uno de ellos es el sexto de distrito en materia de procesos penales federales, José Luis Gómez Martínez. Este juez otorgó la libertad a Archibaldo Iván Guzmán Salazar, el hijo de El Chapo. Con las mismas pruebas que el ahora famoso Chapito fue absuelto por este juez, otros jueces ordenaron formal prisión e iniciaron procesos contra su prima Claudia Elenes Salazar y Mario González Martínez, un amigo del joven, que fueron detenidos juntos y acusados de lo mismo. Antes, Gómez Martínez había dictado la libertad de otro miembro de ese cártel, Domingo Medina Moguel, El Mingo. Un tribunal unitario poco después revocó la sentencia y dictó el auto de formal prisión. El mismo juez decretó la libertad de todo un grupo de sicarios del grupo de El Chapo Guzmán que fueron detenidos en Nuevo Laredo después de una espectacular balacera con miembros del ejército. Decidió que el delito de delincuencia organizada no se acreditaba a pesar de que habían sido detenidos con un arsenal en su poder. El mismo tribunal unitario revocó la decisión del juez y dictó formal prisión a los acusados. Se han señalado más casos, pero uno muy notable y reciente fue el auto de libertad que este mismo juez otorgó a Nahúm Acosta, el ex jefe de giras de la Presidencia de la República. Las pruebas eran abrumadoras, incluyendo testimonios de distintas personas y varias grabaciones telefónicas de Acosta platicando con uno de los hermanos Beltrán Leyva, uno de los capos del narcotráfico en Sonora. Buena parte de las pruebas y las investigaciones habían sido realizadas en Estados Unidos y entregadas al gobierno mexicano. Gómez Martínez, como en los otros casos relacionados con el cártel de El Chapo Guzmán, decidió otorgar la libertad al acusado.

251

El mismo juez ordenó a la SSP federal que trasladara a Alfredo Trueba Franco del penal de La Palma a un centro federal de rehabilitación psicosocial de baja seguridad en Villa de Ayala, en Morelos. Trueba Franco había sido detenido en 2001 y es uno de los hombres más cercanos a El Chapo Guzmán. La decisión del juez era incomprensible. En un oficio que le dirigió la SSP federal, le manifestó «de manera enfática» el «temor fundado de que [ese traslado] pudiera poner en riesgo la institución a la que usted ordena su traslado». Le insisten «con gran vehemencia» sobre el peligro para el centro de rehabilitación y para los demás internos-pacientes de ese traslado. Se le propuso al juez que el detenido, en lugar de ser llevado a ese centro de baja seguridad, fuera atendido en forma personalizada en La Palma, pero también rechazó esa posibilidad. Se le explicó que se trataba de un hospital psiquiátrico que ni siquiera cuenta con torres de vigilancia ni personal de seguridad suficiente. Pero el juez ordenó que se realizara el traslado como él lo había considerado. El 24 de mayo el reo, bajo protesta de las autoridades federales, fue trasladado a ese centro de rehabilitación «aun cuando la lógica de seguridad más elemental nos aconseja lo contrario», concluye el oficio enviado al juez Gómez Martínez.

Sin antecedentes similares, el juez octavo de distrito de procesos penales federales, Antonio González García, no sólo desechó los cargos de delincuencia organizada contra El Chapito, sino que lo reclasificó como encubrimiento y le otorgó la libertad bajo fianza. También se negó a conceder otras 14 órdenes de aprehensión contra familiares del conocido narcotraficante, acusados de haber comprado desde bienes inmuebles hasta joyas, obras de arte y automóviles de todo tipo con recursos provenientes del narcotráfico.

Así no sólo es imposible ganar la guerra contra el narcotráfico: ni siquiera se pueden ganar batallas.

Es verdad que algunos sectores del Estado mexicano han mantenido una lucha intensa y desigual contra el crimen organizado, en particular con el narcotráfico. Es cierto que como consecuencia de esa lucha se han roto estructuras y otras se han transformado en organizaciones criminales mucho más horizontales, más difíciles de combatir y, también, por ello mismo, con mayores enfrentamientos internos. Tampoco se podría negar que esas organizaciones, por sus mismas características y estructuras, han profundizado el proceso de enraizarse en el ámbito local, buscando, literalmente, «liberar» territorios para tener el control real (no el formal) de los mismos. Lo sucedido en Nuevo Laredo es evidente: una y otra vez los comandantes de las policías locales o delegados federales en la ciudad son asesinados, lo que envía el mensaje de que nadie, sin el respaldo de esos grupos, podrá asumir esa responsabilidad. Y de formas menos explícitas, el mensaje se repite sin cesar en distintas regiones del país.

Lo que ha sucedido también, desde hace ya un tiempo, es que se han roto las reglas en estas batallas: se han roto entre las propias organizaciones de narcotraficantes y en la relación del Estado con éstos. Entre los grupos del crimen organizado lo que estamos viendo es que no existe respeto alguno por territorios: durante años, por ejemplo, las relaciones entre las organizaciones de los Arellano Félix y las dependientes del cártel de Juárez mantuvieron una guerra feroz, con recíprocos y numerosos intentos de asesinato de sus líderes y operadores, pero en realidad, salvo en momentos muy especiales, los territorios de influencia de cada uno de los grupos, en general, eran respetados. Había incursiones, tanteos, se aprovechaba cualquier debilidad del rival, existían territorios en disputa, pero, con todo, se mantenía cierto respeto mutuo sobre las verdaderas zonas de control de cada grupo. Incluso en el plano personal había aspectos que no se tocaban: las familias, por ejemplo. Durante muchos años de enfrentamientos las familias fueron respetadas, sobre todo las esposas e hijos, salvo casos tan terribles como el asesinato de la mujer y los niños de Héctor Luis El Güero Palma, hace ya muchos años. La excepción era, por supuesto, que éstos estuvieran participando activamente en el negocio; entonces la regla de protección desaparecía.

Hoy esos dos principios parecen haberse ignorado. El intento de control de territorios se da en todo el país y en todos los espacios: la confrontación es cotidiana y pareciera que estamos asistiendo a una suerte de reacomodo global de las organizaciones del mundo del crimen organizado y el narcotráfico, que aún es muy temprano para saber cómo quedarán finalmente estructuradas. Recordemos, además, que el poder del narcotráfico va de la mano con su relación con factores de poder político y económico, y hoy vivimos, en esos ámbitos, al igual que en los mundos de las organizaciones criminales, un momento de incertidumbre, de vacío de poder, de desgaste, de recomposición de fuerzas e instituciones, que se refleja, también, en el combate entre los grupos del crimen organizado.

Tampoco pareciera recordar nadie aquella regla de no «actuar» contra las familias. Cada vez más, sobre todo desde la ejecución de Rodolfo Carrillo Fuentes y su esposa en Culiacán, en 2004, es más normal y hasta cotidiano enterarnos de los ajustes de cuentas en los que son víctimas un número muy alto de mujeres, en ocasiones ejecutadas junto con su pareja.

En el combate del Estado al narcotráfico también pareciera que algunas reglas se han roto. Decisiones adoptadas con personajes como Nahúm Acosta pudieran ser una demostración de ello. Pero también ha llamado la atención la persecución oficial de Archibaldo Iván Guzmán Salazar, El Chapito, hijo de Joaquín El Chapo Guzmán, e incluso las acusaciones por lavado de dinero contra 14 miembros de la familia del que hoy es considerado el principal narcotraficante del país.

En el caso de El Chapito sus abogados han insistido en que se trata de una persecución destinada a presionar a su padre, sin ningún sustento legal. Un par de jueces, con sentencias muy controvertidas, se apresuraron a reducir los cargos contra el joven y una vez que obtuvo su libertad fue cuando se le abrieron otras averiguaciones para finalmente arraigarlo 90 días en una casa de seguridad de la PGR.

Si se tratara simplemente de una persecución al hijo de El Chapo Guzmán con el único objeto de apresar a su padre, estaríamos ante una situación realmente conflictiva, difícil de justificar incluso en la muy especial ética de la batalla contra este tipo de delincuentes. Pero todo indica que en el caso de El Chapito sí existe no sólo un involucramiento del joven con los negocios de su padre, sino en por los menos un par de asesinatos, y una de las reglas que se deberían respetar es que ese tipo de actividades no pueden quedar impunes, aunque se termine persiguiendo a la familia del jefe de un cártel.

Hay muchos datos que para algunos deben consignarse para comprender plenamente la historia en torno a El Chapito. El 13 de febrero de 2005 la policía ministerial de Zapopan, en Jalisco, detuvo a cinco personas en una camioneta Cherokee donde transportaban a otra persona que había sido secuestrada con el objeto de asesinarla, aparentemente por un adeudo de un cargamento de drogas perdido en Texas. En las inmediaciones de donde fueron detenidos estos cinco sicarios se encontró muertas a otras dos personas. Alguien del grupo de los detenidos habló y se detuvo a otros tres miembros que portaban una pistola calibre .45. Uno de ellos dijo llamarse y se identificó como Alejandro Cárdenas Salazar, pero la información recabada permitió confirmar que en realidad ese detenido se llamaba Iván Guzmán Salazar y era el hijo de El Chapo, lo que finalmente fue confirmado por éste una vez trasladado a las oficinas de la SIEDO en la Ciudad de México. También se descubrió que utilizaba otra identidad: Antonio Magalón, alias El Ánima. Tanto el hijo de Guzmán Loera como los otros detenidos fueron acusados de portación de armas de uso exclusivo del ejército y lavado de dinero. En ese contexto se da la detención de su prima Claudia Adriana Elenes Salazar, acusada de colaborar en actividades de lavado de dinero con Iván Guzmán. Pero existe otra investigación contra Iván Archibaldo, vinculada al homicidio de una pareja, de la que formaba parte una joven canadiense, ocurrido el 23 de abril de 2004 a las puertas de un bar llamado Balibar, derivado de un enfrentamiento entre Alfredo Gómez Díaz, quien acompañaba a Iván Archibaldo, y esa pareja. Luego de la discusión, el grupo, en el que participaba el hijo de El Chapo, abandonó el bar y esperó en un automóvil BMW a que saliera la pareja del bar. Cuando eso ocurrió partió el coche en su persecución escoltado por una camioneta *pickup*. El copiloto del automóvil, Alfredo Gómez Díaz, disparó entonces contra los jóvenes y los mató. Los asesinos huyeron. Pero el testimonio allí estaba.

No sabemos, nadie puede saberlo, si la detención de El Chapito busca presionar a su padre para que cometa errores y pueda ser reaprehendido. Pero también parece ser verdad que su hijo ya era parte de la propia organización y cometió demasiados delitos que, aunque se violen reglas no escritas en la lucha contra el narcotráfico, deben ser castigados.

El gobierno del Distrito Federal y el narcotráfico

«No politicen los hechos; colóquenlos en su justa dimensión», fue la única salida que encontró el entonces jefe de gobierno capitalino, Andrés Manuel López Obrador, a los hechos terribles, indisimulables, de San Juan Ixtayopan, en Tláhuac, el 23 de noviembre de 2004, donde una turba, encabezada presuntamente por narcotraficantes (y grupos políticos ultrarradicales) que controlan el lugar asesinó a dos policías y dejó en situación de extrema gravedad a un tercer federal preventivo que estaban investigando la venta de drogas en una escuela del lugar.

No hubo consternación, no hubo exigencia para nadie: el entonces secretario de Seguridad Pública capitalina, Marcelo Ebrard, atribuyó a los problemas de tránsito de la ciudad que sus fuerzas no hayan podido llegar al lugar donde estaban siendo linchados y quemados los policías. Ebrard, un hombre que conoce la gravedad y la falta de control que existe en ésa y en otras zonas de la ciudad, simplemente exoneró a todo el mundo: todos actuaron bien, no hay responsables en la corporación que encabezaba. El jefe de gobierno se reunió con la delegada Fátima Mena (sí, la misma que estaba siendo investigada por presuntos fraudes en su demarcación derivados de la historia de los videoescándalos) y también la exoneró de toda responsabilidad, a pesar de que estuvo en el lugar y finalmente se retiró, dejando a los policías en manos de la turba que los asesinó.

Pongamos las cosas en su contexto, en su dimensión, y no las politicemos. Que nos digan las autoridades del Distrito Federal qué han hecho para evitar la recurrencia de este tipo de sucesos en toda la amplia zona de la capital donde, una y otra vez, se dan estos linchamientos. Porque no se trata de un hecho aislado: en Iztapalapa, el 6 de enero de 2004 se intentó linchar a una persona por un atropellamiento; el 19 de enero en San Pedro Mártir por un intento de robo; el 2 de enero de 2003 en Milpa Alta a un ladrón de autopartes; el 3 de marzo a dos elementos de la policía judicial del estado de México que presuntamente extorsionaban a dos comerciantes; a principios de noviembre de 2004, otra vez en Milpa Alta, a un joven que había intentado robar una guitarra. Respecto de los hechos ocurridos en San Juan Ixtayopan el entonces jefe de gobierno capitalino dijo que había que hacer justicia. Pero en ninguno de los casos citados, y en los últimos cuatro años ha habido muchos más, ha sido detenida ni procesada una sola persona; nadie está en prisión por estos hechos, entre otras razones porque cuando ocurrió el primero, a poco de iniciado su gobierno, López Obrador lo minimizó y terminó hablando de que así ajustaban sus cuentas los pobres, los indígenas; dijo que era un asunto «de usos y costumbres». Con la intervención de la PGR es la primera vez que se intenta castigar un hecho de esta naturaleza.

Cuando es ya indudable que alguien, o algunos, están asesinando personas de la tercera edad siguiendo exactamente un mismo patrón criminal, cuando ya suman, según la cifra más conservadora, 19 muertes de ancianas, el jefe de gobierno lo ignora y el procurador lo minimiza: dice que es una historia de los periódicos, y cuando los diputados del PAN le piden información, la niega porque son como los del Partido Verde, «güeritos y habladores» (¿si fueran morenos y callados les habría dado la información?).

Cuando se presenta en forma incontrovertible el hecho de que las organizaciones de la Mara Salvatrucha ya están en la Ciudad de México, operando en las delegaciones Iztapalapa, Gustavo A. Madero y Miguel Hidalgo, denunciadas por los propios policías de sector, el procurador dice que no, que es un problema de la frontera sur, pero que en la capital no es tal, aunque la propia policía preventiva de la Gustavo A. Madero había detenido, sólo durante 2003, antes de su crecimiento exponencial en la zona en 2004, a más de 20 integrantes de la Mara Salvatruchala. Cuando se le decía al jefe de gobierno que existen más de 10 000 puestos de ventas de droga en la ciudad, simplemente lo ignoraba o lo negaba, al igual que su procurador. Cuando se le dice, como lo hizo desde febrero de 2004 el propio legislador perredista Gilberto Ensástiga, que en la misma zona de Tláhuac donde fueron linchados los policías federales, el control lo tienen los grupos del narcotráfico, la denuncia se ignora. Y el narcomenudeo (que ya es un negocio de miles de millones sólo en la ciudad) comienza a tomar el control de Iztapalapa, de Tláhuac, de Milpa Alta, de zonas de Álvaro Obregón, de la Gustavo A. Madero, de Tlalpan, de Xochimilco, del centro de la ciudad. Es verdad, no es el único punto del país donde eso ocurre, pero prácticamente en ninguno otro las autoridades locales lo han negado en forma tan intensa y sistemática, con la única excepción del propio Ebrard, que por lo menos sí ha reconocido la profundidad del problema, pero evidentemente no le ha podido hacer frente.

El problema real es que la lógica de «nosotros los pobres, ustedes los ricos» que utiliza el ahora ex jefe de gobierno, lo que ha propiciado es la impunidad. Si en la docena de casos de linchamientos o intentos de los mismos nunca se ha hecho justicia con los responsables y se lo percibe sólo como un asunto de usos y costumbres o uno derivado de la pobreza; si cuando se realiza la mayor marcha en la historia de la ciudad, reclamando por la inseguridad, se la ignora sistemáticamente y se la ridiculiza; si cuando se advierte sobre la presencia del crimen organizado en la capital la denuncia se ignora; si cuando se descubre a los más altos funcionarios del gobierno local corrompiéndose, se los protege y solapa, ¿cómo se va a poder seguir un rumbo diferente? ¿Cómo se puede generar una cultura distinta de la que propicia, legitima y premia la impunidad?

En el programa de radio que hacemos todas las tardes en Imagen Informativa llamó un vecino de San Juan Ixtayopan, un día después de los lamentables hechos en esa localidad, que afirmó llamarse José Jiménez y que, dijo, vivía a unos metros del lugar donde fueron golpeados, linchados, quemados hasta morir, los dos policías federales. No llamó para exigir justicia y deslindar al pueblo de los criminales que realizaron esos hechos: llamó para pedir la intervención de la Comisión Nacional de Derechos Humanos y del gobierno del DF porque los policías federales y los miembros de la AFI estaban deteniendo a presuntos responsables. Las campanas del pueblo tronaron nuevamente, como la noche anterior, para convocar a la gente. Algunos lanzaban cohetones contra los helicópteros de la PGR que controlaban el operativo. Pasa lo mismo que ya ha sucedido en Tepito una y mil veces, lo que ha sucedido en muchas zonas de Iztapalapa, lo que ha ocurrido a muchos kilómetros del centro de la ciudad, en la frontera, en Miguel Alemán, en Tamaulipas, cuando se detuvo al narcotraficante conocido como El June: todo el pueblo participaba en el negocio y en la protección de los delincuentes. En ese contexto, las policías locales, independientemente de la buena o mala voluntad de sus responsables, simplemente deciden abandonar esos territorios, dejarlos en las manos y el control de la delincuencia y de los grupos armados radicales que se apoderan de ellos. ¿Por qué no había policías en el poblado de San Juan la noche de los hechos si incluso estaba allí la propia delegada de Tláhuac? Se argumenta que tardaron por el tránsito para llevar a los granaderos desde el centro de la ciudad. ¿A poco no hay en la delegación Tláhuac o en las cercanías policías que pudieran acudir al lugar mientras llegaban los del sector central?

Lo que pasa es que las policías locales les han dejado el control de estos territorios a esos grupos, que para financiarse utilizan el narcomenudeo y que, en toda esa región, Iztapalapa, Tláhuac, Milpa Alta y Xochimilco, no sólo están ligados al crimen organizado, sino también a grupos armados y obviamente ultrarradicales que tienen allí sus bases y desde donde operan delincuencial y políticamente. Un par de años atrás escribimos un libro llamado *El otro poder*, en el que describíamos las redes de la violencia, el narcotráfico y la política en nuestro país y decíamos que esa relación entre grupos políticos locales, crimen organizado y grupos armados terminaría siendo inevitable si no se rompían los lazos de impunidad que hacían posible esa terrible confluencia que le quita al Estado mexicano el control de ciertas áreas del territorio nacional. En el Distrito Federal ese proceso ya ha avanzado mucho, entre otras razones porque las autoridades lo han permitido.

Por esta razón cabe preguntarse: ¿fue una confusión la que propició el asesinato de los agentes de la PFP en el poblado de San Juan Ixtayopan? ¿Es verdad que todo se originó, como dijo lastimosamente la delegada en Tláhuac, Fátima Mena, por las denuncias de robos de niños que nunca se habían verificado? ¿Es simplemente la reacción irracional del México profundo o estamos ante otro tipo de operación política, que se repite una y otra vez en las mismas regiones de la Ciudad de México con total impunidad?

En lo sucedido en San Juan Ixtayopan existen dos componentes clave para comprender los hechos: por una parte, las bandas dedicadas al narcomenudeo y otras actividades relacionadas con el crimen organizado; por la otra, en una realidad que sigue sin querer ser aceptada por distintas autoridades, sobre todo locales, la presencia de grupos armados ultrarradicales que se han asentado en esa zona. Distintos desprendimientos de lo que fue el EPR están trabajando desde hace años en esas áreas semiurbanas, rurales, marginales de la capital del país: en Xochimilco, en Milpa Alta, en Tláhuac, en Iztapalapa, operan varios de estos grupos y sus organizaciones de superficie. Allí, en Xochimilco, fue donde se dio a conocer uno de los desprendimientos más importantes del EPR, denominado Fuerzas Armadas Revolucionarias del Pueblo (FARP), que tiene presencia también en Morelos; en esa misma región, con lazos también en Puebla, comenzó a operar desde hace años el llamado Ejército Villista Revolucionario del Pueblo (EVRP). Ambos, además de tener trabajo de campo en esas zonas rurales, tuvieron participación en sectores estudiantiles y con organizaciones como el Frente Popular Francisco Villa (sí, el mismo que tiene tan buena relación con la corriente que encabeza René Bejarano).

Estas organizaciones, o sus dirigentes originales, tuvieron en la mayoría de los casos una estrecha participación con corrientes maoístas que a su vez se relacionaron con los grupos de Sendero Luminoso en Perú. A mediados de los años 60 el que fuera líder de Sendero Luminoso, Abimael Guzmán, conocido como presidente Gonzalo (actualmente detenido en su país), fue entrenado en las escuelas chinas de cuadros y estableció una estrecha amistad con uno de los creadores de esa corriente en México, Florencio El Güero Medrano, un joven mexicano que a su regreso de China organizó núcleos armados en Oaxaca, Michoacán, Querétaro y Morelos. Desde entonces se establecieron las relaciones entre Sendero Luminoso (el principal referente ideológico y operativo de este tipo de grupos nacionales) y los distintos derivados guerrilleros que confluyeron en el EPR y posteriormente se dividieron en distintas organizaciones armadas.

En la estrategia de guerra popular prolongada, en la versión de Sendero Luminoso que han intentado seguir una y otra vez estas organizaciones mexicanas, un punto clave es el establecimiento de zonas liberadas, de regiones donde puede o no haber autoridades formales del Estado, pero cuyo control real está en manos de estos grupos. No se trata de estallidos tipo foquistas, como los realizados por las viejas organizaciones guerrilleras de los años 70 siguiendo el ejemplo cubano, sino de una tarea de asentamiento, de progresivo control que se basa, en muchas ocasiones, en las relaciones con los sectores más marginales, más lumpen de la población, con el crimen organizado, con el fin de «sacar» a las autoridades del lugar.

Ese proceso se da a través de años, no de meses y normalmente ocupa a estas organizaciones entre 10 y 12 años antes de que asuman públicamente su participación. Muchas de las acciones de secuestros, robos y tráfico de drogas son realizadas bajo la cooperación recíproca entre los participantes de ese grupo con los que se dedican exclusivamente a actividades delincuenciales. Sendero Luminoso inició esa operación en dos zonas simultáneamente: por una parte, en la sierra, en Ayacucho, donde después de más de 15 años de trabajo terminaron apareciendo públicamente en mayo de 1980. Al mismo tiempo fue asentándose en los barrios marginales de Lima. Se infiltró en organizaciones clientelares, de vendedores ambulantes, de marginales, hizo ligas con grupos dedicados a distintos ámbitos de la delincuencia, en particular relacionados con el narcotráfico, y poco a poco fueron quitando el control del Estado de esos barrios, de esas regiones, a un grado tal que, con el paso del tiempo, ésa fue su exclusiva zona, donde podía haber autoridades formales, pero ni éstas ni las policías que no fueran controladas por ellos mismos podían entrar.

El mecanismo para lograrlo es conocido: el terror y la manipulación popular, colocar, como lamentablemente ha dicho una autoridad tan importante como el jefe de gobierno capitalino, «la justicia por encima de la ley» (una habitante de San Juan Ixtayopan entrevistada por la televisión decía que ellos «no habían matado a nadie, que sólo habían hecho justicia»), y valerse de acciones masivas para alejar a las autoridades de la población. En esos barrios marginales de Lima y en la zona de Ayacucho, Sendero Luminoso puso de moda linchar a los policías para que no entraran en la zona y finalmente las fuerzas policiacas y de seguridad aceptaron que no podían entrar en esas áreas sin una demostración de fuerza mayor, y el temor los llevó a abandonar esos barrios y pueblos.

No es muy diferente de lo que estamos viviendo. La participación de personajes ligados a Sendero se había puesto de manifiesto en el pasado en el EPR y sus derivados, y estuvo presente entre los militantes más radicales del CGH en la huelga universitaria de 1999 y entre movimientos como el Francisco Villa. Sus opciones se acentúan cuando las propias autoridades han decidido no atacar el problema, cuando atribuyen esos actos de «justicia» a los «usos y costumbres» y permiten que crezca la impunidad hasta un grado en que se llega al ridículo de afirmar que se requieren cientos de elementos para controlar una turba que las primeras investigaciones ya han comprobado que no era superior a las 300 personas (sí, había mucha más gente en el lugar, pero no participaban directamente en los hechos), o que se argumente que no se pudieron acercar helicópteros por miedo a que los derribaran «a pedradas». El hecho es que, como sucedía en las zonas marginales de Lima, y como se ha repetido en otras zonas de grandes ciudades infestadas por los mismos problemas, como sucede hoy en Buenos Aires (de allí surgió en buena medida el movimiento de los llamados piqueteros), o en São Paulo y Río de Janeiro, en Medellín o Cali, o en Quito, el control ya no lo tienen las autoridades; lo tienen estos grupos, montados entre el revanchismo social, la ideología más radical y la delincuencia organizada.

Es un fenómeno que aquí se está dando desde hace algunos años, pero que nuestras autoridades han preferido ignorar, sobre todo en la Ciudad de México. Todavía podríamos estar a tiempo de controlarlo, de recuperar el control de esos espacios. Si sigue pasando el tiempo y no se actúa, esa pérdida será irreversible.

En los 24 linchamientos que se han dado en los últimos cuatro años en la Ciudad de México ha habido absoluta impunidad. Todo indica que en este caso hubo, por una parte, una actividad criminal organizada, y por la otra, negligencia y falta de coordinación. En los dos ámbitos debería haber responsables.

Bejarano, el Osiel del Reclusorio Sur

El 5 de enero de 2005, el entonces jefe de gobierno capitalino, Andrés Manuel López Obrador, dijo que aceptaría que las fuerzas militares intervinieran, si fuera necesario, en los reclusorios dependientes del Distrito Federal. En realidad, la militarización de los penales no es la solución para la creciente corrupción de las cárceles locales y federales; puede ser una salida de corto plazo, pero los problemas son mucho más profundos y no se resolverán con la intervención militar: lo que se debe exigir son acciones que rompan con los privilegios que tienen distintos detenidos que se convierten así en los verdaderos dueños del penal, los que deciden y actúan dentro del mismo por encima de cualquier autoridad.

En aquellos días se hablaba mucho del control de Osiel Cárdenas sobre el reclusorio de La Palma. En el pasado hablamos de cómo controlaba Joaquín El Chapo Guzmán el penal de Puente Grande o cómo la banda de los Texas fiscalizaba, incluso con sistemas de video que vigilaban el exterior de la prisión y que eran controlados desde las celdas, la cárcel de Nuevo Laredo. A principios de 2005 vimos cómo hubo fugas en Tijuana, en Tamaulipas, en Apatzingán, en el penal de Nezahualcóyotl en el estado de México, y en todas ellas existió complicidad de custodios y funcionarios. Nos enteramos de que el destituido director de La Palma, Guillermo Montoya, nombrado durante la administración de Alejandro Gertz en la SSP, en la cual, como ahora, Carlos Tornero era director de reclusorios, asumió ese cargo pese a que tenía en su contra órdenes de aprehensión, acusado precisamente de haber permitido la fuga de presos de un penal de Hermosillo, Sonora. Cómo llegó un hombre con esos antecedentes a dirigir La Palma, es un misterio.

Pero hacía bien López Obrador en aceptar la posibilidad de que hubiera intervención militar en los penales del DF porque en ellos la situación es similar a la de otros en el país, quizá con la diferencia de que personajes políticos de alto nivel, con el respaldo del propio gobierno capitalino, son los que permiten que un recluso tenga el control de un penal. El caso más evidente es el de René Bejarano, cuya protección, por cierto, alcanzó cada día cotas mayores.

No se trata sólo de los privilegios de los que ya se ha hablado y que su esposa, la diputada Dolores Padierna, ha reconocido, como la comida especial (lo que ocurre con todos los presos que pueden permitírselo), sino también la utilización de ropa que está fuera del reglamento (los detenidos deben portar ropa color caqui), como pants y tenis, que son los que solía utilizar Bejarano en el reclusorio. Tenía muchos otros privilegios, por ejemplo, la visita, todos los días y a la hora que quisiera, de su esposa, sus hijos y sus amigos, que solían comer con él cotidianamente; la llegada de numerosos equipos electrónicos (incluso una pantalla de televisión de plasma, con su equipo de video y sonido, que era tan grande que no cabía en la celda de Bejarano y fue llevada al comedor para compartirla con otros detenidos). Como lo ordenaba también Osiel Cárdenas, Bejarano estuvo llevando comida y medicinas para otros reclusos, y su organización, la Corriente de Izquierda Democrática, estuvo trabajando para darles apoyo material y legal, tanto a reclusos como a sus familias para allanar la situación de su líder detenido. El 24 de diciembre de 2004 la camioneta de Dolores Padierna entró en la zona de alta seguridad del penal sin problema alguno y muchos afirmaron que de allí salió Bejarano para festejar con los suyos la Nochebuena. Para frenar esos rumores las autoridades del reclusorio aseguraron que en realidad Bejarano festejó esa noche en el reclusorio, acompañado por su familia, amigos e incluso funcionarios del gobierno capitalino, como el titular de transporte, Francisco Garduño, lo que evidentemente no puede hacer cualquier otro detenido.

Pero el reportero Raúl Flores de *Reporte 98.5*, del grupo Imagen, divulgó, con base en entrevistas de distintos custodios, que los contactos de Bejarano para tener el control del Reclusorio Sur fueron más allá de las relaciones políticas y los privilegios del poder. Bejarano estableció una estrecha relación con dos narcotraficantes para mantener ese control en sus manos: ambos estuvieron estrechamente ligados al cártel de Juárez y uno de ellos con unos antecedentes políticos que no pueden ser ignorados. Uno es el colombiano Diego Velásquez García, detenido el 27 de agosto de 1998, luego del decomiso de media tonelada de cocaína en el aeropuerto capitalino.

El otro es un reconocido narcotraficante con amplias conexiones políticas. Se trata de Eduardo Salazar Carrillo, un ex comandante de la policía judicial federal en Sinaloa y ex delegado de la PGR en ese estado, que trabajaba para el cártel de Juárez y que fue detenido en dos ocasiones. Primero, en mayo de 1994, fue apresado llevando 300 000 dólares, junto con el ex comandante de la PJF Gilberto Barrios. Eran parte de 2 millones de dólares que se tenían que entregar a distintas autoridades para dejar pasar drogas hacia Estados Unidos. Como lo señalamos en el libro *Narcotráfico y poder,* fue capturado por el entonces capitán Horacio Montenegro, yerno y mano derecha del general Jesús Gutiérrez Rebollo, quien lo dejaría en libertad poco después. Tanto Gutiérrez Rebollo como Montenegro fueron detenidos tres años más tarde también por trabajar para el cártel de Juárez. En su declaración ministerial Montenegro aseguró que Eduardo Salazar Carrillo, el hombre que cuidaba a Bejarano en el reclusorio Sur, estaba estrechamente ligado a Amado Carrillo (muerto en 1997) y Juan José Esparragoza El Azul, pero que el dinero que portaba al ser detenido era en realidad para el entonces (mayo de 1994) subprocurador de la PGR, Mario Ruiz Massieu, y para el director de la PJF, Adrián Carrera Fuentes (ahora testigo protegido de la PGR): ambos funcionarios habían tenido estrecha relación con el gobierno capitalino en las épocas de Manuel Camacho Solís. Montenegro aseguró que él no fue quien decidió la liberación de Salazar Carrillo, sino que recibió órdenes nada menos que del secretario de la Defensa en la época, Antonio Riviello, lo que nunca pudo comprobar.

Por el contrario, todo indica que fueron Montenegro y su jefe, Gutiérrez Rebollo, quienes enviaron a Salazar Carrillo, una vez liberado, a Quintana Roo, a trabajar en la relación entre el cártel de Juárez y el entonces gobernador, Mario Villanueva Madrid. Allí, luego de la fuga de Villanueva, Salazar Carrillo fue nuevamente detenido en junio de 1999, acusado de almacenar municiones, portación de armas de fuego, asociación delictuosa y delitos contra la salud.

Durante muchos años, René Bejarano cobró en el Departamento del DF: lo hizo en el periodo de Manuel Camacho y también durante la administración de Óscar Espinosa Villarreal, periodo en el que consolidó su control sobre distintos organismos clientelares, relacionados, sobre todo, con la construcción de vivienda, los taxis piratas y el comercio ambulante, con relaciones obvias de estos grupos con sectores del crimen organizado. Quizá se trata de una casualidad, pero no deja de llamar la atención que la relación mediante la cual Bejarano consolidó su control sobre el Reclusorio Sur, según el excelente reportaje de Raúl Flores en Imagen, se haya dado con un personaje como Salazar Carrillo, un hombre ligado a su vez a Mario Ruiz Massieu, Adrián Carrera Fuentes y Mario Villanueva (además de Montenegro y Gutiérrez Rebollo), todos políticos y funcionarios reconocidos, como Bejarano, por su calidad ética e integridad personal. De esta forma, igual que lo hacía Osiel Cárdenas con La Palma, pero con mejores relaciones políticas, controlaba Bejarano el Reclusorio Sur.

Los narcos, dueños de reclusorios en el DF

Uno de los mayores éxitos de El Chapo Guzmán para su causa fue la fuga desde el Reclusorio Sur de uno de sus más importantes socios en Centroamérica, el guatemalteco Otto Roberto Herrera García, apodado El Profe, que «se fue» del penal administrado por el gobierno del DF literalmente por la puerta, sin que existan datos, siquiera, de cómo ni cuándo dejó la cárcel. Herrera García lleva trabajando una década para El Chapo Guzmán y era una pieza clave para la llegada de droga a Guatemala y para su posterior traslado a México. Recordemos que unas 300 toneladas de cocaína llegan anualmente a nuestro país vía la conexión centroamericana, además de ser un espacio idóneo para el tráfico de personas, de armas y de otras drogas.

El caso de la fuga de Herrera García fue atraído por la PGR y las primeras investigaciones confirmaron algo que se dijo en su momento y que fue desmentido por las autoridades capitalinas: que el Reclusorio Sur, donde estuvo recluido (es un decir) René Bejarano, está controlado por el narcotráfico. Unos 40 custodios y funcionarios del penal fueron interrogados por las autoridades federales, y lo que se fue confirmando en apenas unas horas es más que preocupante. El director del reclusorio, Amado Azuara González, declaró que el viernes 13 de mayo, cuando se descubrió la fuga, fue informado en la mañana por uno de los comandantes del área de gobierno, de apellido Illescas, «que la población estaba completa y sin novedad», lo cual, dijo, le fue ratificado entre las 6 y 6:30 de la tarde. Que más tarde, a las 9 de la noche del mismo viernes, el primer inspector José Luis Cortés le informó que se iba a realizar una revisión «sorpresa» en el reclusorio por miembros de la Secretaría de Seguridad Pública del DF, y media hora después ya se encontraban en las afueras del penal los elementos que harían la inspección. Pero resultó que, al dar órdenes al cuerpo disciplinario de que apoyara el operativo, el mismo comandante Illescas que había informado que «la población estaba completa y sin novedad», le informó, según el director del penal, que faltaba un recluso, pero «que lo estaban buscando».

Pero los hechos son aún más graves. Según el testimonio del director, esa misma noche solicitó el expediente jurídico y la ficha de Otto Herrera, y el subdirector Jurídico le dijo que los mismos se encontraban incompletos, ya que faltaban todos los documentos del expediente que contenían las partes judiciales; sólo quedaba parte de los amparos promovidos por el detenido para bloquear su extradición a Estados Unidos. Pero su colaboradora Araceli Valencia le dijo que ella había revisado el expediente días atrás y que estaba completo. No sólo faltaban el preso y su expediente, sino también, cuando se quiso revisar los libros de registros de acceso y salida de la aduana del penal, resultó que faltaban los datos principales en ambos libros. Además, en el dormitorio donde estaba Otto Herrera había 52 camas que deberían ser monitoreadas por cuatro cámaras, pero resulta que la primera se encontraba en el acceso al dormitorio, la segunda no funcionaba, la tercera estaba fija y enfocaba a un pasillo, y la cuarta, la de la aduana de vehículos, tampoco operaba. El director del penal, en su declaración preliminar, alegó que las cámaras de control constantemente estaban descompuestas «porque los empleados no desean ser monitoreados».

O sea que uno de los principales narcotraficantes, no sólo de México sino de Centroamérica, que estaba a punto de ser extraditado a Estados Unidos, que es una pieza clave para la conexión del cártel de El Chapo Guzmán con Colombia, estaba en un dormitorio general, sin control y sin custodia especial, y no saben siquiera cuándo se fugó del penal. Esperemos que cuando se profundice en la investigación y se sepa la verdad, nadie diga que se trata de otro complot... ni que, por «razones de Estado», se perdone a los responsables.

Por la trascendencia de lo ocurrido podemos decir que uno de los hechos más bochornosos ocurridos en el mes de mayo de 2005, por encima del *niggergate* del presidente Fox o el escandaloso monto para gastos de campaña aprobado por el Comité Ejecutivo Nacional del PAN, que ocurrieron en esos mismos días, fue la fuga de Otto Herrera García del Reclusorio Sur de la Ciudad de México, de la que se tuvo conocimiento el viernes 13.

Se podrá argumentar que ha habido demasiadas fugas en los últimos tiempos, en todo tipo de penales. Y es verdad. Pero en pocos casos la fuga de una cárcel (una de las más importantes del país) transparenta el grado de corrupción y falta de capacidad de unas autoridades carcelarias, en este caso las capitalinas, y su colusión con los principales grupos del crimen organizado.

Herrera García no era un criminal más. Cuando fue detenido en el aeropuerto capitalino se supo que era el narcotraficante más importante de Guatemala, una nación penetrada profundamente por los cárteles de la droga y donde recalan buena parte de los envíos de cocaína que llegan desde Colombia, sobre todo en lanchas rápidas que parten tanto desde la costa caribeña de esa nación como desde la vertiente del Pacífico. Herrera García estaba ubicado, en 2004, al momento de su detención, en el lugar 41 entre los delincuentes más buscados por Estados Unidos a nivel mundial, incluyendo los terroristas más conocidos del mundo. Tenía orden de aprehensión en Estados Unidos, que estaba gestionando su extradición desde México, la que en principio había obtenido, pero también de Guatemala, de El Salvador, de Panamá y de Colombia: operaba desde esta nación sudamericana hasta Estados Unidos. Un año antes de su detención en la ciudad de Guatemala se le habían decomisado, además de 12 toneladas de cocaína pura, unos 15 millones de dólares, varias propiedades, tres avionetas y cuatro lanchas rápidas. Al ser detenido en México acababa de vender en Cancún un yate por valor de 2 millones de dólares. Tenía dos enlaces fundamentales: en Colombia trabajaba con el reagrupado cártel de Cali y con un narcotraficante llamado Francisco Cifuentes Villa, apodado Don Pancho. En México, si bien tenía relación con el grupo de El Chapo, aparentemente su principal contacto era el socio de éste, El Mayo Zambada.

En Guatemala operan cinco grandes cárteles: los dos más importantes son el de Sayaché, en el Petén, en la zona en que se libró la guerra de guerrillas hasta hace unos pocos años, un área de operación cercana a la frontera con Tenosique, Tabasco, y con Marqués de

Comillas, en Chiapas; y el llamado cártel del Golfo, en la costa atlántica de ese país. Ambos están controlados por Herrera García y ésa es la plataforma idónea para el ingreso de drogas tanto por vía terrestre como por lanchas rápidas a toda la ruta de Chiapas, Tabasco y hacia la península de Yucatán, pasando por Belice, en dirección a Quintana Roo.

El problema de su fuga es mucho más grave. El hecho es que la dirección del reclusorio, aunque se haya enterado una hora antes de la fuga de este personaje, nunca avisó a las autoridades federales (y se supone que tampoco a las locales). La huida se descubrió cuando, como sucedió con el caso de El Chapo, llegó a las puertas del penal un operativo de vigilancia y no fue sino hasta entonces cuando las autoridades aceptaron que les faltaba uno de los principales reclusos.

La serie de irregularidades va mucho más allá: dos días antes de que se conociera la fuga, se «extravió» una pistola propiedad de la Dirección General de Reclusorios, y las autoridades del penal tampoco iniciaron una averiguación previa; simplemente ordenaron abrir un acta administrativa. Peor aún, poco antes de que se diera a conocer la fuga de Otto Herrera, a la aduana de la cárcel llegó un camión de tres toneladas y media con despensas para distintos internos, que fueron recibidas por el propio Herrera. Resulta desconcertante, por lo menos, que las autoridades penitenciarias permitieran que uno de sus reos más peligrosos pudiera acceder hasta ese vehículo, en el cual muy probablemente se dio a la fuga sin control alguno de las autoridades. El hecho de que hayan desaparecido los registros de entrada y salida de esa aduana penal fortalece esa hipótesis.

Obviamente con la fuga se abortó la extradición de Herrera García a Estados Unidos, y a diferencia de lo que pueden algunos considerar, la falta de confianza de las autoridades de ese país se ha acrecentado, particularmente hacia el gobierno capitalino, que no sólo no ha asumido su responsabilidad en los hechos, sino que ha acentuado las sospechas ante la insistencia de que no está en condiciones de cuidar presos que requieren un nivel de seguridad alto, como Herrera García o ahora el hijo de El Chapo.

Y para terminar de borrar las pistas, una semana después de la fuga de Herrera fue asesinado Alejandro Vidal Vázquez, uno de sus operadores más cercanos en el penal, que apareció apuñalado sin que nadie, por supuesto, hubiera visto nada. Y tanto el entonces secretario de gobierno, Alejandro Encinas, como su subsecretario, Jesús Zambrano, públicamente consideraron la situación del Reclusorio Sur como «normal». No nos equivoquemos: quizá desde una óptica muy especial, ésta sea una situación de normalidad. Lo lamentable es que esa normalidad vulnera cotidianamente la gobernabilidad y la confianza en el país.

Los periodistas, víctimas del narcotráfico

La denuncia la hizo el reconocido periodista Jesús Blancornelas en el semanario *Zeta* a mediados de junio de 2004, y el lunes 21 fue confirmada por la propia Procuraduría General de la República. Los integrantes de los Zetas, esos militares y policías de élite que fueron enviados hace algunos años a Tamaulipas a combatir al narcotraficante Osiel Cárdenas y que se pasaron al enemigo, que se pusieron a trabajar para el jefe del cártel del Golfo, están en Tijuana. Participaron en una acción que permitió la liberación de cinco gatilleros de los Arellano Félix, especialistas también en secuestros. Tiempo atrás, agreguemos nosotros, los Zetas habían tomado un penal en Apatzingán, Michoacán, liberando también a un grupo de narcotraficantes y secuestradores, algunos de su propia organización, otros del cártel de los Valencia.

Antes, recordó Blancornelas, Osiel Cárdenas había encabezado una lucha en La Palma para beneficiar a un antiguo enemigo, el jefe del cártel de Tijuana, Benjamín Arellano Félix. Movilizó abogados, familiares, estableció una relación con varios de los principales delincuentes detenidos en ese penal de alta seguridad e incluso se dieron el lujo de publicar desplegados en los periódicos exigiendo mejores condiciones de vida en el penal. Blancornelas adelantaba la posibilidad de una alianza entre los Arellano Félix y Osiel Cárdenas, vía los Zetas. Además, hizo un preciso diagnóstico de esta organización, señalando con exactitud sus bases de operaciones, los lugares donde residen y hasta los billares donde se divierten, sin ser molestados por autoridad alguna, en Ciudad Alemán, en Tamaulipas.

El lunes 21, la PGR comenzó a reconocer la existencia de esa alianza, incorporando a ella al cártel de los Valencia (michoacanos de origen, en el pasado adversarios de Osiel Cárdenas pero ahora, como éste y los Arellano, asfixiados por la presión de las autoridades y, también, de distintos grupos relacionados con el cártel de Juárez) y a secuestradores importantes, de peso, como Daniel Arizmendi y Andrés Caletri. El 22 de junio tuvimos una confirmación de esa alianza: en un hecho insólito, se aseguró que Osiel Cárdenas, Andrés Caletri y Daniel Arizmendi entraron por la fuerza en las oficinas del director del penal de La Palma para reclamar por los malos tratos que supuestamente reciben y pedir que se les permita convivir con los demás detenidos en el penal.

A la misma hora en que Caletri, Arizmendi y Cárdenas supuestamente penetraban en las oficinas del director de La Palma, lejos de allí, en Tijuana, en plena zona de tribunales, a una cuadra de las oficinas de la policía ministerial, en uno de los lugares más controlados de la ciudad, era asesinado el hombre de mayor confianza de Jesús Blancornelas, el editor del prestigiado semanario *Zeta*, Francisco Ortiz Franco. Es el tercer atentado que sufren los directivos de la revista en los últimos años: primero fue el director del semanario, Héctor Félix Miranda, asesinado por el jefe de custodios de Jorge Hank Rhon, en abril de 1988; en noviembre de 1997 dos sicarios del cártel de los Arellano Félix intentaron asesinar a Jesús Blancornelas: mataron a su chofer y Jesús recibió cinco disparos, pero el fuego cruzado entre los propios asesinos provocó la muerte de uno de ellos y Jesús salvó increíblemente la vida. El atentado estuvo relacionado con la denuncia realizada por Blancornelas sobre la operación en Tijuana de los llamados narcojúniors. Después le tocó a Francisco Ortiz Franco, editor del semanario y quien escribía la columna institucional «Para empezar», con la posición oficial de la revista, cada semana.

Es difícil desligar un suceso del otro, primero porque todo indica que la muerte de Francisco Ortiz fue un ajuste de cuentas con la revista, exactamente unos días después de que se exhibiera en forma notable el accionar de los Zetas y su nueva asociación con los grandes secuestradores, Osiel Cárdenas y los Arellano Félix. Poco antes, el semanario también había desmentido la información de que los Arellano estaban descabezados y publicó con todo detalle quiénes estaban a cargo del cártel, en qué ciudades y a cargo de cuáles acciones.

El hecho es que la industria del secuestro está, cada día más, ligada a las grandes fuerzas del narcotráfico. Lo ha estado siempre, pero las propias autoridades no terminan de reconocerlo plenamente. El mejor ejemplo se dio en Morelos cuando vivían en Cuernavaca Amado Carrillo Fuentes y Juan José Esparragoza, quienes eran protegidos por dos centenares de custodios y policías. Fue cuando se dispararon los secuestros en ese estado, y la razón era sencilla: los custodios y sicarios tenían a su servicio infraestructura y protección policial. En sus horas libres unos y otros se dedicaban a aprovechar esa infraestructura y protección para realizar secuestros exprés o de pocos días, para ganar un dinero extra. Y lo mismo se repite en todas las ciudades del país. Es esa combinación de personajes poderosos ligados al narcotráfico, de numerosos sicarios a su servicio, de una infraestructura que se puede utilizar para diversos delitos, y de una protección policial y jurídica que sirve tanto para actos relacionados con el narcotráfico como para cualquier otro, lo que permite que ambas industrias, la del narco y la del secuestro, vayan de la mano. Y Morelos fue una demostración palpable de ello, pero el modelo se reproduce en varios puntos del país, comenzando por la Ciudad de México.

Pero en un momento en el cual crece la exigencia ciudadana de imponer mayores penas a los secuestradores y a los miembros del crimen organizado en general, cuando se comienza a hablar de endurecer las condiciones de detención, de evitar la comunicación de muchos de estos peligrosos delincuentes con el exterior e incluso de trasladarlos, sin sus familias, a espacios lejanos como las Islas Marías (reconvertidas nuevamente en cárcel de máxima seguridad), comenzaron también las reacciones de estos grupos, poderosos, organizados y con fuertes intereses que defender.

Pero tampoco se debe olvidar la relación de estos personajes con grupos de poder político. La semana del 21 de junio de 2004, por ejemplo, el semanario *Zeta* volvió a publicar, como todas las semanas desde el asesinato de Héctor Félix Miranda, un desplegado de toda la página que dice «Jorge Hank Rhon: ¿por qué me asesinó tu guardaespaldas Antonio Vera Palestina? Eugenio Elorduy Walther: los ex gobernadores Xicoténcatl Leyva, Óscar Baylón, Héctor Terán Terán y Alejandro González Alcocer no quisieron ordenar la captura de los que planearon asesinarme. El licenciado Ernesto Ruffo Appel sí pudo encarcelar al que me mató y dijo que en este caso "todos los caminos conducen al hipódromo de Agua Caliente". ¿Podrá su gobierno capturar a los que ordenaron mi crimen? Firmado: Héctor Gato Félix Miranda».

Ello viene al caso porque Francisco Ortiz Franco no sólo era editor de *Zeta*, sino también el representante legal de la Sociedad Interamericana de Prensa en la investigación que se volvió a abrir sobre el asesinato de Héctor Félix Miranda, con todas las implicaciones políticas que esto conlleva en plena campaña electoral por la alcaldía de Tijuana, cuando el candidato priista era el propio Jorge Hank Rhon, ahora alcalde.

Tampoco hay que olvidar que, en el proceso de desestabilización que se dio hace una década, en 1993-1994, los Arellano Félix fueron una pieza clave para comprender ese proceso. Es, no hay que olvidarlo, una organización que tiene interés en la política. No en vano fueron los únicos que abiertamente decidieron relacionarse con las FARC para el intercambio de armas por drogas y los que establecieron relación con la gente de Vladimiro Montesinos en Perú, cuando éste dominaba los servicios secretos de Fujimori, prueba de lo cual es el juicio desarrollado en ese país y la veintena de detenidos por el caso.

Los primeros pasos dados por el gobierno de Baja California luego del asesinato de Ortiz Franco fueron muy desafortunados. El gobernador Eugenio Elorduy por supuesto condenó el hecho, pero el mismo martes de la ejecución no tuvo mejor idea que asegurar que ese hecho era consecuencia de los «éxitos» que la administración local había tenido en la lucha contra el narcotráfico, y que ésta era una forma de desafiarla.

Es por lo menos una tontería. Ese crimen no es resultado de los éxitos registrados en la lucha contra el crimen organizado y mucho menos del temor de éste a las autoridades estatales, sino la demostración de la impunidad de la que gozan esos criminales, de su capacidad, a pesar de que se ha «decretado» una y otra vez, de éste y del otro lado de la frontera, su descabezamiento y desarticulación, para regenerarse y seguir controlando ese territorio.

La lógica del narcotráfico se basa en el poder local, en la capacidad de controlar los territorios en que operan. Como ya lo hemos señalado en otras oportunidades (y en el libro *El otro poder*), esa base de poder local se determina por el control de autoridades políticas y de seguridad, por una presencia social impuesta por el respeto, el dinero y el miedo, que les permiten operar con tranquilidad en esas zonas: cuando esa red de protección se rompe es cuando esos narcotraficantes están en peligro; mientras permanezcan dentro de ella el margen que queda para las autoridades que los persiguen es muy estrecho. No en vano, Benjamín Arellano Félix cayó cuando estaba en Puebla; Ramón Arellano fue asesinado en Mazatlán, y las operaciones para capturar a cualquier dirigente de estas organizaciones deben ser casi quirúrgicas, con base en el traslado de fuerzas especiales desde lugares muy distantes y el engaño sobre sus verdaderos objetivos.

Para crear esa red de protección local, estos grupos tienen innumerables contactos, que van desde los taxistas y trabajadores de la calle hasta policías y políticos que los informan de cualquier movimiento extraño en sus zonas de influencia. Y en los hechos, desde que los Arellano Félix se instalaron en Tijuana, a fines de los años 80, han convivido con autoridades de un mismo partido político, el PAN, que les ha permitido tejer esa red de complicidades y protección. No es ésta una acusación partidaria: prácticamente cualquiera que hubiera gobernado durante 15 años en forma ininterrumpida una ciudad como Tijuana habría caído en la misma red, fuera del PAN, del PRI o del PRD. Los Arellano crecieron y se desarrollaron con esos gobiernos panistas y eso implica cierta estabilidad de funcionarios, de mandos policiales, de rutinas de poder, de la que pueden beneficiarse y que no tienen por qué desear cambiar, al contrario.

Por eso mismo, quizá en esta ocasión y a pesar de que por supuesto que no queda en absoluto claro cuál fue su grado de participación en otros atentados contra periodistas del grupo *Zeta*, en particular en el asesinato de su fundador, Héctor Félix Miranda (recordemos que él fue asesinado por el jefe de custodios del propietario del Hipódromo Agua Caliente de Tijuana), en esta ocasión es mucho más probable que el homicidio de Ortiz Franco esté ligado íntimamente al narcotráfico que a una venganza política del controvertido en ese entonces candidato priista de Tijuana, Jorge Hank Rhon. A los Arellano les tiene que haber dolido profundamente que, cuando desde el propio ámbito federal y desde la DEA se aseguraba que estaban descabezados por la captura de dos de sus operadores en Tijuana, fueran *Zeta* y su director, Jesús Blancornelas, quienes hayan revelado no sólo que ese descabezamiento no era tal, sino que tampoco eran los detenidos los verdaderos jefes del cártel y, además, que se señalara quiénes eran los nuevos dirigentes que se encargaban de toda la operación. Confirmar también la alianza de los Arellano Félix con los Zetas, ese poderoso grupo de Tamaulipas ligado a Osiel Cárdenas, debe de haber provocado escozor en las bandas del crimen organizado en esas dos zonas de la frontera: en Baja California y en Tamaulipas.

Pero recordemos, además, que la de los Arellano Félix es una de las organizaciones que no han temido a relacionarse en forma abierta con grupos de poder y actuar en lógicas de poder cuando lo consideran necesario, corriendo riesgos tan altos como involucrarse con las FARC de Colombia. Y el asesinato de Ortiz Franco, que ha puesto en la conciencia colectiva, nuevamente, el papel que Jorge Hank Rhon ha jugado en muchos episodios oscuros en Tijuana durante el proceso electoral que se estaba llevando a cabo en esa ciudad, y parecía no ser el candidato que preferían grupos como los Arellano.

Por eso mismo, en este contexto resulta por lo menos muy desafortunado, y hasta sospechoso, que las autoridades locales, que la Procuraduría local asegurara que tenía dos líneas de investigación respecto al asesinato de Ortiz Franco: una, la obvia, una venganza de grupos del crimen organizado por la labor profesional del editor de *Zeta* y la línea editorial del semanario. Pero además decían que estaban investigando si ese ajusticiamiento no había sido producto de «problemas personales». Todo puede ser, pero nada parece más lejano a un asesinato motivado por cuestiones personales que el sufrido por Ortiz Franco: es evidente que lo que se debía investigar era la labor profesional del periodista asesinado y, en ese sentido, la vertiente de los Arellano Félix (y cualquiera de sus asociados) era, sin duda, la más viable. Dedicarle tiempo y esfuerzo a esa línea de investigación, la de conflictos personales, no tenía sentido e, insistimos, se tornaba hasta sospechosa de parte de las autoridades locales.

Pero otra buena demostración de cómo actúan en el ámbito local los grupos del crimen organizado la tenemos también en San Luis Potosí. Como sabemos, en 2003 hubo cambio de poderes en ese estado y llegó a la gubernatura el empresario panista Marcelo de los Santos. Una de sus decisiones fue realizar cambios en la Procuraduría estatal y también en el área de seguridad. En esta última había un grupo que tenía el «control» desde años atrás, encabezado por un funcionario de apellido Naya. Los equipos se renovaron y se designó en seguridad pública a un ex funcionario del CISEN, especializado en la lucha antisecuestros, Marco Antonio Novella. Y repentinamente comenzaron los secuestros, dos de ellos en apenas una semana y relacionados con grupos de poder político y económico clave en el estado: el de la hija del empresario y líder priista Antonio Esper y el de Javier García Navarro, hermano del propietario de chicles Canel's, cometidos ambos por comandos que de improvisados no mostraron nada en absoluto.

¿Puede ser casualidad que con el cambio de gobierno se haya deteriorado la seguridad pública en un ámbito tan específico y con tanta rapidez?

Un viejo político estadounidense que se mantuvo en el Congreso casi 50 años, Tip O'Neill, decía que «todo el poder es local». Es verdad, pero eso vale también para los grupos del crimen organizado: su poder se basa en las relaciones locales. Y allí no admiten ningún desafío: los compañeros del semanario *Zeta* que han desafiado ese poder local real, colocado por encima de los poderes formales tantas veces a lo largo de los años, han pagado esa «osadía». Una razón más para ser solidarios con ellos y para exigirles a las autoridades locales y federales que realmente cumplan con sus responsabilidades.

Los asesinatos realizados por el narcotráfico en 2005 sobrepasaron, con amplitud, los 1 500. Se podrá argumentar que, desde hace varios años, las ejecuciones del crimen organizado alcanzan cifras similares. Pero pareciera que en los últimos meses de ese año algo estaba cambiando, cuantitativa y cualitativamente, en este sentido: se estaban rompiendo las reglas que existían, incluso, en esa lucha violenta, feroz, de los distintos cárteles por el control de territorios y rutas. Hasta hace poco, si bien muchos periodistas han sido agredidos por el narcotráfico, salvo casos muy específicos no se ejecutaba a los que informaban, sino a los que tocaban intereses muy particulares, o se sabía o creía que tenían relación con algún grupo antagónico. Ahora la situación es diferente: desde 2004 y en forma mucho más marcada en los últimos meses, los asesinatos de periodistas han aumentado, y todo indica que han muerto por informar, por investigar, por dar a conocer actividades de los propios narcotraficantes. Los atentados contra mandos policiales, algunos corruptos, otros honestos, se repiten: por ejemplo contra el comandante de la Policía Estatal de Tamaulipas en Nuevo Laredo, Javier Núñez Razo, que había estado, a su vez, involucrado en alguno de los casos más escandalosos de los últimos tiempos en esa ciudad.

Ello es reflejo de que muchos de los operadores de esos grupos han cambiado y son menos sofisticados que sus antecesores; que la lucha por los territorios se ha extendido porque ya no existen límites tan precisos como antaño y además que la intimidación, mediante la violencia, se ha extendido. Y quizá también que la presión social se ha hecho más evidente, por lo que estos grupos quieren impedir que el tema, o sus nombres, sigan en la agenda pública. Por eso los asesinatos de periodistas.

En el caso del director de *La Opinión* de Poza Rica, Raúl Gibb Guerrero, la suya fue una emboscada en toda la regla, en la cual el periodista fue literalmente acribillado; ya habían intentado asesinarlo un par de días antes, pero los sicarios confundieron el automóvil que lo transportaba. En torno al asesinato de este editor, respetado e influyente sobre todo en el norte de Veracruz, se ha especulado respecto de las verdaderas causas del mismo: se ha hablado de las denuncias realizadas por *La Opinión* sobre el robo de gasolina en los ductos de PEMEX, pero lo cierto es que todo apunta a unos responsables: los grupos del cártel del Golfo que se han apoderado del norte de Veracruz (y también, desde allí, de la huasteca potosina, lo que explica muchos de los problemas que se están viviendo en esa entidad) y que han hecho de Martínez de la Torre su base de operaciones: ésa fue la última y más contundente denuncia que hiciera Gibb Guerrero, y allí parece estar la causa de su muerte.

También parecen ser los grupos ligados a Osiel Cárdenas y en particular los Zetas, los responsables del atentado contra la periodista Guadalupe García Escamilla, conductora del programa radiofónico *Punto rojo* en Nuevo Laredo, que recibió, a las puertas de la emisora en la que trabajaba, una docena de disparos que provocaron su muerte una semana después del atentado. Guadalupe había dado a conocer el testimonio de dos internos del penal de Nuevo Laredo que aseguraban que tenían que darle una cuota al nuevo comandante de la Policía Estatal en la ciudad, Javier Núñez Razo. Unos días después de que la periodista diera a conocer esa entrevista, los dos reclusos aparecieron muertos en sus celdas. El 5 de abril de 2005 se atentó contra García Escamilla y el 11 de abril el propio comandante Núñez Razo fue objeto de otro atentado en el que salvó la vida pese a las graves heridas que sufrieron él y su escolta, porque el bazucazo que le dispararon no terminó de hacer efecto al ser ejecutado desde muy corta distancia. En el otro extremo del país, en Hermosillo, el reportero de *El Imparcial* Alfredo Jiménez Mota está desaparecido: acababa de realizar un reportaje en Agua Prieta y era uno de los reporteros sonorenses que más insistieron en investigar las relaciones del panismo de la entidad con el narcotráfico, a partir de la detención de Nahúm Acosta. Poco antes de su desaparición le avisó a una compañera de trabajo que no podía concurrir a una cita porque tenía que ver a su «informante» sobre el caso que estaba investigando. Nunca regresó de esa cita.

En 2004 hubo seis periodistas asesinados por el narcotráfico. Ninguno de esos ni de estos asesinatos ha sido resuelto por las autoridades estatales que en Baja California, Sinaloa, Sonora, Tamaulipas y Veracruz han asumido estos casos. México ha pasado a disputarle a Colombia el primer lugar en asesinatos de periodistas, y lo más grave es que pareciera que no pasa absolutamente nada: se los considera como una parte más de la estadística.

En ese contexto, no debería asombrarnos que los jueces (sea por intimidación u otras causas) tomen decisiones extrañas. El juez cuarto penal del estado de México, a principios de abril de 2005, dejó en libertad a toda la banda de los kelines, ligada a los Zetas, que fueron detenidos después de un espectacular tiroteo en Matamoros, por considerar que «no había elementos» para su procesamiento. El lunes 11 de abril un tribunal colegiado modificó la sentencia y ratificó la acusación contra los miembros de esa organización. Otro juez federal del estado de México, el sexto penal, le otorgó sorpresivamente la libertad a Nahúm Acosta. Al mismo tiempo, un tribunal colegiado decidió que Javier Torres Félix, apodado El JT y lugarteniente de El Mayo Zambada y El Chapo Guzmán, que había sido detenido en La Palma, no era un delincuente tan peligroso como decían la PGR y la Secretaría de la Defensa Nacional y decidió ordenar el traslado del reo (que cuando fue detenido en enero de 2005 por fuerzas de élite del ejército mexicano fue calificado por la propia Sedena como un narcotraficante del nivel de Alcides Ramón Magaña y Albino Quintero Meraz) al mucho más cómodo Reclusorio Norte.

¿De qué estamos hablando, de corrupción o de intimidación? Nadie lo sabe, pero los hechos ahí están: atacar a la prensa para que no acuse, y cuando lo hace, agredir a los periodistas al tiempo que se presiona a la justicia para que los jueces sean indulgentes con sus casos, porque así funciona el círculo del miedo y la intimidación... o el de las presiones políticas y económicas; parece ser un mecanismo que les ha dado resultado. Al tiempo, claro está, que se concentran las baterías políticas, desde distintos ángulos, en los pocos que se atreven a luchar, desde el gobierno federal o desde la justicia, contra estos grupos y personajes. Ello es indispensable, porque si no se desacredita a los pocos que cumplen con su deber, los que se exhiben son los cómplices, los comprados, los intimidados, los que tienen miedo, los que tienen algo que ocultar.

Epílogo

El new age *del narcotráfico*

La detención a fines de noviembre de 2005 de Ricardo García Urquiza, apodado El Doctor, sorprendió. Era un nombre por completo desconocido entre los considerados capos del narcotráfico. No había ni siquiera un dato que indicara su existencia y, además, tanto la PGR como la Secretaría de la Defensa lo presentaron como la principal detención de los últimos años: se le atribuían, aparentemente, demasiadas cosas, desde el manejo de dos rutas de traslado de drogas de Colombia a México, hasta la distribución de cocaína en buena parte de Estados Unidos y un sofisticado mecanismo para ingresar dinero a México. ¿Cómo se podía ser un operador tan importante sin haber dejado pistas de su accionar? En ocasiones se dan como clave algunas detenciones en ese ámbito, que no dejan de ser las de delincuentes peligrosos, pero que están lejos de ser los verdaderos responsables del manejo de las redes del narcotráfico.

Con el paso de los días, los dichos de las autoridades sobre García Urquiza, sin embargo, comenzaron a confirmarse y a mostrar por qué su detención ha sido calificada, en esta ocasión con toda justicia, como tan importante. La caída de El Doctor y de prácticamente toda su estructura operativa, luego de una larga investigación de meses, permitió, quizá por primera vez, no sólo detener a un capo, sino desmantelar toda una red y poner al descubierto su funcionamiento en casi todos sus aspectos, nacionales e internacionales.

Gracias a ello se ha podido también confirmar una serie de datos que permiten un avance importante en la comprensión de la estructura actual del narcotráfico. En primer lugar se confirma la existencia de una nueva generación de narcotraficantes, diferente de la imagen que se ha creado de los mismos. Cuando Benjamín Arellano Félix fue detenido en Puebla, acompañado sólo de un guardaespaldas, se le preguntó por qué estaba relativamente desprotegido. El líder explicó algo que ya se sabía, pero que en muchas ocasiones no se cree: desde el momento en que estos capos son públicos, dejan en buena medida la operación cotidiana de sus organizaciones en otras manos. Siguen cobrando su cuota y pueden tener control sobre ciertas decisiones, pero ni manejan ni terminan de conocer el detalle de la operación. Por lo menos eso es lo que hacen las organizaciones más sofisticadas. Por eso, por ejemplo, pese a la muerte de Ramón Arellano Félix y la detención de Benjamín, el cártel de Tijuana sigue operando con eficiencia. O por eso Heriberto Lazcano, el ex jefe de los Zetas, está hoy a cargo de la operación del cártel de Osiel Cárdenas, aunque al volverse él mismo un personaje conocido es muy probable que la operación esté en realidad en unas terceras manos.

Durante mucho tiempo el cártel de Juárez estuvo bajo el mando de Amado Carrillo Fuentes. Cuando éste se convirtió en una figura muy pública, se trasladó a Chile, Argentina y Cuba y manejó desde allí ciertas operaciones, pero el control cotidiano de su organización quedó en manos de sus hermanos Vicente y Rodolfo, por una parte, y por la otra, por una organización menos conocida pero no menos importante: el cártel de los Valencia, surgido de Michoacán, pero con presencia en buena parte del país. Con la muerte de Amado Carrillo sus hermanos quedaron formalmente al frente de ese grupo, pero ya separados de los Valencia, que siguieron su propia ruta encabezados por Armando Valencia. Otra rama de la organización era la que encabezaban El Chapo Guzmán y El Güero Palma, pero el mayor problema para este grupo era que Guzmán estaba detenido desde 1993 y El Güero Palma desde 1995. La fuga de Guzmán en 2001 le dio nuevo aire a esa organización y la fue separando progresivamente de la que encabezaba Vicente Carrillo, hasta enfrentarse abiertamente con él, lo que culminó con el asesinato de Rodolfo Carrillo en Culiacán.

Rodolfo era el encargado de la operación cotidiana de su organización, y su muerte llevó a Vicente Carrillo a dejar la operación del cártel de Juárez en manos de un personaje que había sido muy cercano a su hermano Rodolfo, pero que no era conocido en el mundo del narcotráfico: Ricardo García Urquiza.

Sin antecedentes, presentándose como empresario con título universitario, García Urquiza podía moverse con mucha tranquilidad en el mundo del narcotráfico, sin necesidad de recurrir a excesos de violencia y sin ser conocido. Podía, como lo hizo, poner en marcha rutas sofisticadas de traslado de drogas y de lavado de dinero sin estar en la mira de las autoridades. Paradójicamente, fue la captura tiempo atrás, en abril de 2003, de Arturo Hernández, El Chucky, un importante operador de la vieja guardia del narcotráfico, cercano a los hermanos Carrillo Fuentes, lo que permitió comenzar a tender hilos que hicieron avanzar en la investigación de la nueva generación de narcotraficantes.

Se confirmó con la detención de El Doctor algo que se suponía, pero de lo que aún no se tenía plena certidumbre. Sin duda, eso ya se sabía, las principales rutas de traslado de drogas desde Colombia a

México se realizan por vía marítima, con escalas en el Pacífico, en algunos lugares de Centroamérica y con entrada de la droga por Oaxaca, donde este grupo tenía una presencia importante, aparentemente separada del tradicional jefe del narcotráfico en ese estado, Pedro Díaz Parada, pero con presencia creciente también en Guerrero y Michoacán (lo que podría explicar la virulencia de los enfrentamientos en esas dos entidades en los últimos meses). Por el Atlántico, la vía parte de los puertos colombianos de Santa Marta, Barranquilla y Cartagena, pasa por algunas zonas del Caribe y entra por Quintana Roo, un estado con fuerte control del cártel de Juárez desde los tiempos de Amado Carrillo. Este esquema de operación también permitiría confirmar que la ruta desde Centroamérica que penetra en forma terrestre, vía Chiapas y Tabasco, a México, con un centro de operaciones clave en Guatemala, es la que maneja preferentemente la organización de El Chapo Guzmán.

La detención de García Urquiza y la exhibición de su red y su forma de operar confirmaría además que mientras los esfuerzos de algunas autoridades y de la estrategia añeja de la lucha contra el narcotráfico están basados en la captura de los líderes conocidos de los distintos grupos, la operación cotidiana, la sustantiva del tráfico de drogas, está en otras manos, menos conocidas, no públicas y que por lo tanto no están bajo sospecha. Ése es un punto clave para comprender cómo está funcionando ese mundo en la actualidad y las razones por las cuales es tan difícil desmembrarlo. En el futuro próximo comprenderemos ese nuevo mundo del narcotráfico con mayor claridad.

De los Maras a los Zetas
de Jorge Fernández Menéndez
y Victor Ronquillo
Se terminó de imprimir en Mayo de 2007
en Litográfica Ingramex S.A. de C.V., Centeno 162-1,
Col. Granjas Esmeralda, México, D.F.